Global Manner, Image Making & Presentation

글로벌 매너와 이미지 메이킹 &
프레젠테이션

Preface

　4차 산업혁명에 대한 준비로 전세계가 분주하게 돌아가고 있다. 혹자는 10년 후 현재의 직업은 거의 사라질 것이라 말하고 혹자는 지금 대학에서 배운 지식은 상당부분 쓸모가 없을 것이라고 말한다. 미래학자 옌센(Jensen, R.)은 정보 사회에 뒤이은 미래 사회는 꿈과 이야기와 같은 감정적인 요소와 상상력이 중요시되는 사회, 드림 소사이어티(dream society)의 시대가 될 것이라고 예언하였다. 이미 우리는 산업사회의 물질주의 시대를 지나 스토리와 감성이 지배하는 드림 소사이어티의 시대로 접어들었는지 모른다.

　모든 지식의 체계가 달라지고 기계와 싸워 이겨야 하는 시대는 감성을 충전하고 이야기 속에 나의 존재를 부각시켜야 하는 시대임에는 틀림없다. 컴퓨터와 인간의 공존이 얼마나 많은 다양한 결과를 가져 올지 이미 상상하는 것 이상으로 우리의 환경은 달라지고 있다. 이런 환경에서 컴퓨터와 경쟁하여 이길 비장의 무기는 무엇일까? 성공학의 대가 데일 카네기는 매사에 기분이 좋으면 성공한다고 하였다. 아침에 일어났을 때, 사람을 만날 때, 일을 할 때 내가 기분 좋고 상대도 기분 좋게 할 수 있다면 모든 일은 보다 수월하게 풀린다. 컴퓨터와 경쟁하여 이길 수 있는 기본적인 분야는 상대를 존중하고 나의 경쟁력을 높여주는 언어와 비언어적 관점의 예의이다. 사람은 나고 자라면서 사람 속에 공존하고 사람들과 생활하며 살아간다. 그 속에 진정한 경쟁력은 얼마나 매너 있고 상대를 존중하는가에 달려있다. 누구나 나를 존중해주고 배려하는 사람에게 관심이 가기 마련이기 때문이다. 이는 국제사회에서도 다르지 않다. 오히려 국제 사회에서 지켜야 할 예의의 범주는 더욱 넓어지고 있다.

　본서는 글로벌 사회에 꼭 필요한 매너와 에티켓을 중심으로 구성 되었으며 현대사회에서 경쟁력이 커지고 있는 프레젠테이션 기법을 함께 구성하였다.

　자신을 알리는 것에서 나아가 기업의 경쟁력과 사업에 꼭 필요한 프레젠테이션 기법을 함께 숙지함으로써 현대사회를 살아갈 진정한 경쟁력을 얻을 수 있도록 구성하였다. 먼저 글로벌 매너와 관련하여서는 모두 7장으로 1장에서는 커뮤니케이션의 이해를 바탕으로 문화와 커뮤니케이션의 관계를 알아보고 2장에서는 이미지메이킹을 통한 자신의 이미지 전략을 3장에서는 경조사 예절을 포함한 일상 생활예절 4, 5장에서는 직장 생활 의 매너와 에티켓을 용모, 복장, 말과 행동을 중심으로 알아본다. 6장에서는 식생활 문화와 예절을 주제로 우리나라와 서양, 가까운 중국과 일본의 식사, 차, 음주 예절과 7장에서는 문화 시민으로서 갖춰야 할 매너와 에티켓을 마지막으로 이론과 실습을 병행하여 우리나라의 예절 및 국제 매너와 에티켓을 배워 멋진 이미지 메이킹에 도움이 될 수 있도록 구성하였다. 이어지는 프레젠테이션 편은 실제 발표와 프레젠테이션의 준비과정을 기획부터 계획 할 수 있도록 하였으며 매 장마다 읽기 자료와 동영상 발표 자료를 조별 과제로 진행하도록 하였다. 특히 스피치의 기본은 상대에게 나의 이야기가 들리도록 하는 것이 가장 첫 번째 포인트로 이 과정은 무한한 연습이 수반 되어야 한다. 본 서가 제시하는 과정을 잘 따라 학습하게 되면 어느새 남 앞에 서는 것의 두려움을 줄이게 되고 문장 전개 기법과 전달 기법을 함께 얻어 프레젠테이션의 자신감을 갖게 될 것이다.

특히 본 서 프레젠테이션 편은 우리나라 최초 프레젠테이션 전문 기관인 ㈜파워피티의 팬타 플로우를 기본으로 하였으며 5가지 플로우 측면의 프레젠테이션 기법을 활용 할 수 있도록 구성하였다. 또한 매 장 마다 우리 뇌와 관련한 상식을 추가하며 뇌 교육 측면에서의 정보도 함께 할 수 있도록 구성하였다. 모쪼록 이 책을 통해 글로벌 매너의 습득과 활용, 프레젠테이션을 통한 자신감이 함께 할 수 있기를 기원한다.

끝으로 이 책이 만들어 지기까지 응원을 아끼지 않은 ㈜한올출판사 관계자 여러분과 ㈜파워피티 이승일 대표께 진심으로 감사드립니다.

Contents

GLOBAL MANNER AND IMAGE MAKING_PRESENTATION

CHAPTER 01

커뮤니케이션의 이해

1. 커뮤니케이션의 의미

1) 어원

커뮤니케이션(communication)의 어원은 '공통되는, 공통의(common)' 또는 '공유, 공유하다 (Share)의 뜻을 가진 라틴어 '커뮤니스(communis)'에서 유래되었으며, 우리말로 '의사소통' 이라고 번역해 사용하고 있다.

2) 정의

그림 1-1 • • 찰스 H. 쿨리

미국 사회학자 찰스 쿨리(Charls Horton. Cooley, 1864~1929)는 커뮤니케이션을 '인간 관계가 존재하고 발전하게 되는 메커 니즘'이라고 설명하였고, 우리나라 표 준국어대사전은 커뮤니케이션을 '언 어나 몸짓, 그림, 기호 따위의 수단을 통해 서로의 의사나 감정, 생각을 주 고받는 일'이라고 설명하고 있다.

https ://storify.com/m25prak/
charles-horton-cooley

3) 중요성

 일상생활 커뮤니케이션

사람들은 일상생활에서 가끔 '커뮤니케이션이 어렵다', '커뮤니케이션이 안된 다'라고 느껴질 때 원인을 찾아 해결하는 과정을 거쳐 커뮤니케이션을 원활하게 만든다. 커뮤니케이션은 혼자가 아닌 두 사람 이상의 관계에서 이루어지는 것으 로 인간답고 원활한 관계를 유지하는데 반드시 필요하기 때문이다.

비즈니스 커뮤니케이션

자신이 상대방과 비즈니스 관계에 있을 때에 비즈니스 커뮤니케이션 기술은 필수로 갖춰야 하는 역량이다. 조직(Organization)은 '수립한 목표를 달성하기 위해 조화롭게 조성된 다양한 과업을 수행하는 사람들의 모임 또는 재화와 서비스를 생산하기 위하여 업무를 수행하는 사람들의 집합체'를 말한다(출처 : 네이버 지식백과 HRD 용어사전). 조직원들 간 의사소통의 문제는 사소한 오해로 시작해 일의 진행흐름을 가로막고 결과적으로 성과를 저해하여 성패를 좌우하는 큰 요인이다. 그러므로 개인과 개인 그리고 조직과 조직 사이에서의 비즈니스 커뮤니케이션 능력은 그 조직이 성공하는데 매우 중요하다.

 2. 목적에 따른 커뮤니케이션의 분류

1) 동기부여(動機賦與, motivation)

상대방이 목표를 달성하기 위한 동기를 자발적으로 계속 만들면 시간이 지나도 효능이 오래가고 목표를 달성했을 때 만족도가 높다. 때문에 주로 상대방을 향한 진심어리고 칭찬과 격려의 메시지로 동기를 만들어 준다.

- 신년사 연설문(新年辭, new year address speech)
- 시무식 연설문(始務式, opening ceremony speech)
- 종무식 연설문(終務式, the closing ceremony speech)
- 결혼식 주례사(主禮辭, officiant's message)

2) 설득

상대방에게 자신의 생각을 전하는 과정에서 진정성을 느끼고 타당하다고 생각하여 상대방의 결정에 영향을 끼친다.

- 정치인 연설
- 구직 인터뷰
- 서류결재를 기다리는 문서
- 경쟁 프레젠테이션

3) 정보 제공 및 공유

상대방에게 유용한 정보나 지식, 기술 등을 제공하고 공유하면서 이것을 기반으로 새로운 정보가 생기거나, 더 나은 방향이 제시 될 수 있다.

- 조회(朝會) 시간
- 홈페이지(게시판이나 고객의 소리)
- 아이디어 회의
- 강의(講義)

 ## 3. 커뮤니케이션 구성 요소

학자에 따라 커뮤니케이션의 구성 요소는 다양하다. 그 중 미국의 수학자인 클로드 섀넌(Claude Shannon, 1916~2001)과 워렌 위버(Warren Weaver, 1894~1978)가 만든 의사소통 과정 모형이 가장 일반적이다.

발신자(communicator)는 암호화(부호화, encoding)된 메시지(message)를 매체(channel)를 통해 수신자(receiver)에게 전달하며, 수신자는 복호화(해석, decoding)된 메시지를 전달받고, 발신자에게 피드백(반응, feedback)을 준다. 잡음(noise)은 의사소통을 방해하는 요인을 의미한다.

의사소통이 잘 되는 조직은 성과도 좋다. 따라서 의사소통의 방해 요인을 알아보고 극복하는 방법도 알아 보자.

1) 의사소통을 방해하는 요인

 첫째, 내적인 요인

- 불안한 감정상태 : 이성적 판단이 어려울 수 있으므로, 안정을 찾은 후 소통한다.
- 청각, 언어 장애 : 말하기, 듣기 관련 신체기관의 장애
- 지적 수준 : 이해수준에 맞춰 소통하도록 하여야 한다.
- 신체 마비 장애 : 신체를 이용한 의사표현의 한계가 있고, 왜곡과 상실감이 있어 소통에 어려움이 있을 수 있다.
- 편견과 선입견 : 상대방의 의견을 존중할 수 없다.
- 심리적 거리감 : 사장과 사원의 의사소통은 심리적으로 부담스럽기 때문에 원활한 의사소통이 어려울 수 있다.
- 평가하려는 성향이 강한 사람 : 상대방의 의견을 평가하려고 하기 때문에 공감이 어렵고, 의견을 말 하는 사람은 평가받기 싫어서 표현이 원활할 수 없다.
- 선택적 청취 : 자신에게 필요하거나 듣고 싶은 말만 듣고 판단하기 쉽다.

그림 1-2 • • Claude Shannon과 Warren Weaver의 의사소통 과정 모형

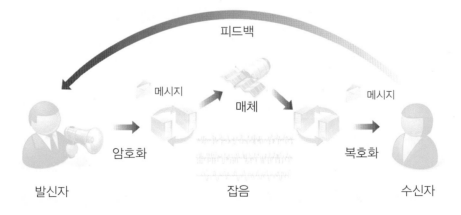

출처 : 위키피디아

- 신뢰도의 결핍 : 평소에 신뢰감 없는 상대가 하는 말은 믿거나 따르기 어렵다.

둘째, 외적인 요인

- 소음 : 시끄러운 대화 소리, 휴대폰 소리, 기침 소리, 비행기 소리 등
- 온도와 습도 : 높은 온도와 습도는 불쾌감을 높이고, 저온은 추위로 집중이 어렵다.
- 조명 : 어두침침한 조명은 분위기를 스산하거나 답답하게 만든다.
- 비위생적인 환경 : 벌레, 악취는 집중력을 약하게 만든다.

셋째, 상황관련 요인

- 의미론적 문제(semantic problem) : 여러 가지로 해석되는 말이나 글은 상대방에 따라 다르게 이해되므로, 정확한 소통이 안 될 수 있다.

  > **예** 외국어 번역

- 전문용어 : 의사나 간호사의 의학용어, 법률 전문가들의 법률용어는 환자나 의뢰인의 이해를 돕기 위해 전문용어보다 이해하기 쉬운 말로 바꿔 설명해야 한다.
- 여유 있거나 부족한 시간 : 시간이 여유 있으면 이야기의 곁가지가 늘어나 산만하거나 속도가 느려져 상대방의 주의력이 약해질 수 있으며, 시간이 부족한 경우 이해를 돕는 설명이 부족해져 상대방을 설득하거나 납득시킬 수 있는 적당한 시간이 필요하다.

2) 극복하는 방법

- 내적인 요인은 이를 고려하여 상대방을 이해하고 존중하고 배려하는 자세로 소통에 임해야 한다.
- 외적인 요인은 의사소통 전부터 최대한 제거될 수 있도록 하며, 중간에 나타나면 양해를 구하고 중요한 내용을 강조하여 전달한다.

- 상황관련 요인은 상대방과의 소통 중 이해를 잘 하고 있는지 확인하는 자세
  가 필요하다.
- 주어진 시간에 메시지를 전달할 수 있도록 가능한 연습을 통해 시간 안배를
  잘 해야 한다.

4. 커뮤니케이션의 매체

1) 언어 커뮤니케이션(verbal communication)

 언어 커뮤니케이션은 구두 커뮤니케이션과 문서(기록) 커뮤니케이션으로
분류할 수 있다.

- 구두 커뮤니케이션 : 정보와 의사전달에 가장 많이 사용되는 기본적인 방법
  이다.
  - 장점 : 일상적인 업무는 말을 통해 정보를 교환하는 것이 편하고 빠르기
    때문에 대부분 말을 통해 의사소통을 하고 있다.
  - 단점 : 공식적으로 대화의 내용이 기록으로 남지 않기 때문에 메시지가 왜
    곡될 가능성이 있다.
    예 직접 대화, 전화 통화, 영상 통화, 집단 회의

- 문서 커뮤니케이션 : 전달하는 내용이 중요해 글이나 기호를 사용해 기록으
  로 남겨야 하는 경우 선택하는 방법이다.
  - 장점: 필요시 언제든 문서를 통해 내용을 확인할 수 있으므로 신뢰할 수
    있다.
  - 단점: 문서를 읽는 사람마다 해석이 다를 수 있어 의견충돌이 일어날 수
    있으며, 구두 커뮤니케이션에 비해 피드백을 바로 얻기가 어렵다. 또한 간

단한 내용이라도 문서로 남길 경우 시간이 소요되는 단점이 있다.

 메모, 업무 일지, 회의록, 공람(供覽, 여러 사람이 돌려봄), 포스터, E-mail

 언어를 매체로 하는 커뮤니케이션은 다음과 같은 영역의 기술이 요구된다.

- 말하기와 글쓰기 : 말하기는 글쓰기보다 전달력이 빠르고 편리하지만, 더욱 정확한 의사소통을 위해서는 글쓰기도 동반 활용되어야 한다.

  통화로 나눈 주요내용을 간략히 문자로 전송한다면 소통이 잘 될 수 있다.

- 듣기와 읽기 : 상호협력과 상대방을 이해하기 위해서는 듣기 능력이 중요하며, 문서 커뮤니케이션 시 문서의 내용을 이해하고 중요한 내용을 알아내야 할 때 읽기 능력이 요구된다.

아래의 표는 직장인이 메시지를 보내는 것보다 받는데 소요되는 시간이 더 많음을 보여준다. 즉, 듣기와 읽기 영역의 기술이 언어를 매체로 하는 커뮤니케이션에서 말하기와 쓰기 영역의 기술보다 더 연습이 필요하다고 볼 수 있다.

표 1-1 • • 직장에서 커뮤니케이션에 소요되는 시간

- 메시지 받기(61%) : 듣기 + 읽기
- 메시지 보내기(39%) : 말하기 + 쓰기

출처 : 비즈니스 커뮤니케이션, 임창희·홍용기, 도서출판 청람

2) 비언어 커뮤니케이션(silent language)

(1) 비언어 커뮤니케이션

커뮤니케이션 과정에서 비언어적 요소의 중요성을 강조한 알버트 메라비언(Albert Mehrabian)교수는 비언어가 의미 전달의 93%를 차지한다고 말한다. 비언어 커뮤니케이션은 언어를 제외한 세상의 모든 매체를 이용해 의사소통하는 것을 의미한다.

매체는 사람뿐만 아니라, 우리가 사용하는 모든 물건, 머무는 공간의 가구와 조명, 운용하는 시간도 될 수 있다. 그 외 그 모든 공간에서 사용되는 음식, 음악, 미술품, 건축물 등 다양한 분야의 매체를 통해 메시지를 전달할 수 있다.

(2) 비언어 커뮤니케이션의 매체

 외모와 행동

외모와 행동은 상대방에게 많은 의미와 정보를 전달한다.

- 체격 : 근육량, 골격의 크기, 비만도 등은 그림자만 봐도 몸의 건강상태에 대한 정보, 호감 또는 위협적인 느낌을 표현할 수 있다.
- 얼굴 표정 : 미소, 놀람, 화남 등의 얼굴 표정은 감정을 더 정확하게 보여준다.
- 화장 : 감정이나 표정을 더욱 정확하고 풍부하게 표현한다.
- 시선(eye contact) : 눈동자의 움직임이나 머무는 곳은 마음의 상태를 보여준다.
- 헤어스타일 : 색상과 스타일은 시대와 개성, 성격, 자신감, 직업 등을 반영한다.
- 몸짓(body language) : 머리, 어깨, 팔, 다리, 손 등을 이용한 몸짓은 주로 감정이나 생각 등을 표현한다.
- 냄새 : 다양한 향으로 계절, 매력 등을 표현할 수 있다.
- 옷과 구두, 액세서리 : 옷과 구두의 색상, 스타일, 액세서리의 종류, 모양과 재질 등은 지위, 성별, 직업, 기호, 최신 유행 정보 등을 반영한다.

공간의 사용

미국의 문화인류학자, 에드워드 홀(Edward T. Hall)은 사람들이 서로 어떻게 느끼는지(친밀함의 정도)에 따라 물리적 거리의 차이가 얼마나 나타나는지를 연구하였다. 이것은 본능적으로 상대방으로부터 어느 정도의 거리를 유지하고 있을 때, 편안함과 안정감을 느끼는지에 대한 연구로, 공간학(근접학, proxemics)을 창시하는데 기반이 되었다.

- 친밀한 거리(Intimate distance, 45cm 미만) : 가족이나 연인관계의 어른보다 아이가 남성보다 여성이 밀착된 거리를 만들며, 안전하고 편안하며 밀접한 관계임을 느끼게 된다.
- 개인적 거리(personal distance, 45cm~120cm) : 매일 만나 친분이 두터운 직장 동료들 또는 사교적인 모임을 갖는 사람들이 소그룹으로 만나 식당이나 카페 등에서 대화를 나누는 거리로 친밀한 느낌을 준다.
- 사회적 거리(social distance, 120cm~4m) : 직급이 매우 높은 상사 또는 처음 만나 낯선 사람과의 관계에서 서로를 배려하는 거리 또는 격식과 긴장감을 나타내는 거리이다.
- 공적인 거리(public distance, 4m 이상) : 강연자가 다수의 청중을 대상으로 넓은 공간에서 강연하는 경우 이 정도의 공적인 거리가 안전 상 또는 서로 부담 없이 집중할 수 있으므로 자연스럽게 형성된다.

시간의 사용(시간 언어)

- 모임에 일찍 도착하는 하는 사람은 지위가 낮은 사람이고, 늦게 도착하는 사람은 지위가 높은 사람이라는 메시지를 전달한다.
- 약속시간보다 일찍 가는 것은 그 사람이 부지런하고 상대방을 빨리 만나고 싶다는 메시지를 말해준다.
- 부재 전화, 메시지, 이메일 등에 즉각 반응하지 않는 것은 시간을 흐르게 함으로써 무언의 메시지를 전하는 것이다.

준언어(準 : para, 유사 언어)

- 같은 말이라도 말씨와 말투에 따라 다른 느낌이 든다. 즉, 목소리의 톤(고저), 강약(크기), 속도와 리듬 등에 따라 메시지의 의미와 내용이 전혀 다르게 전달된다.
- 예를 들어 누군가 길을 물어 본다면, 활짝 웃으며 살짝 높은 톤으로 대답해줄 때, 상대방은 너무나 감사할 것이다. 하지만, 낮은 톤으로 웃지 않으며 귀찮은 톤으로 성의 없이 대답해줄 때, 상대방은 무안해하며 다른 사람에게도 다시 길을 선뜻 물어보지 못하게 될 것이다.

 가구와 조명

그림의 개인 서재는 넓고 고급스럽고 멋스런 가구와 진품 액자, 은은한 조명, 보안이 철저할 것 같은 느낌은 사용자의 지위와 신비로움, 경제적 여유를 나타낸다. 일반 사무실은 직원들 간 빠른 소통을 위해 한 공간에 여러 직원의 자리가 배치되어 개방되고 환해 답답한 느낌은 없지만, 책상의 칸막이가 없어 개인의 사생활 보호가 어렵다.

그림 1-3 •• 개인 서재(A) VS 일반 사무실 비교(B)

출처 : SBS 드라마 '별에서 온 그대' 속 도민준의 서재 세트

출처 : https ://commons.wikimedia.org/ wiki/File :New_office.jpg

(A)   (B)

5. 문화 간 커뮤니케이션(intercultural communication) 이해

1) 배경

인류학자 에드워드 홀(Edward Hall)은 1940년대에 해외로 부임하는 미국 외교관들을 대상으로 다양한 현지 언어와 정치, 경제, 역사, 자국과의 관계 등을 교육하는 해외서비스 연구소(foreign service institute)에서 근무하면서 추상적인 인류학적 개념들을 실질적으로 해외서비스에 적용했다.

홀은 그의 저서 '침묵의 언어(the silent language)'에서 '문화 간 커뮤니케이션'이라는 용어를 처음으로 소개했다.

그는 '문화는 기본적으로 커뮤니케이션 과정'이라고 보았다.

 인류학(人類學, anthropology)

그리스어 anthropos(인간)와 logos(학문)의 합성어로 '인간에 대한 학문'을 의미한다.

생물학적 속성을 연구하는 생물인류학(生物人類學, biological anthropology)과 문화적 특징을 연구하는 문화 인류학(文化人類學, cultural anthropology)이 있다.

2) 문화(文化, culture)의 이해

 문화

라틴어 'cultus'에서 유래된 말로 '재배하다', '마음을 돌보다', '지적인 개발을 하다'등을 의미한다.

영국의 인류학자 E.B.타일러는 저서《원시문화 Primitive Culture》(1871)에서 문화란 "지식·신앙·예술·도덕·법률·관습 등 인간이 사회의 구성원으로서 획득한 능력 또는 습관의 총체"라고 정의하였다.

문화의 속성

- 공유성 : 한 집단의 구성원들이 공통적인 행동과 사고방식을 갖는 특성을 말한다.
- 축적성 : 커뮤니케이션 매체를 통하여 다음 세대에 전달되고 축적된다.
- 학습성 : 세대에 걸쳐 축적된 문화는 후천적으로 학습을 통하여 만들어진다.
- 전체성(총체성) : 문화의 여러 요소는 서로 영향을 미치는 긴밀한 관계를 유지하면서 전체적인 체계를 만든다.
- 다양성 : 집단은 환경마다 다른 문화의 특성을 갖는다.
- 변동성 : 문화는 시간이 지남에 따라 여러 가지 이유로 변화한다.

문화권(文化圈, cultural field)

동질적 문화 유형을 가지는 지리적 범위를 지도로 나타내면 다음과 같다.

그림 1-4 • • 세계의 문화권

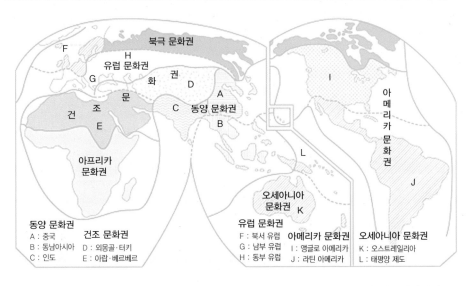

출처 : Basic 고교생을 위한 지리 용어사전

일반적으로 문화권은 유럽 문화권, 아메리카 문화권, 동양 문화권, 북극 문화권, 오세아니아 문화권으로 나뉜다.

3) 문화의 차이(文化差異, cultural differences)

문화는 집단마다 자연 환경, 역사와 전통에 따라 다른 특징을 가진다.

자신의 문화가 상대방과 다를 때 배척하지 않고 서로의 문화를 이해하고 인정하며 존중하는 자세가 요구된다.

문화의 차이는 집단 간 차이 또는 개인의 차이로 나타날 수 있다.

 사고방식에 의한 차이

미국 University of Michigan 심리학과 Richard Nisbett 교수와 서울대학교 심리학과 최인철 교수는 동아시아 문화권(한·중·일)과 서양 문화권(미국)을 대상으로 생각하

 그림 1-5 ··· 사고방식의 차이

동양문화의 통합적 접근법

서양문화의 분석적 접근법

출처 : 네이버 지식백과

는 방식을 연구하여 동양 문화권에 있는 사람들은 통합적 사고(holistic thinking)를 선호하고 서양인들은 주로 분석적 사고(analytic thinking)를 한다는 것을 발표하였다.

 개인주의와 집단주의에 의한 차이

개인주의(individualism)

- '개인(나, I)'중심 문화로 집단주의를 배격한다.
- 공동체(사회나 국가)의 목표나 이익보다 개인의 생각이나 이익을 우선시한다.
- 자신이 속한 공동체로부터 자율성과 독자성이 존중과 보호를 받는다.
- 자유주의와 자본주의가 함께 불가분의 관계로 발전해왔다.
- 개인주의가 심할 경우 개인 이기주의(인정이 없어짐)와 집단적 이기주의(이른바 님비 현상), 아노미[(anomie) : 가치관의 혼란, 무질서], 개인의 고립 등 공동체를 약화시키는 문제점을 일으킨다.
- 개인주의가 높은 나라에는 미국, 영국, 호주, 캐나다, 뉴질랜드, 네덜란드가 있다.

집단주의(groupism)

- '집단(우리, We)' 중심 문화로 이기주의와 개인주의를 배격한다.
- 개인의 욕구보다 공동체의 목표와 유지 및 발전을 더욱 중요시하며 우선시한다.
- '만인은 일인(개인)을 위하여, 일인은 만인을 위하여'를 원칙으로 서로 도와 사회와 국가가 발전하는 것을 목표로 한다.
- 개인의 욕구와 이익을 위한 행동의 결과가 공동체를 무너뜨릴 수 있기 때문에 이를 막기 위해 질서를 지키고 공동체를 유지하고 발전시키기 위해 개개인의 자유가 어느 정도 제한될 수 있고 그것이 정당화될 수 있다.
- 집단주의가 심할 경우, 이것을 통한 공동체 유지는 개인의 자유가 제한되고 희생이 강요되거나 희생하는 것이 당연하도록 생각하게 만든다.

• 집단주의가 높은 나라는 한국, 중국, 일본, 인도네시아, 파나마, 콜롬비아가 있다.

🌸 의사소통방식의 차이

문화인류학자 에드워드 홀(Edward T. Hall)은 '문화를 넘어서(beyond culture)'에서 의사소통 방법의 차이를 아래의 두 가지로 분류하였다.

▶ 고맥락 문화(high context culture)

• 의사소통(대화 또는 글)이 높은 맥락(상황이나 관계)을 고려한다.
• 간접적이고 함축적이며 애매한 표현의 단어를 많이 사용하는 시(詩)가 발전했다.
• 고맥락 문화에 노출된 적이 없는 저맥락 문화 사람들의 입장에서는 간접적인 고맥락 문화의 의사소통 방법이 어렵게 느껴질 수 있다.
• 집단주의 문화는 상대방과의 관계를 중요시하기 때문에 상황을 고려하여 말하는 경향이 강하다.
• 한국, 중국, 일본, 베트남, 필리핀, 프랑스계 캐나다인, 라틴 아메리카인, 남부 미국인, 아프리카, 이탈리아, 프랑스 등의 나라와 지역민이 해당된다.
• 한국의 예
"괜찮아요."라는 의례적인 사양은 그대로 받아들이기보다 눈치나 직관으로 상황을 고려하여 상대방의 의도를 짐작해 읽을 줄 알아야 한다.
• 일본의 예
혼네(본심, 本音)와 다테마에(겉으로 드러내는 마음, 建前)는 일본이 한국보다 고맥락 문화라는 것을 보여주는 대표적인 예다.

▶ 저맥락 문화(low context culture)

• 대화보다 글로 의사소통하는 것을 선호하며 직설적이고 명확한 단어를 사용해 자신의 의사를 전달하기 때문에 오해의 소지가 적다.

- 정확하고 세밀한 묘사를 위한 단어를 많이 사용하는 학술논문이 발전했다.
- 저맥락 문화의 사람들은 자신의 생각을 상대방에게 말하지 않으면 모른다

 표 1-2 • 맥락문화의 비교표

	고맥락 문화	저맥락 문화
대인관계	• 집단주의 • 수직적인 대인 관계를 형성하기 때문에 서열과 격식을 중요시함	• 개인주의 • 수평적인 대인 관계를 형성하기 때문에 서열과 격식이 덜 중요함
사고 방식	통합적 사고 방식	분석적 사고 방식
사회조직	• 이해관계를 맺은 사람과 관례적 절차를 중요시 생각함 • 구두 계약이 효력 있음 • 연고주의, 정실주의가 강함	• 개인의 이해관계를 배제하고 법과 규정, 절차를 중요시 한다. • 서면 계약이 효력 있음 • 개인의 실력을 강조함
언어의 관계	• 언어의 기능은 사회의 통합과 조화를 이끌어내는데 있음 • 말과 글이 전하는 직접적인 메시지보다 맥락(상황 또는 관계)을 통해 메시지를 짐작할 수 있음 • 사용하는 단어의 양이 적고 단어는 함축적이고 간접적임 • 시(詩)가 발달함	• 언어의 기능은 개인의 의견을 명확하고 논리적이며 설득력 있게 표현하는 데에 있다. • 정확한 단어를 사용하여 오해의 소지 없이 명확하고 논리적으로 사안을 설명하고 설득력 있게 표현한다. • 사용하는 단어의 양이 많고 직접적이고 정교한 말을 사용함 • 학술논문이 발달함
대표 사례	일본의 겉다르고 속다른 마음을 말하는 '혼네, 다테마에'는 거절을 못하기 때문에 앞에서는 웃고, 속(뒤)으로는 거절한다는 뜻을 갖는다.	독일의 푯말문화(사소한 항목도 푯말로 주의를 주어 푯말의 안내만 따르면 망설이거나 눈치 보는 일, 실수하는 일이 없다.)

고 생각하는 경향이 있어 말이나 문자를 논리적으로 사용할 줄 아는 능력을 중요시한다.

- 고맥락 문화 사람들의 입장에서는 직설적인 저맥락 문화의 의사소통 방법이 무례하고 당황스럽게 느껴질 수 있다.
- 남부 지방 사람을 제외한 미국인, 영국인, 영국계 캐나다인, 독일인, 뉴질랜드인, 호주인이 해당된다.
- 독일의 예

  독일인이 요리할 때 "물을 적당량 넣으세요"라는 말을 듣는다면, "몇 리터를 말하는건가요? 라고 묻는다. 같은 작은 주의 사항도 푯말을 써서 글대로 따라만 하면 망설이거나 눈치 볼 일이 없다.
- 미국의 예

  미국과 중국의 계약서를 비교하면 미국의 계약서 분량이 훨씬 더 많다. 수많은 단어를 이용해 정확하고 구체적인 계약 내용을 적기 때문이다.

고맥락 문화와 저맥락 문화의 비교

- 고맥락 문화 가정의 어머니께서 자녀에게 이번 아버지 생신에는 오지 않아도 된다고 말씀하실 때, 각 문화의 반응은 다를 수 있다.
- 고맥락 문화의 사람은 어머니의 말씀이 의례적인 사양으로 받아들여 자녀가 이번 아버지 생신에 가야한다고 생각한다.
- 저맥락 문화의 사람은 어머니의 말씀 그대로 자녀가 이번 아버지 생신에 가지 않아도 된다고 생각한다.

픽토그램(pictogram)으로 보는 동·서양 문화의 차이

중국에서 태어나 14살때부터 독일에 살고 있는 시각 예술 디자이너 양 리우(Yang Liu)는 독일과 중국에서 경험한 문화의 차이를 픽토그램으로 표현하였다. 파랑 바탕의 그림은 독일 또는 서양 문화, 빨강 바탕의 그림은 중국 또는 동양 문화에 해당한다.

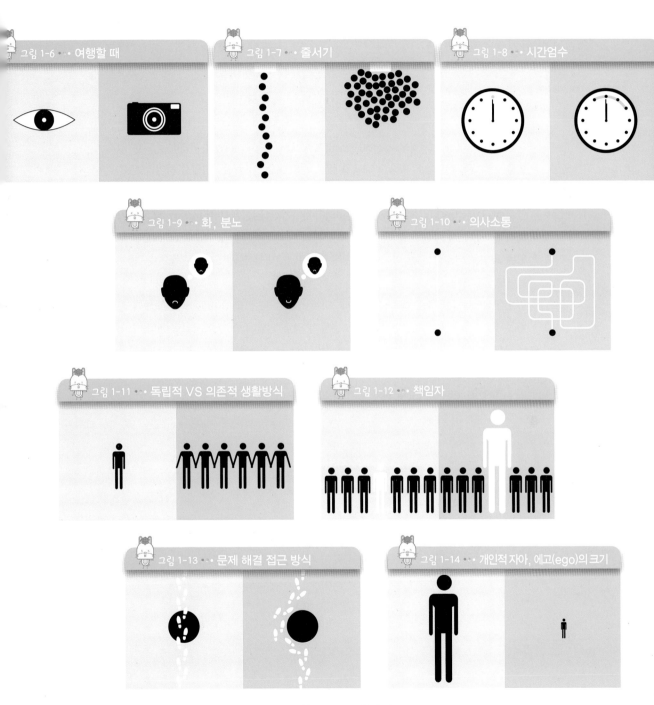

그림 1-6 • • 여행할 때

그림 1-7 • • • 줄서기

그림 1-8 • • • 시간엄수

그림 1-9 • • 화, 분노

그림 1-10 • • 의사소통

그림 1-11 • • 독립적 VS 의존적 생활방식

그림 1-12 • • 책임자

그림 1-13 • • • 문제 해결 접근 방식

그림 1-14 • • • 개인적 자아, 에고(ego)의 크기

http://www.yangliudesign.com

읽기자료 1

두뇌의 작전사령탑, 전두엽

전두엽은 단기간 기억을 저장하는 작업기억(working memory)과 학습에 중요한 역할을 한다. 즉, 전두엽은 학습한 내용을 짧은 시간 동안 기억하는 역할을 하기 때문에, 기억해야 할 내용과 기억할 필요가 없는 내용을 선택하는 정보처리 능력을 담당한다.

특히, 전두엽은 다양한 영역들과 연결되어 원초적인 감정에서부터 고차원적 사고력까지 관여한다. 전두엽은 슬픔, 기쁨, 화남, 행복 등 다양한 감정을 통제하고 조절할 수 있는 영역을 담당할 뿐만 아니라, 비판적 사고력, 문제해결능력, 창의성 등 고등 인지 능력도 담당한다.

일반적으로 전두엽은 청소년기를 지나야 완성되기 때문에 아이들은 어른들보다 충동을 잘 이기지 못하고 산만하며, 청소년들의 경우 일탈에 쉽게 빠지기도 한다. 그러나, 성인이 되어 만약 인간의 전두엽이 손상되거나 제 기능을 하지 못하면 감정을 통제하지 못하고 분노조절이 안되어 공격적이고 폭력적인 행동을 할 수 있다. 또한, 도덕성과 통찰 능력, 판단력에도 문제가 생겨 사회생활이 어려울 수 있다.

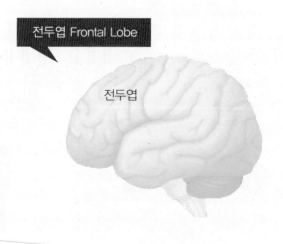

전두엽 Frontal Lobe

전두엽

일상에서 주로 느끼는 비언어 커뮤니케이션 매체를 찾아 토론해 보자.

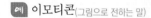 이모티콘(그림으로 전하는 말)

▶ 위 토론을 하면서 커뮤니케이션이 잘 됐다면 잘 된 이유를 찾아 보자.

▶ 위 토론을 하면서 커뮤니케이션이 어려웠던 요인을 아래에서 찾아보고 극복방안을
토론해 보자.

• 내적인 요인 :

• 외적인 요인 :

• 상황적 요인 :

▶ 의사소통을 방해하는 요인의 극복방안은 무엇인가?

GLOBAL MANNER AND IMAGE MAKING_PRESENTATION

CHAPTER
02

이미지 메이킹
(Image Making)

1. 이미지의 이해

1) 이미지의 의미

이미지(Image)는 라틴어 'Imago'에서 유래된 말로, 일반적으로 대상(사람, 사물, 사건 등)을 떠올렸을 때 사람들의 머릿속에 떠오르는 상(像, 모양이나 상태)을 의미한다.

2) 개인 이미지(Personal image)

개인 이미지는 내적 이미지(appearance)와 외적 이미지(personality)로 나뉜다. 내적 이미지는 종합적인 이미지를 만드는데 본질이 되는 것으로 요소에는 습관, 감정, 생각, 심성, 욕구 등이 있으며, 외적 이미지는 내적 이미지가 용모, 복장, 자세, 행동, 표정 등으로 보여 지는 이미지를 의미한다. 개인의 이미지는 개인뿐 아니라, 상황에 따라 가족, 기업, 나라의 이미지의 대표가 될 수 있기 때문에 중요하다.

> 개인 이미지 = 내적 이미지 + 외적 이미지

상대방이 생각하는 여러분에 대한 이미지는 여러분이 생각하는 것과 다를 수 있다. 따라서 때로는 상대방이 여러분에 대한 어떤 이미지를 가지고 있는지를 생각해 볼 필요가 있다.

2. 이미지 메이킹(Image Making)

1) 개념

이미지 지향적인 사회에 살아가는 우리는 물건을 고를 때 물건의 실제 쓰임새

그림 2-1 • • 거울에 비친 다른 내 모습

http://cfile1.uf.tistory.com/image/150E0938508746B2249FC5

보다 모양이나 색, 디자인과 같이 보이는 이미지가 좋은 것을 선호한다. 제품을 넘어 기업의 이미지, 국가의 이미지는 막대한 비용과 시간, 노력을 들여 만들어지고 있다. 이런 관점에서 개인 이미지 메이킹은 개인이 추구하는 목표를 이루기 위해 자신의 이미지를 모든 면에서 관리하는 것을 의미한다. 이미지 메이킹은 다음 사항을 고려한다.

첫째, 대상이 가지고 있는 이미지 중에서 장점을 더욱 드러내어 강화시킨다.

둘째, 단점을 보완하여 긍정적으로 보일 수 있도록 노력한다.

셋째, 필요하다면 가지고 있지 않았던 이미지도 갖춰 인위적이지만, 차별화된 이미지로 상대방에게 각인시킨다.

2) 이미지 메이킹의 효과

• 자신에게 부족한 이미지를 보완하여 열등감을 극복할 수 있다.

- 상대방이 자신에게 호감을 갖고 긍정적인 평가를 가질 때 자신감과 자존감
  이 올라간다.
- 대인관계능력이 향상될 수 있다.

3. 첫인상의 이해

1) 첫인상이 인식되는 시간

미국 다트머스 대학 심리와 뇌 과학의 왈렌(Paul J Whalen)교수는 편도체가 눈매로
써 첫인상을 판단하는 데 걸리는 시간은 17/1,000초라고 실험결과를 발표했다.
이것은 뇌의 편도체가 아주 빠른 시간에 인상을 형성하는 기능을 가졌다는 것을
알려준다.

일반적으로 남녀가 소개팅을 할 때, 첫인상이 좋은지 나쁜지 결정되는 시간은
남녀에 따라 다르며, 보통 남자는 3초, 여자는 5초가 걸린다고 한다. 남자는 여자
를 볼 때, 예쁜지 안 예쁜지를 기준으로 첫 인상이 바로 결정된다고 하며, 여자는
남자를 볼 때, 그 짧은 순간에 외모뿐 아니라, 학벌, 경제력, 연애한다면 어떤 스
타일지 등의 여러 가지 평가와 예상을 한꺼번에 한 후 첫 인상을 결정하기 때문
에 5초 정도 걸린다는 재미있는 조사도 있었다.

2) 첫인상의 중요성

동물학자 콘라트 로렌츠(Konrad Lorenz)는 각인현상(imprinting)을 〈오리새끼 실험〉으
로 잘 보여주었다. 오리새끼는 태어나자마자 함께 있었던 사람을, 더 정확히는
로렌츠의 부츠를 어미로 각인하여 애착을 갖고 따라 다녔고 다 자라서도 로렌츠
를 따라다녔다고 한다. 사람에게도 이러한 각인현상이 적용된다, 사람에게 상대
방의 이미지가 각인되고 쉽게 바뀌지 않는 결정적인 시기는 상대방의 첫인상을
갖게 될 때이다.

순간의 찰나에 상대방에게 각인되는 나의 좋은 이미지는 한번 각인되면 상당히 오래 지속된다. 하지만, 첫인상이 좋지 않았다면, 이를 바꾸기 위해 약 60번 이상의 좋은 이미지를 반복해서 심어줘야 차츰 바뀔 수 있다는 빈발효과를 염두에 두고 노력해야 한다. 여러분에 대해 좋지 않은 인상을 갖고 있는 사람과 60번 이상을 만나 좋은 인상으로 바꿀 수 있다면 행운이다. 대부분 사람들은 상대방의 첫인상이 좋지 않았고, 굳이 만날 이유가 없다면 인상을 바꿀 수 있는 기회마저 만들 수 없기 때문이다.

특히, 면접과 같은 자리에서 첫인상을 나쁘게 보았다면, 다시 그 면접관을 볼 일은 없을지도 모른다. 반대로, 첫인상이 좋으면 스펙이나 다른 점이 아쉬워도 면접에서 좋은 결과를 기대할 수 있다.

3) 첫인상의 특징과 심리적 효과

 그림 2-2 ● ∙ 각인 이론의 콘라트 로렌츠(1903∼1989)

http ://mblogthumb2.phinf.naver.net/20150624_105/sjy9876s_
1435126273946tWHtI_PNG/B0A2C0CEC0D0.png?type=w2

🐾 4가지 특징

- 일회성 : 첫인상은 처음 만났을 때 한 번에 결정되고 오래 기억된다.
- 신속성 : 보통 2초~3초 사이에 첫인상이 각인된다.
- 일방성 : 사실이나 내면의 진가를 확인하지 않고 보이는 것만 가지고 상대방의 경험적 기준이나 가치관에 따라 일방적으로 인식되고 각인된다.
- 연관성 : 실제와는 다르게 연관 지어 기억하거나 알고 있던 것과 혼동해 첫인상을 각인할 수 있다. 따라서 연관성을 갖은 첫인상은 불확실할 수 있으므로 자신이 상대방에게 어떻게 보여 지는지를 유의해야 한다.

🐾 심리적 효과

- 초두 효과 : 우리 두뇌는 처음 받은 정보를 나중에 받은 정보보다 더욱 잘 기억해 처음 받은 정보가 강한 영향력을 갖는다. 그러므로 강조하고 싶은 중요한 말이나 좋은 이미지는 먼저 보이도록 노력해야한다.
- 최신 효과 : 초두 효과가 처음 이미지라면, 최신 효과는 마지막 이미지로 좋은 이미지를 강하게 각인시키면 기억에 오래 남는다는 뜻이다. 오디션이나 면접에서 차례가 중간인 것보다 처음 또는 마지막이 좋은 이유가 여기에 있다.
- 후광 효과 : 첫인상이 좋으면, 다른 면도 긍정적으로 평가하는데 지배적인 효과를 갖는다.
- 부정적 효과 : 단점이 장점보다 인상을 결정하는데 빠르고 강한 영향력을 발휘한다. 따라서 단점을 최대한 보완하고 부각되지 않도록 해야 한다.
- 방사 효과 : 유명한 사람이나 사회적 지위가 높은 사람과의 친분을 내세우거나 함께 있을 때 자신의 자존심이나 지위가 높아지는 것을 느낄 수 있다.
- 대비 효과 : 인상이 좋은 사람과 보통인 사람이 같이 있을 때 대비 효과로 인해 인상이 보통인 사람이 상당히 낮은 평가를 받게 되는 현상을 말한다.

다음 두 개의 사진 중 어느 것을 먼저 보았는가? 그것이 초두 효과이다.

그림 2-3 • 첫인상의 효과

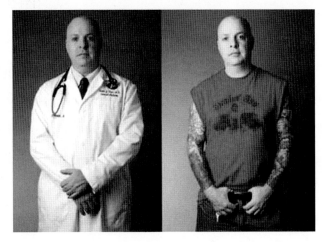

http://cdn.diply.com/img/877d66f1-5abd-4a8b-8f8e-431794489dd5.jpg

4) 첫인상의 구성 요소

미국 캘리포니아대학 심리학과 명예교수 알버트 메라비언(Albert Mehrabian)은 표정(감정)과 태도가 드러나는 대면 의사소통(Face to face Communication)시 커뮤니케이션에 영향을 미치는 요소들을 연구했다.

- 언어적 요소- 7% (말의 내용)
- 청각적 요소- 38% (톤, 억양)
- 시각적 요소- 55% (표정, 태도)

이 세 요소들이 조화를 이룰 때, 효과적인 의사소통이 가능하지만, 조화를 이루지 못할 때, 상대방은 화자의 말(7%)보다 비언어적 요소(93%), 즉 시각적인 요소들을 통해 인식하는 정보를 더욱 신뢰한다.

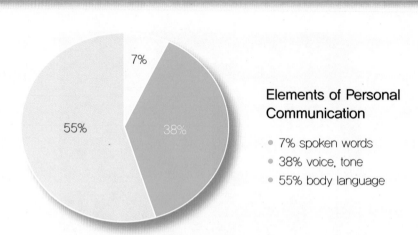

표 2-1 • • 커뮤니케이션 구성 요소

Elements of Personal Communication

- 7% spoken words
- 38% voice, tone
- 55% body language

http://pedjajovanovic.com/wp-content/uploads/2015/09/Blog1.jpg

예를 들어, "잘못했습니다. 용서해주세요."라는 말을 마지못해 용서를 구하는 목소리와 못마땅한 태도로 말한다면, 상대방은 진심으로 용서를 구하는 것이 아니라고 생각한다.

상대방에게 무엇을 말하느냐(말의 내용, what)보다 말하는 모습이 어떻게 보이는지(시·청각적인 요소, how)가 중요하다. 따라서 강한 설득을 목적으로 하는 대화나 프레젠테이션과 같은 커뮤니케이션에서는 이러한 비언어적 요소가 매우 중요하게 다뤄지고 있다.(자세한 커뮤니케이션 요소는 1장 참고)

4. 좋은 첫인상 만들기

좋은 첫인상을 줄 수 있는 요소는 거의 시각적 정보들이다. 〈첫인상 3초 혁명(You've Only Got Three Seconds)〉의 저자 이미지 컨설턴트 카밀 래빙턴(Camille Lavington)과 스

그림 2-4 ● ● 좋은 인상은 호감 가는 인상이다

출처 : 영화 'Valentine's Day'의 한 장면

테파니 로시(Stephanie Losse)는 아래와 같이 말했다.

> "당신이 문을 열고 사무실에 들어서는 순간 일은 벌어진다. 그 3초간, 사람들은 당신을 판단해버린다. 당신을 그저 힐끔 바라 볼 뿐이지만 그들은 당신의 옷차림과 헤어스타일을 평가한다. 당신의 몸가짐을 보고, 당신의 차림새나 액세서리에 대해 판단한다. 또 당신이 들어서자마자 만난 사람에게 인사하는 모습을 본다. 그 짧은 3초 동안 당신은 사람들에게 이미 지울 수 없는 인상을 남긴다."

여기서 중요한 것은 우리가 의도하지 않은 순간, 우리를 집중해서 보지 않고 힐끔 바라 는 그 순간, 우리에게 관심 없어 보이는 순간에도 우리의 인상은 상대방에게 강하게 각인되고 있다는 것이다.

첫인상을 형성하는 요소에는 표정, 외모(용모복장), 태도(자세와 행동), 대화법이 있다. 문을 열고 사람이 들어올 때, 여러분은 어느 요소를 보게 되는가? 일상에서 누군가를 만날 때 늘 여러분이 좋은 인상을 주고 싶다는 생각을 하면서 다음 사항들을 연습해 보자.

1) 표정

사람의 얼굴은 80여 개의 근육을 이용해 7,000가지 이상의 표정을 만들어 다양한 표정연출이 가능하다.

사진 및 동영상 촬영을 적극 활용해 내가 보는 관점이 아닌 상대방의 관점으로 나의 표정을 관찰하고 연습한다.

🐰 표정 훈련

- 눈과 눈썹 : 눈을 크게 뜨고 좌·우·상·하로 움직인다.
- 입과 볼 : 입을 다물고 볼을 부풀려 공기를 좌·우·상·하로 이동시킨 후, 입술을 오므려 당겼다 뺀다.
- 턱 : 턱을 떨어뜨리는 느낌으로 내렸다가 좌우로 움직인다.
- 입모양 연습 : 우리말 대표 모음 아, 에, 우, 에, 오 를 정확한 입모양을 만드는 연습을 한다.

🐰 편안하고 자연스러운 표정

- 얼굴 근육을 푸는 표정 훈련을 통해 자연스러운 표정을 연출한다.
- 발음 시 정확한 입모양을 만든다.
- 감정 기복이 심해 표정으로 바로 나오는 사람은 항상 마음가짐부터 긍정적이고 차분하게 만들어야 한다.

🐰 바람직한 표정과 의미

- 고개를 바로 들고 정면을 향한다 = 솔직한 이미지

- 입을 조용히 다문다 = 단정하고 안정된 이미지
- 미소를 짓는다 = 밝고 친근한 이미지

부드럽지 못한 표정

- 무표정 : 얼굴 근육을 거의 이용하지 않아 감정이나 관심이 없어 보여 차갑게 느껴진다.
- 화난 눈썹과 미간의 주름 : 화나거나 짜증나는 표정으로 반드시 교정이 필요하다.

바람직하지 못한 표정과 의미

- 고개를 돌린다 = 상대를 싫어하는 이미지
- 고개를 숙인다 = 상대에게 뭔가 숨기는 것이 있는 것 같은 이미지
- 입술을 깨문다 = 불안정한 이미지

시선처리(눈의 표정)

- 표정을 보면서 시선이 보여주는 이미지도 동시에 얻는다. 보통 친밀한 거리나 개인적 거리를 유지하는 사이라면 시선처리가 자유롭지만, 그 이상의 사회적 또는 공적인 거리에서, 특히 면접과 같은 상황에서 시선처리는 화자의 심리상태가 상대방에게 고스란히 전달되어 부담스럽다.
- 일반적인 시선은 상대방과 시선이 마주치면, 이마, 코끝을 보며 말하는 연습이 좋다. 왜냐하면 상대방의 눈을 보고 있으면 그의 미세한 감정변화에 여러분의 감정도 흔들릴 수 있기 때문이다.
- 고개를 내려 바닥을 바라보거나, 벽, 시계, 창문을 보는 것도 불안해하는 모습이기 때문에 시선을 자연스럽게 상대방에게 유지해야 한다.
- 화자는 감정에 휘둘리지 않기 위해 미간을 찌푸리거나, 입은 웃는데 눈은 웃지 않는 모습도 부자연스럽기 때문에, 차분한 마음으로 이야기를 이끌어나가는 연습이 필요하다.

- 면접에서 질문을 한 사람을 바라보며 답하고, 답변이 길어지면, 내용이 바뀔 때마다 왼쪽, 오른쪽을 자연스럽게 고개를 돌려 바라본다.
- 다른 사람이 질문을 받고 답을 할 때는 잠깐 고개를 돌려 그 사람을 바라보는 것도 경청하는 모습으로 자연스럽게 보일 수 있다.

호감 가는 표정 – 미소

다양한 표정 중에서 가장 인상 좋은 표정은 단연 미소다. 사람들을 대면하기 전부터 미소 띤 얼굴을 준비한다. 낯선 사람도 여러분을 보자마자 웃게 된다면, 적대감과 긴장감을 풀게 되고 여러분이 이루려는 목적의 절반은 이루게 된 것이다. 평소에도 사람이 있든 없든 자연스럽고 상냥한 표정을 만든다. 결국 자기 자신의 마음이 늘 즐겁게 된다.

입 주변 근육 운동

- 입모양을 '아/에/이/오/우'를 만든다.
- 한 쪽 볼에 바람을 넣어 다른 한 쪽으로 옮기는 동작을 반복한다.
- 입을 앞으로 쭉 내밀었다가 잡아당기는 동작을 반복한다.

자연스러운 미소를 위한 발성연습

- 거울 앞에서 입모양을 정확히 만들고 큰 소리로 외친다.
- 하/하(쉬고) 히/히(쉬고) 후/후(쉬고) 헤/헤(쉬고) 호/호

3) 외모(용모 복장)

상대방의 체격, 몸매, 피부, 화장, 패션 스타일 등이 모두 포함된다.

요즘은 여자뿐 아니라, 남자도 외모에 신경을 쓰면서 적절한 체중을 유지하는 것이 경쟁에서 이기는 것으로 여겨지고 있다. 건강한 신체는 건강한 마음에서 우러나오며, 건강한 마음은 자신을 존중하고 있는 그대로를 받아들일 줄 아는 마음에서 시작되어야 할 것이다.

표 2-2 • 폭식증 자가진단 테스트

1 = 자주 그렇다, 2 = 가끔 그렇다, 3 = 거의 그렇지 않다, 4 = 전혀 아니다

01 마른 내 체형이 자랑스럽다.

02 자주 체중을 잰다.

03 배가 고파도 의도적으로 끼니를 거른다.

04 살찌는 것이 두렵다.

05 가족들과 친구들은 그렇게 생각하지 않지만, 나는 내가 뚱뚱한거 같다.

06 건강을 위해서가 아니라 살을 빼기 위해 매일 운동을 해야 할 것 같은 생각이 든다.

07 다른 사람들을 위해 요리하는 것을 즐기지만 나는 막상 많이 먹지 않는다.

08 한꺼번에 많은 양의 음식을 빨리 먹는다.

09 다른 사람들과 어울려 먹는 것보다는 혼자서 먹는 것이 마음 편하다.

10 외모나 체형에 대한 다른 사람들의 말에 지나치게 민감하다.

11 반복적으로 다이어트를 시도한다.

12 하루의 많은 시간을 음식과 칼로리에 대해 생각하며 보낸다.

13 몰래 음식을 먹거나 음식이나 단 것을 방이나 옷장 속에 모아둔다.

14 먹음 음식의 양에 대해 남들에게 거짓말을 한다.

15 먹고 난 다음 의도적으로 구토를 한다.

16 체중증가를 막기 위해 변비 약, 설사제, 다이어트 약을 복용한다.

17 1~2kg의 체중이 늘면 화가 난다.

18 체중에 의해 자신감이 크게 영향을 받는다.

19 먹는데 통제력을 상실한 거 같은 느낌이 든다.

20 먹고 나면 우울하거나 불안한 기분이 든다.

21 기분이 좋지 않거나 스트레스를 받으면 과식을 한다.

총점 42점 이상 = 정상적인 상태, 42-23 = 섭식장애가 시작되는 단계, 22 = 섭식장애의 확률이 매우 높음

http ://happy-box.tistory.com/3281

체격과 몸매

여성이라면 인터넷에서 '표준 체중'외에 '미용 체중표', '옷발 잘 받는 체중표' 등을 검색해 본 적이 있을 것이다. 어떤 여성은 옷의 親사이즈'가 '체중 44kg인 여성용'이 아니라는 것을 알면서도 이 숫자를 기준으로 자신의 다이어트 강도를 조절하기도 한다. 사이즈와 몸무게를 혹독하게 줄이느라 건강을 위협하며 생활하지 말자. 모두가 아는 대로 타고난 골격은 바꿀 수 없지만, 적절한 식이요법과 운동으로 건강한 체형을 만들어가야 할 것이다.

남녀공통 용모 복장 사항

- 헤어스타일은 남녀 모두 윤기 있고, 깔끔하며 단정하게 정리한다.
- 향이 진한 화장품과 향수는 삼간다.
- 손톱은 깨끗하게 정리한다.
- 구두는 굽이 닳지 않았는지, 깨끗한지를 점검한다.
- T.P.O에 맞는 복장을 갖춘다.
- 적당한 체격을 유지한다.
- 상처에 붙인 반창고는 최대한 안보이도록 해야 한다.
- 식후 반드시 양치질이나 가글을 한다.
- 재채기나 기침 등을 할 때 소매에 입을 가리고 한다.
- 귓속이나 콧속은 늘 청결하게 유지한다.
- 지나치게 태닝하지 않도록 한다.
- 문신이 보이지 않아야 한다.
- 스포츠 시계나 액세서리용 화려한 시계보다 일반적인 시계를 착용한다.

여자 용모 복장

- 깨끗하고 윤기 있으며 생기 있는 피부를 위해 손의 위생과 피부 표현에 신경 쓴다.
- 속눈썹과 컬러 렌즈는 최대한 자연스러운 제품으로 착용해 상대방에게 부

담스러움을 느끼지 않도록 한다.

• 색이 진한 색조 화장은 자제한다.

• 액세서리는 작고 단순한 디자인을 선택한다.

남자 용모 복장

• 면도를 하고, 가능한 깨끗한 피부를 보이기 위해 신경 써야 한다.

• 손등이나 바닥에 각질이 생기지 않도록 관리한다.

4) 태도(자세와 행동)

처음 보는 사람이 팔자걸음으로 걷거나, 등받이에 등을 기대고 앉는다면 반드시 바른 자세를 익히자. 바르고 자연스러운 자세는 여러분의 인품에서 나오는 것이며, 상대방을 편안하고 안정감을 느끼게 해준다.

공수 자세

• 자연스럽게 미소 짓는다.

• 두 손의 손가락을 붙여서 편 다음 앞으로 모아 포갠다.

• 엄지손가락을 엇갈려 깍지를 끼고 나머지 포갠 손을 펴거나 살짝 잡는다.

• 팔이 몸의 앞이나 뒤로 가지 않고 몸과 일치하도록 자연스럽게 내린다.

• 공수한 손은 깍지 낀 엄지손가락 끝이 배꼽 아래로 내려오도록 한다.

• 평소 공수 시 남자는 왼손이 위로, 여성은 오른손이 위로 가며, 흉사 시에는 반대로 한다.

• 흉사는 상가에서 지내는 초우, 재우, 삼우까지 포함한다.

• 조상을 모시는 제사는 흉사가 아니므로 평소 공수 자세를 취한다.

선 자세

• 자연스럽게 미소 짓는다.

그림 2-5 • • 선 자세

http://www.vop.co.kr/A00001197173.html

- 시선은 자연스럽게 정면을 바라본다.
- 턱은 지면과 평행하도록 유지한다.
- 눈동자의 이미지를 체크하여 턱을 살짝 올리거나 내린다.
- 어깨에 힘을 빼고 가슴은 펴고 등줄기를 곧게 편다.
- 아랫배에 힘을 주고 내밀지 않는다.
- 여자는 공수 자세 취한다.
- 남자는 팔을 자연스럽게 내려 살짝 주먹 쥔 손을 바지 봉제선에 엄지손가락 이 닿도록 붙인다.
- 무릎 안쪽에 힘을 주어 붙인다.

 그림 2-6 •• • 앉는 자세

http://noranlie.tistory.com/47

- 발꿈치는 붙이고 발 안쪽을 남자는 여자보다 조금 더 벌려 선다.

🌱 의자에 바르게 앉기와 일어서기

- 자연스럽게 미소 짓는다.
- 반 보 여유를 두고 의자 앞에 선다.
- 한쪽 발을 뒤로 빼 의자에 다가간다.
- 어깨너머로 의자를 확인하고 의자 안쪽에 앉는다.(이 후, 남여 구분)
- 이 때, 여성은 치마의 앞뒤 자락을 정리하며 앉는다.
- 여성은 무릎을 붙이고 다리를 약간 앞으로 내어 비스듬히 자연스럽게 세운다.
- 여성은 다리 사이 치맛자락 끝에 모은 손을 올려 치마가 뜨는 것을 방지한다.
- 남성은 자리에 앉은 후 무릎을 어깨 넓이로 벌린다.
- 살짝 주먹 쥔 손을 양 무릎 위에 놓는다.
- 언제든 사뿐히 일어날 수 있는 준비를 한다.

- 의자로 인한 소음을 만들지 않도록 조심한다.
- 일어서는 순서는 앉는 순서와 반대로 한다.

방석에 앉는 자세

- 공공장소에서 좌식 자리는 맨발로 이용하지 않도록 주의한다.
- 어른의 정면에 앉지 않는다.
- 방석은 손님에 대한 주인의 첫 호의이므로 방석을 밟지 않도록 주의하면서 방석 앞에 선다.
- 허리를 굽혀 양손으로 방석을 당겨 무릎 아래로 밀어 넣어 방석 중앙에 무릎을 꿇어앉는다.
- 발끝이 방석의 끝에 걸치는 모양으로 앉는다.
- 어른께서 편히 앉으라고 하시면 무릎을 펴고 편히 앉는다.
- 옷자락이 퍼지지 않도록 정리한다.
- 일어날 때는 반대로 행동하고 방석을 제자리에 놓는다.

걷는 자세

- 자연스럽게 미소 짓는다.
- 시선은 자연스럽게 정면을 바라본다.
- 어깨와 등을 펴고 턱을 당겨 바른 느낌을 준다.
- 팔은 밖으로 나가지 않고 앞뒤로 자연스럽게 흔든다.
- 무릎 안쪽이 스치듯 자연스럽게 걷는다.
- 발자국이 1자가 아닌, 11자가 되도록 걷는다.
- 발소리가 나지 않도록 조심스럽게 걷는다.
- 적당한 속도로 걷는다.
- 같이 걷는 사람이 있다면, 보조를 맞춘다.
- 남의 앞을 가로질러 갈 때는 "죄송합니다.", "실례합니다."라고 반드시 말하고 지나간다.

바닥의 물건을 줍는 자세

- 주울 물건의 바로 옆에 선다.
- 주변의 사물이나 사람과 부딪히지 않도록 조심하면서 떨어진 물건을 보며 한쪽 무릎을 서서히 아래로 굽힌다.
- 여성은 한 손으로 스커트 자락을 살며시 누른다.
- 다른 한 손으로 물건을 줍고 일어설 때 등을 세워 엉덩이가 뒤로 나오지 않도록 유의한다.

5) 대화법

대화법은 상대방에 대한 존중, 배려, 진심 등이 나타나는 기술로 경청, 유머, 칭찬 등을 통해 표현할 수 있다. 여러분이 주로 말하는 사람인지, 듣는 사람인지를 생각해 보면서 부족한 기술을 보완하여 적절히 말하기와 들어주기를 둘 다 잘 하는 이미지로 거듭날 필요가 있다. 화술이 좋은 사람은 호감과 설득력을 모두 가질 수 있기 때문이다.

 경청(傾聽)

적극적으로 경청하는 것은 "상대의 말을 듣기만 하는 것이 아니라, 상대방이 전달하고자 하는 말의 내용은 물론이며, 그 내면에 깔려있는 동기(動機)나 정서에 귀를 기울여 듣고 이해된 바를 상대방에게 피드백(feedback)하여 주는 것을 말한다".(출처 : 최상복, 산업안전대사전, 2004)

- 맞장구, 추임새, 호응 : 여러분이 상대방의 말을 진심으로 경청하고 있다는 표현으로 예를 들어, 상대방에게 "아~ 정말? 그랬구나~ 멋져!"라고 말해준다면, 여러분에게 고마운 마음도 느끼고 좋은 인상을 갖게 될 것이다.
- 재구성, 요약 : 상대방의 긴 이야기를 여러분이 요약해 이해를 잘 하고 있는지를 확인하거나 물어보는 행동으로 예를 들어, "아까 하신 말씀이 그 뜻이군요!"라는 말은 상대방에게 여러분이 경청의 자세를 잘 갖추고 있다고 믿

게 될 것이다.
- 중간에 말을 자르지 않는다.
- 상대방의 기분을 억지로 바꾸려고 노력하지 않는다.
- 해결책을 주려고 하지 않는다.
- 상대방에게 경청이 잘 안 되는 이유
  - 자신의 집중력이 부족한 경우
  - 관심사가 아닌 이야기를 하는 경우
  - 상대방과의 인연을 가볍게 여기는 경우

 유머

첨예한 국제 분쟁을 다루는 국제협상가들은 항상 유머를 준비해 협상 테이블에 앉는다고 한다. 그들은 유머는 긴장감을 풀어주고 부드럽고 서로의 말을 잘 들어주는 화기애애한 분위기를 만드는데 사용하는 것이다. 일반적인 대화에서 유머는 긴장과 스프레스를 풀게 해주며 즐거운 기억으로 오래 기억되어, 유머를 잘 할 줄 아는 사람은 호감적인 이미지를 갖는다. 여러분도 좋은 인상을 남기고 싶다면 재치 있는 유머의 기술을 반드시 준비해야 한다.

 칭찬

상대방의 호감을 사기 위해서는 칭찬거리를 찾아내 적절한 타이밍에 효과를 배가시켜주는 표정과 목소리, 몸짓 등을 이용해 칭찬한다. 칭찬은 상대방의 자신감과 의욕을 높여 하는 일을 더 잘 하게 도와준다. 상대방이 듣고 싶은 최고의 칭찬은 여러분이 듣고 싶은 칭찬일 수도 있다. 내 자신을 칭찬할 줄 알아야 남도 칭찬 할 수 있다. 그러나 형식적이거나 진심이 느껴지지 않는 칭찬은 오히려 상대방을 기분 상하게 할 수 있으므로 조심해야 한다.

5. SWOT 분석

SWOT 분석은 기업의 경쟁 우위를 점하기 위해 가장 많이 사용되는 분석 기법으로 기업의 내부 환경과 외부 환경을 분석해서 강점(Strength), 약점(Weakness), 기회(Opportunities), 위협(Threats)의 요인을 바탕으로 전략을 도출할 수 있는 분석표이다. 여러분도 이 분석을 이용해 자신의 내부와 외부 환경을 분석해 이미지메이킹 성공을 위한 전략을 도출 할 수 있다.

 표 2-3 •• SWOT 분석

	강점(Strength)	약점(Weakness)
	– – –	– – –
기회(Opportunity) – – –	SO전략 – – –	OW전략 – – –
위협(Threat) – – –	ST전략 – – –	WT전략 – – –

출처 : Gliffy's SWOT analysis

읽기자료 2

웃음과 뇌

부모의 손길을 느낀 아이는 환한 표정을 지으며 특유의 웃음소리를 내고 부모는 기뻐서 어쩔 줄 모른다. 간질이기와 웃음은 가족과 무리에서 애정 어린 친근감을 유지하는 중요한 역할을 한다. 사람의 경우 태어난 뒤 2~3개월 내에 소리를 내어 웃을 수 있다. 또한 소리 없는 웃음은 생후 며칠도 되지 않아 시작되기 때문에 많은 학자들이 웃음은 인간의 뇌에 유전적으로 프로그램된 것이라고 생각한다.

한편, 캘리포니아 대학의 프리드 박사 연구팀은 16세 소녀의 간질 발작 부위를 찾기 위해 전기자극을 가하던 중 특이한 현상을 접했다. 좌측 전두엽에서 1인치 크기의 부위를 자극하면 어떤 상황이든 웃는 것을 발견한 것이다. 또한, 변연계에 속한 해마와 편도, 시상 사이의 연결은 친근감, 사랑, 애정, 기분의 표현에서 중요한 역할을 담당한다. 시상하부, 특히 가운데 부분은 크고 조절할 수 없이 터져 나오는 웃음을 만드는 데 중요한 역할을 한다.

 **Quiz**

 첫인상 효과의 예를 경험 속에서 찾아보거나 상황을 만들어 발표해 보자.

- 초두 효과

- 부정적 효과

- 후광 효과

- 대비 효과

- 최신 효과

 올바른 자세를 실습해 보자.

- 공수 자세

- 선 자세

- 의자에 바르게 앉기와 일어서기

- 방석에 앉는 자세

- 걷는 자세

- 바닥의 물건을 줍는 자세

 표 2-7 SWOT 분석표를 채워 이미지메이킹 전략을 만들고 발표해 보자.

GLOBAL MANNER AND IMAGE MAKING_PRESENTATION

CHAPTER 03

일상생활 예절

1. 예절의 이해

1) 의미

예절이란 생활 문화의 전통 속에서 형성된 도덕성에 근거한 사회적 질서의 규범 및 행동의 표준 절차 등을 일컫는 말로 예의범절(禮儀凡節)의 준말이다. (한국여성교양학회 예절연구회, 에티켓 생활예절, 신정)

우리나라는 예부터 '동방예의지국(동방에 있는 예의 바른 군자의 나라)'로 불려왔다. 약 2300년 전 공자의 7대손 공빈이 고대 한국에 대한 기록 '동이열전(東夷列傳)'에 의하면, 우리나라는 땅이 커도 이웃 나라를 하찮게 여기지 않고, 뛰어난 군사가 있어도 이웃 나라를 침략하지 않으며, 일상에서는 길을 양보를 잘하고, 음식을 나눠 먹으며, 남녀의 생활이 구분되어 있어 동방예의지국이라고 했다. 이것은 오랫동안 인식되어 왔고 우리나라 예절의 근본이 되었다.

2) 기능과 목표

 기능

- 수기(修己) : 자신에게는 남이 보지 않는 곳에서도 도리에 어긋나지 않도록 정성을 다해 말과 행동을 삼가 해 양심적으로 떳떳한 삶을 살게 하는 자기관리 기능이다.
- 치인(治人) : 자신에게 지켜온 예절을 상대방에게 적용하는 것으로, 상대방을 공경과 사랑으로 대해 상대방이 편안함을 느껴 서로 화목한 조화를 이뤄 기쁨을 느끼게 해준다.

목표

공동체 안에서는 공동체 구성원인 자신과 구성원들이 모두 수기와 치인을 잘 적용한다면, 공동체 질서가 만들어지고, 결국 모두 편안하고 기쁘며 조화가 이뤄져 밝고 명랑한 사회를 이룩할 수 있다.

2. 일상생활 예절법

1) 인사

인사의 대상에는 공경해야 하는 상징과 사람이 있으며, 인사는 관계의 시작을 의미하는 것으로 상대방을 존경하고 반가운 마음을 나타내는 방법이다. 우리의 인사법에는 음양 사상에 따라 남자의 왼쪽에 여자가 서는 위치가 정해져 있으며, 앉아서 하는 절과 서서 하는 절이 있다.

2) 종류

(1) 앉아서 하는 절

 절의 종류
- 큰절 : 연세나 지위가 높은 어른, 전통 혼례, 성묘, 제사, 상례의 영전, 부모님 회갑
- 평절 : 설날 세배, 어른 생신, 웃어른, 상례의 상주, 또래의 사람, 문안 인사
- 약식절(반절) : 아랫사람의 절을 받고 답할 때

절의 횟수
- 살아 있는 사람에게 절 할 때 : 한 번
- 차례, 혼례, 제례 : 두 번
- 흉사(장례 즉, 상주노릇을 하거나 상가, 영결식에 참석했을 때) : 두 번

그림 3-1 ·· 남좌여우

출처 : 한국문화재재단

 인사말

- 절 올리겠습니다. 세배 드리겠습니다.(O)
- 앉으세요, 절 받으세요, 세배 받으세요.(X)

(2) 서서하는 절

인사는 경례라고도 부르며, 입식 생활이 일반화되면서 생긴 서서 하는 절이다. 상황에 맞는 인사와 인사말을 하며, 상대방이 여러분을 보지 못하고 있을 때에는 모른 척 지나가려고 하지 말고, 인사말을 먼저 반가운 느낌으로 해서 시선을 끈 다음, 밝게 인사를 해야 한다. 밝은 표정, 시선 맞춤, 허리 숙이기, 인사말을 중점으로 연습한다.

그림 3-2 ··· 인사의 종류

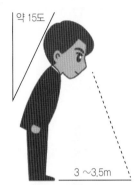  

약 15도

3 ~3.5m

약 30도

2 ~2.5m

약 45도

1 ~1.5m

가벼운 인사
아침, 저녁 인사
좁은 장소에서 인사법

보통 인사
일반적 인사로
상사, 웃어른, 고객에게
인사법

정중한 인사
고객을 맞이 또는
배웅, 사과, 감사 표현의
인사법

출처 : 한국문화재재단

동작 순서

- 시선고정(eye contact) : 상대방의 시선과 마주치면 제자리에 선다.
- 스마일 : 자연스러운 미소나 밝은 표정을 짓는다.
- 등줄기를 편다.
- 공수 자세를 취한다.
- 인사말과 + 알파의 말(칭찬이나 호감을 느끼게 하는 말)을 반가운 목소리로 한다.
- 허리 숙임 : 공경의 정도에 따라 허리를 굽히는 각도를 조절한다.
- 시선 : 자신의 발끝을 보지 말고 자신의 발끝 1~2M 앞에 둔다.
- 상체를 올리는 속도는 상체를 내리는 속도보다 천천히 한다.

2) 악수

악수는 석기시대에 손에 무기를 가지고 있지 않다는 의미의 표현이었으나, 지금은 인사뿐만 아니라 감사, 존경, 우정 등도 함께 표시하는 수단이 되었다. 상대방을 존중하는 마음과 진지한 눈빛, 미소를 보여 전체적으로 악수하는 모습이 상대방을 배려하는 모습이어야 한다.

🐰 동작 순서

- 일어선다.
- 상대방의 눈을 부드러운 눈빛과 미소로 바라본다.
- 인사말을 하며, 오른손의 엄지손가락은 세우고 나머지 손가락은 붙여서 비스듬히 세워 팔꿈치 높이로 올린 다음 당당하게 내민다.
- 상대방의 엄지손가락과 교차해 손바닥을 맞대어 적당한 힘을 주어 잡았다가 놓는다.
- 또는 가볍게 위 아래로 서너 번을 흔드는 것은 깊은 애정을 나타내기도 한다.

🐰 악수를 청하는 순서

- 윗사람이 아랫사람에게 악수를 청한다.
- 같은 연배의 이성 간에는 여자가 남자에게 악수를 청한다.
- 기혼자가 미혼자에게 악수를 청한다.
- 선배가 후배에게, 상급자가 하급자에게 악수를 청한다.
- 성직자나 대통령은 순서에 예외가 있다.

🐰 결례가 되는 악수

- 무표정의 악수는 상대방에게 관심이 없다는 것을 의미한다.
- 눈을 마주치지 않는 악수는 반갑지 않은 상대라는 의미를 표현한다.
- 왼손으로 상대방의 어깨를 잡으며 하는 악수는 강압적인 느낌을 줄 수 있다.
- 두 손으로 상대방의 손을 감싸 쥐는 악수는 지배당하는 느낌을 줄 수 있다.
- 자신이 왼손잡이라고 왼손으로 악수를 하려고 하면 결례가 된다.

3) 소개

처음 만난 사람들끼리 서로를 소개하는 시간은 참 긴장된다. 차분하게 상황이
나 분위기를 고려해 이름과 소속단체, 직함 그리고 어떤 일을 하는지, 기분 등을
간단히 소개한다. 이 긴장된 시간을 잘 활용하면 첫인상도 좋을뿐더러 자신을
소개하는데 자신이 생기고 다양한 사람들과 관계를 만들어 유지할 수 있다.

소개 방법

- 악수를 청하는 순서와 반대로 소개한다.
- 개인과 단체의 경우 개인을 단체에 먼저 소개한다.
- 소개는 서서 하는 게 원칙이지만, 앉아 있는 여성은 앉은 채로 소개해도 된다.
- 고객에게 직원을 소개한다.
  > **예** 고객과 사장이 만났을 경우, 대리(나)는 고객에게 사장을 소개하고 그
  > 다음으로 사장에게 고객을 소개한다.
- 자신을 소개할 때에는 지위에 상관없이 직함+이름으로 소개한다.
  > **예** 저는 ○○학교 ○○○동아리 회장 ○○○입니다.(○)
  > 저는 ○○학교 ○○○동아리 ○○○회장입니다.(×)
- 남을 소개할 때에는 이름+직함으로 소개한다.
  > **예** 이 분은 ○○학교 ○○○동아리 ○○○회장이십니다.(○)
  > 이 분은 ○○학교 ○○○동아리 회장 ○○○이십니다.(×)

4) 호칭과 지칭

호칭은 부르는 말이고, 지칭은 가리키는 말이다. 지칭은 대상에 따라 가리키
는 말이 다른 특성 때문에 정확한 지칭 사용으로 대화에 어려움이 없도록 연습
이 필요하다.

 가족 관계 호칭
가족 간의 호칭과 지칭을 바로 알고 사용한다면 의사소통이 원활하며, 서로

글로벌 매너와 **이미지 메이킹** 프레젠테이션

존중받는 느낌이 들고 원만한 가족관계를 이룰 수 있다.

요즘은 친족 간의 만남이 줄어들어 가족 관계 호칭을 기억하기 어려운 상황에 서 결혼하고 처음 맞는 명절이 다가오면 배우자의 친족들을 어떤 호칭과 지칭으

표 3-1 ••• 친가 호칭 정리표 ①

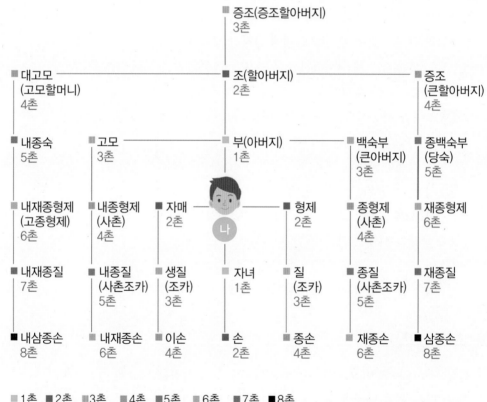

http://cfile28.uf.tistory.com/image/2124424D57658A4C2561EA

로 불러야 혼란스럽고 예의바르지 못한 사람으로 보일까봐 두렵다. 지칭에 대한 예는 우선 많이 쓰게 되는 아버지와 어머니에 대한 지칭만 실었다. 그 외는 표준 언어 예절(국립 국어원, 2011)을 참고하여 사용하자.

 **표 3-2 • 외가 호칭 정리표 ②**

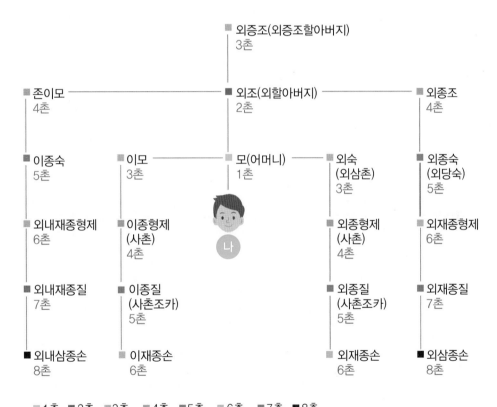

■1촌 ■2촌 ■3촌 ■4촌 ■5촌 ■6촌 ■7촌 ■8촌

http://cfile28.uf.tistory.com/image/2124424D57658A4C2561EA

글로벌 매너와 **이미지 메이킹!** 프레젠테이션

표 3-3 • • 남편 기준 호칭 정리표 ③

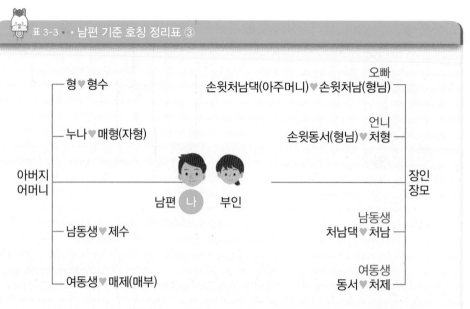

http://cfile28.uf.tistory.com/image/2124424D57658A4C2561EA

표 3-4 • • 인 기준 호칭 정리표 ④

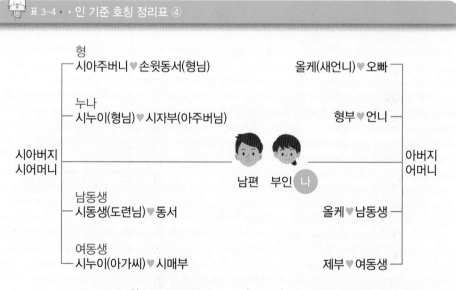

http://cfile28.uf.tistory.com/image/2124424D57658A4C2561EA

표 3-5 • 아버지에 대한 호칭과 지칭 ①

		살아 계신 아버지	돌아가신 아버지
호칭		아버지, 아빠	
지칭	당사자에게	아버지, 아빠	
	어머니에게	아버지, 아빠	아버지
	조부모에게	아버지, 아빠	아버지
	형제, 자매, 친척에게	아버지, 아빠	아버님, 아버지
	배우자에게 — 남편에게	아버지, 친정아버지, ○○[지역] 아버지	친정아버님, 친정아버지
	배우자에게 — 아내에게	아버지	아버님, 아버지
	배우자 가족에게 — 시댁 쪽 사람에게	친정아버지, ○○[지역] 아버지, ○○[자녀] 외할아버지	친정아버님, 친정아버지, ○○[자녀] 외할아버님, ○○[자녀] 외할아버지
	배우자 가족에게 — 처가 쪽 사람에게	아버지	아버님, 아버지
	그 밖의 사람에게 — 아들이	아버지, ○○[자녀] 할아버지	아버님, 아버지, ○○[자녀] 할아버님, ○○[자녀] 할아버지
	그 밖의 사람에게 — 딸이	아버지, 친정아버지, ○○[자녀] 외할아버지	아버님, 아버지, 친정아버님, 친정아버지, ○○[자녀] 외할아버님, ○○[자녀] 외할아버지

http://cfile28.uf.tistory.com/image/2124424D57658A4C2561EA

표 3-6 •• • 어머니에 대한 호칭과 지칭 ②

			살아 계신 어머니	돌아가신 어머니
호칭	어머니, 엄마			
지칭		당사자에게	어머니, 엄마	
		아버지에게	어머니, 엄마	어머니
		조부모에게	어머니, 엄마	어머니
		형제, 자매, 친척에게	어머니, 엄마	어머님, 어머니
	배우자에게	남편에게	친정어머니, 어머니, 엄마, ○○[지역] 어머니	친정어머님, 친정어머니
		아내에게	어머니	어머님, 어머니
	배우자 가족에게	시댁 쪽 사람에게	친정어머니, ○○[지역] 어머니, ○○[자녀] 외할머니	친정어머님, 친정어머니, ○○[자녀] 외할머님, ○○[자녀] 외할머니
		처가 쪽 사람에게	어머니	어머님, 어머니
	그 밖의 사람에게	아들이	어머니, ○○[자녀] 외할머니	어머님, 어머니, ○○[자녀] 외할머님, ○○[자녀] 외할머니
		딸이	어머니, 친정어머니, ○○[자녀] 외할머니	어머님, 어머니, 친정어머님, 친정어머니, ○○[자녀] 외할머님, ○○[자녀] 외할머니

http://cfile28.uf.tistory.com/image/2124424D57658A4C2561EA

5) 높임 표현(경어법)

높임 표현이란 화자(말하는 사람)와 청자(듣는 사람)과 말하는 대상의 높고 낮은 관계에 따라 언어적으로 다르게 표현하는 것으로 언어 예절에 포함된다. 높임 표현 체계는 다른 언어에는 찾아보기 어려운 우리말의 특징 중 하나로 반드시 써야한다는 법이 없고, 한자의 사용도 많아서 말이나 글로 정확한 경어법을 사용하는 것이 조심스럽다. 특히, 연설이나 뉴스와 같은 공적인 자리에서는 원활한 의사소통을 위해서 높임 표현을 이해하고 사용할 수 있어야 한다. 높임 표현에는 화자가 청자를 높이거나 낮추는 상대높임법과 문장상의 주체가 화자보다 높을 때 문장상의 주체를 높이는 주체높임법, 문장의 목적어나 부사어가 지시하는 대상을 높이는 객체 높임법이 있다.

- 자세 : 바르고 좋은 내용을 공손한 자세와 부드럽고 밝게 말하는 표정과 목소리, 발음으로 말해야한다.

(1) 상대 높임법

청자의 낮은 지위부터 높은 지위까지 지위에 맞춰 높임을 말로 나타내는 것.

방법

- 종결 어미를 사용해 상대방을 높이거나 낮추는 표현을 한다.

구분

- 격식체 : '하십시오체(합쇼체, 아주 높임), 하오체, 하게체, 해라체'
- 비격식체 : '해요체, 해체(반말)'

① 하십시오체(합쇼체)

- 상대를 아주 높임말로 연설이나 방송보도에서 많이 사용함.
- 정중한 명령이나 권유를 나타낼 때 사용
- 합쇼체 종결어미인 '-십시오'를 붙여 사용 *'-십시요'(x)

표 3-7 • • 상대 높임법에 따른 종결어미 체계

구분	격식체				비격식체	
	하십시오체 (아주높임)	하오체 (예사높임)	하게체 (예사낮춤)	해라체 (아주낮춤)	해요 (두루높임)	해체(반말) (두루낮춤)
평서형	-(ㅂ니)다.	-오.	-네.	-(는/ㄴ)다.	-어요.	-어.
의문형	-(ㅂ니)까?	-오?	-(느)ㄴ가?	-(느)냐?	-어요?	-어?
명령형	-(ㅂ)시오.	-오.	-게.	-어라.	-어요.	-어.
청유형	-시지요.	-(ㅂ)시다.	-세.	-자.	-어요.	-어.
감탄형	없음	-(는)구려!	-(는)구먼!	-(는)구나!	-어요!	-어!

출처 : 한철우 외(2014), "독서와 문법"

예 담배를 피지 마십시오.

쓰레기는 쓰레기통에 버려주십시오.

기다려 보시는 게 어떻겠습니까?

오서 오십시오. 감사합니다. 안녕히 가십시오.

② 하오체

• 현대 우리말 구어체로 쓰지 않고, 드라마 사극에서 많이 사용함.

• 자신을 낮추지 않으면서 상대를 보통으로 높일 때 사용

• 하오체 종결어미 '-오-, -소-', '-구려'를 붙여 사용

예 서둘러 가오.

이리 나오시오.

왜 그런지 모르겠구려.

③ 하게체

예 이리 와 앉게.

어서 들게나.

④ 해라체

예 소풍 가자.

조용히 책을 읽어라.

⑤ 해요체

- 해체에 요를 붙여 사용
- 이리로 앉아요.
- 왔어요?

⑥ 해체(반말)

- 먹어
- 있지?

(2) 주체 높임법

말의 주체가 되는 사람 또는 행동, 소유물에 경의를 나타내기 위한 언어 예절이다.

 방법

① 높임 선어말 어미 '-(으)시-'를 붙인다.

예 선생님께서 이름을 부르신다.

이순신장군이 거북선을 만들었지(경의가 없음)

이순신장군님께서 거북선을 만드셨지.(경의가 있음)

② 문장에서 주어의 주격조사 '이/가'를 높임을 나타내는 조사 '께서'(극존칭 조사)

등으로 바꾼다.

예 선생님, 선생님께서 저를 부르셨습니까?

③ 상대방을 높이는 특수 어휘를 사용한다.

- 직접 높이는 어휘

  잡수시다(먹다), 계시다(있다), 편찮으시다(아프다), 여쭈다(말하다). 뵙다(만나다), 드리다(주다), 돌아가시다(죽다), 주무시다(자다), 오시다(오다), 가시다(가다), 모시다('데리다'의 높임말, 데리다 : 아랫사람이나 동물을 몸 가까이 있게 하다는 뜻) 등

  > 예 선생님께서는 지금 교무실에 계시다.(O)
  >
  > 아버지께서 설거지를 하신다.(O)

④ 두 개의 동사가 서로 밀접한 관계가 있는 동사면 다음 동사에만 높임법을 적용한다.

  > 예 이것 좀 <u>들고 따라오세요</u>.(O) *<u>드시고 따라오세요</u>(X)

⑤ 앞 동사가 특수 어휘를 사용한 높임법에서는 앞뒤 동사에 다 높임법을 적용해야 한다.

  > 예 아버님, 잡수시고 가세요.(O) *먹고 가세요.(X)
  >
  > 어머님, 주무시고 가세요.(O) *자고 가세요.(X)

- 간접적으로 높이는 어휘 : 높이는 대상의 신체 부분, 소유물, 생각 등 대상과 관련된 것을 높임으로써 간접적으로 대상을 높이는 방법으로 어휘는 다음과 같다.

  감기가 드시다, 열이 많으시다. 발이 크시다. 귀사, 귀교(貴校), 댁(집), 진지(밥), 약주(술), 연세(나이), 치아(이), 말씀(말), 따님, 아드님(딸, 아들), 존함, 성함(이름), ○○○선생님, 여사, 귀하 등

🐰 주의 사항

- 말하는 사람을 공손하게 표현하고 동사에 높임 선어말 어미 '-(으)시-'를 붙이지 않는다.

  > 예 내가 아버지께 "제가 아시는 분이 법원에서 일하고 계세요."(X)
  >
  > 내가 아버지께 "제가 아는 분이 법원에서 일하고 계세요."(O)

- 간접 높임을 할 때는 특수 어휘를 사용하지 않는다.

예 아버지는 회사에 계신다.(직접 높임)

아버지는 선약이 있으시다.(간접 높임, 특수 어휘 '계시다'를 사용하지 않는다.)

• 주체가 아닌 상황이나 사물에는 경어를 사용하지 않는다.

예 "업무가 끝나셨습니까?"(X)→ "업무가 끝났습니까?"(O)

"회장님 말씀이 계십니다."(X)→ 회장님께서 말씀 하십니다(O)

"주문하신 커피 나오셨습니다."(X)→ "주문하신 커피 나왔습니다."(O)

"물건 값 총 5만원이십니다."(X)→ "물건 값 총 5만원입니다."(O)

"아버지는 안방에서 볼일이 계시다."(X)→ "아버지는 안방에서 볼일이
있으시다."(O)

압존법

• 압존법은 국립 국어원에서 발표한 '표준 언어 예절'에 의하면 가족관계에
서만 적용되는 전통적인 높임 표현으로 현대에서는 상황에 맞게 사용해야
한다.

• 문장의 주체를 높여야하지만, 듣는 사람이 주체보다 높은 경우 높임을 하지
않는다.

예 1. 내가 할머니에게 "아버지가 이 봉투를 드리라고 했습니다."(O) *할머
니가 아버지보다 높임의 대상이므로 '하셨습니다'가 아니라 '했습니
다'로 표현함.

2. 내가 할머니에게 "아버지가 이 봉투를 드리라고 하셨습니다."(O)
[국립국어원에 의하면 높임의 상대인 할머니가 아버지보다 높으므
로 '하셨습니다'는 어법상 적절하지 않지만, 나에겐 아버지도 높은
사람이라 언어예절 교육상 일상에서 자주 쓰는 표현이라 인정된다.]

• 사회와 직장관계에서는 압존법을 적용하지 않고, 의존 명사 '-님', 높임 선
어말 어미 '-시-'는 쓰되, 극존칭 조사 '-께서'는 사용하지 않는다.

예 1. 사장님, 김부장(이) 왔습니다.(X)

2. 사장님, 김부장님(이) 오셨습니다.(O)

3. 사장님, 김부장님께서 오셨습니다.(X)

🐰 '귀하'의 사용법 주의

• 귀하(貴下) : 편지를 받는 분을 높여 이름이나 호칭 다음에 쓰며 중복되지 않게
  사용한다.

  > **예** 1. 홍길동 좌하(O)
  > 2. 김과장 귀하(O)
  > 3. 김과장 님(O)
  > 4. 김과장님 귀하(X) *님과 귀하 중복

🐰 '야단'의 사용법 주의

• 야단은 웃어른에 대해 쓰기 적합하지 않으니 '꾸중', '꾸지람', '걱정' 등으로
  바꿔 사용해야 한다.

  > **예** 할아버지한테 야단을 맞았다.(X)
  > 할아버지한테 꾸중(꾸지람, 걱정)을 들었다.(O)

(3) 객체 높임법

문장의 객체(목적어나 부사어, 서술의 대상)를 높이는 표현방법.

🐰 방법

① 객체가 부사어인 경우, 부사격조사 '에게/한테'를 '께' 등으로 바꾼다.
② 상대방을 높이는 특수 어휘를 사용한다.

• 드리다(주다), 여쭙다, 여쭈다(묻다, 말하다), 모시다(데리다), 뵙다(만나다)

  > **예** 나는 어머니께 선물을 드렸다.
  > 선생님께 방학이 언제인지 여쭤 보고 와라.
  > 나는 손님을 모시러 터미널에 갔다.
  > 우리는 돌아가신 할아버지를 뵈러 산소에 갔다.

(4) 공손법(겸양법)

상대방에게 말하는 사람의 공손함을 표현하거나 또는 자신의 품위를 위해 쓰는 표현이다.

- 안녕하십니까? 어서 오십시오, 안녕히 가십시오.
- 말씀해주십시오. 지시대로 따르겠습니다. 알려주십시오. 보고 드립니다.
- 전화를 드리겠습니다. 알아봐 드리겠습니다.
- 감사합니다. 죄송합니다,
- 저희들, 제 자식, 제가, 저
- 우리나라(O), 저희나라(X)

  * 나라끼리는 대등한 관계이므로 우리나라를 낮춰서 저희나라로 표현하지 않도록 한다.

🐾 주의 사항

- 1대 다수의 상황에서는 높임말을 사용한다.
- 상대방의 나이가 적더라도 손님-직원과 같은 상황이라면 높임말을 사용해야 한다.

🐾 일상 인사말

- 아침

  예 "안녕히 주무셨어요?(주무셨습니까?)" : '잘', '편히', '평안히'는 상대를 덜 높이는 말이므로 윗사람에게는 쓰지 않도록 주의 한다.

- 저녁

  예 "안녕히 주무세요."

- 윗사람과 헤어질 때

  예 "수고하세요." : 자신보다 윗사람에게는 쓰면 안 되는 말로 '안녕히 계십시오.'또는 '그럼, 가보겠습니다.' 등의 인사를 하는 것이 좋다.

6) 대화 예절

기본적인 대화예절은 상대방과의 대화가 즐겁게 해준다. 그러기 위해서는 논리에 정확하게 말하기나 유머로 무장하는 것보다 상대방의 이야기를 잘 들어주는 것(경청에 대한 자세한 설명은 비즈니스 매너와 에티켓에서 다룸)만으로도 충분하다. 또한 상대방에게 실례가 되는 다음과 같은 행동들은 삼가야 한다.

- 시선을 다른 곳에 두지 않고 상대방의 눈을 부드러운 시선으로 보아야 한다.
- 말없이 듣지 말고, 적당한 맞장구를 쳐준다.
- 거짓이나 불확실 한 내용을 말하지 않는다.
- 자신의 얘기만 많이 하지 않는다.
- 상대방 또는 제 3자의 약점이나 비밀은 지켜준다.
- 상대방의 체격에 대해 평가하거나 구체적으로 말하지 않는다.
- 딴 짓을 하거나 자세를 너무 흐트러트리지 않는다.
- 자신이 하려는 말이 상대방이 듣고 싶어 하지 않는 내색을 보이면 하지 않는다.
- 상대방의 의견이 자신의 의견과 다를 때는 겸손한 말투로 말한다.
- 상대방의 말에 잘못된 점이 있다면 바로 지적 후 수정하지 않고 자신이 말할 때 자연스럽게 고쳐서 말한다.
- 거만하거나 경박한 태도로 말하지 않는다.
- 상대방의 말을 중간에 끊거나 끊고 자신의 말을 이어가지 않는다.
- 여러 사람이 모인 곳에서 한 사람과만 대화를 나누거나 속삭이지 않는다.
- 외국인과 한 테이블에 앉아 있을 때 한국인끼리 우리말로 속삭이지 않는다.
- 연봉이나 나이, 결혼 여부, 이성 교제 여부 등은 질문으로 적절하지 않다.
- 장소나 이야기 소재에 따라 목소리를 적절하게 조절한다.
- 자리를 잠시 비울 때에는 이야기를 끊지 않고 기다렸다가 양해를 구하고 이동한다.
- 상대방의 특성(관계, 나이, 직업 등)에 맞게 자신의 이야기를 이끌어나간다.

7) 일상 속 전화 예절

일상생활 속에서 전화를 이용한 의사소통의 비중이 커지고 있다. 바른 전화 예절은 다음과 같다.

- 통화는 예의 바른 인사로 시작한다.
- 항상 밝고 정확한 목소리로 말한다.
- 잘못 온 전화에 화내지 말고 전화번호를 다시 확인하시고 걸라는 말을 하고 천천히 끊는다.
- 전화를 걸 때는 자신이 누구인지를 밝히고, 용건을 말 한 후 인사말을 한 다음, 상대방이 전화를 끊을 때까지 기다렸다가 끊는다.
- 자리를 옮길 수 없는 경우 손으로 송수화기를 가리고 조용히 통화한다.
- 전화를 늦게 받거나 못 받으면 꼭 사과의 말과 사정을 이야기 한다.
- 통화 중 전화가 끊어졌을 때는 건 쪽에서 다시 걸어 "전화가 끊어졌습니다. 죄송합니다."라고 사과의 말을 한다.
- 메모지를 사용하거나 녹음 기능을 이용해 내용을 정확하게 이해하고 기억 한다.
- 식사 시간과 이른 아침, 늦은 저녁 시간대에는 전화를 하지 않는다.
- 통화 마지막에 "들어가세요." 보다 '안녕히 계십시오.', '고맙습니다., 안녕히 계십시오.', '이만 끊겠습니다., 안녕히 계십시오.'라는 표현을 쓰는 것이 좋다.
- 자신이 모르는 사람으로부터 전화를 받았을 때 상대방에게 '전화 잘못 걸었습니다.'라고 말하는 것보다 '전화 잘못 걸렸습니다.'라고 말하는 것이 상대방을 무안하게 만들지 않는 바른 언어 예절이다. 따라서 자신이 전화를 잘못 걸었을 때, '죄송합니다. 전화 잘못 걸렸습니다.'라고 하는 것이 바람직하다.

3. 경조사(慶弔事) 문화와 예절

누구나 살면서 기쁜 일(경사, 慶事)과 슬픈 일(조사, 弔詞/弔辭)이 생기기 때문에 우리의 경조사 문화는 인간의 도리로 여겨져 왔다. 사람들은 서로 올바른 예절을 갖춰 성의 있게 경조사를 함께 하며 진심어린 마음으로 통하게 되고 애정과 신뢰를 쌓아 돈독한 관계를 맺는다. 경조사를 잘 챙기기 위해서는 각 경조사에 맞는 예절을 알고 늦지 않고 적시에 대처하는 것이 중요하다.

용어 정리

- 부조(扶助) : 경조사에 돈이나 물건을 보내 도와주는 일
- 축의금(祝儀金) : 축하의 뜻으로 내는 돈
- 부의금(賻儀金) : 상가(喪家)에 위로의 뜻으로 내는 돈
- 근조(謹弔) : 고인에 대한 슬픈 마음을 나타내는 것
- 헌수(獻壽) : 장수를 빌며 축하의 술잔을 올림
- 단자 : 부조로 보내는 물건의 목록을 적은 흰 종이를 단자라고 하며, 요즘은 물건보다 돈으로 부조를 많이 하기 때문에 단자를 쓰는 사람이 드물다. 하지만, 돈만 부조할 때에도 단자를 사용하는 것이 더욱 예를 갖춘 모습이다. 단자를 접을 때 글씨가 접히지 않도록 하며 예를 들어 '금 삼십만 원'이라고 쓴다.

1) 경사의 종류와 예절

경사에는 생일, 백일, 돌, 수연, 결혼식, 결혼기념일, 출산, 개업, 취업, 승진, 위임, 정년퇴임 등이 있다.

생일

- 상대방의 생일을 예를 갖춰 축하해준다.
- 전통적인 생일상은 흰쌀밥, 미역국, 떡을 준비한다.

 표 3-8 • • 생일과 명칭

생일	명칭
60세	육순(六旬)
61세	환갑(還甲) 환갑(回甲), 화갑(華甲), 수연(壽宴,壽筵)
62세	진갑(進甲)
66세	미수(美壽)
70세	칠순(七旬), 고희(古稀), 희수(稀壽)
71세	망팔(望八) : 71세(여든을 바라본다는 뜻으로, 장수(長壽)의 의미가 함 축되어 있는 말)
77세	희수(喜壽)
80세	팔순(八旬), 산수(傘壽)
81세	망구(望九)
88세	미수(米壽)
90세	구순(九旬), 졸수(卒壽)
99세	백수(白壽) : 99세(百자에서 一자를 빼면 白자가 된다 하여 이르는 말)
100세	백수(百壽)

주의 : 노란색 생일 또는 명칭은 근거가 없지만 일반적으로 사용하고 있다.

- 현대에는 주로 생일 케이크와 꽃다발을 준비하고 생일 선물을 주고받는다. 또는 손수 작성한 카드나 축하 전화를 하는 것도 좋은 방법이다.
- 선물을 주는 적절한 시기는 일주일 전부터 당일까지이다.
- 상대방의 아기가 백일이나 돌을 맞이하게 된 경우에는 축의금이나 아기용품, 금반지 등을 선물한다.

생신(수연, 壽宴)

- 수연은 자손이 어른의 회갑부터 장수를 축하드리는 생신 행사이다.
- 자손들은 한복이나 정장을 입고 헌수와 절을 하며, 초대받은 사람은 정장 또는 단정한 차림으로 가서 축하의 인사를 올린다.
- 초대받은 경우에는 축의금이나 선물을 드린다. 축의금 봉투의 앞쪽에는 '축수연' 또는 '수연을 진심으로 축하합니다.'라고 쓰고 뒤쪽의 왼쪽 아래에 보내는 사람의 이름을 적는다.
- 선물을 주는 적절한 시기는 일주일 전부터 당일까지이다.
- 선물을 주는 경우 단자(선물 목록을 적은 종이)를 준다.
- 선물은 주로 당사자가 필요로 하는 물건 또는 건강보조식품, 건강의료보조기구가 적당하다.
- 수연잔치에서는 자손들이 부모님의 장수를 축하하는 자리이므로 초대한 사람들의 선물이나 축의금은 정중히 사양할 수도 있다.

결혼식

- 전통적으로 결혼의 당사자나 그의 부모에게 두 사람의 앞날을 축하하는 의미로 축하의 인사와 신권으로 준비한 축의금, 선물과 단자를 부조한다.
- 결혼식에 참석하지 못할 때에는 미리 양해를 구하고 축의금이나 선물을 부조한다.
- 신랑측에는 봉투에는 '축결혼', 신부측 봉투에는 '축화혼'을 적고 봉투를 봉

하지 않는다.

- 선물은 당사자에게 물어 다른 사람과 중복되는 일이 없도록 하고 결혼 생활에 도움이 될 만한 선물을 준비하여 준다.
- 선물을 주는 적절한 시기는 결혼식 한 달 전부터 결혼 1주일 이내이다.
- 결혼은 예비 신랑신부가 주변사람들에게 결혼의사를 밝힐 때부터 예를 갖추고 어른답게 행동해야 하며 결혼 전 후로 준비할 사항이 많기 때문에 서로 많은 이해와 배려가 필요하다.
- 주변인에게 결혼발표를 할 때에는 정장을 입고 예의를 갖춰 발표하며 청첩장을 전달한다.
- 부득이하게 청첩장을 직접 전달하지 못할 때에는 우편과 모바일 청첩장을 안내하여 선택받아 전달한다.
- 축의금은 상부상조의 의미이기 때문에 상대방이 자신의 결혼식에 축의금을 냈다면 축의금을 반드시 준다.
- 주례, 축가, 사회, 들러리, 신부의 친구 도우미를 맡은 사람의 축의금은 받지 않고 수고비를 준다.
- 편도 2시간이상의 거리에서 온 하객에게도 축의금을 받지 않는다.
- 결혼식의 폐백 순서까지 마치면 바로 식사를 하거나 신혼여행을 가지 않고 하객에게 와서 빠짐없이 감사의 인사를 한다.
- 신혼여행을 다녀와서 주변사람들에게 안부와 감사의 인사를 한다.

하객 예절

- 하객은 순백의 신부를 위해 여성은 화이트계열의 옷을 피해 단정한 정장 차림을 한다.
- 남성은 정장을 입는 것이 예를 갖추는 모습이다.
- 예식 20분 정도 전에 도착하여 신랑신부와 부모님께 축하인사와 담소를 나눈다.
- 축의금은 친분과 자신의 경제적 형편에 맞게 홀수로 마련하여 부조한다.

- 예식이 진행되는 동안 식장의 맨 뒤에 서서 지인들과 얘기하지 않고 예식에 경건한 마음으로 집중하며, 예식이 끝나면 신랑신부가 대접하는 식사를 하러 간다.
- 신랑신부의 친척, 지인들이 있는 예식장에서 신랑신부와 관련된 험담을 하지 않는다.
- 관습적으로 장례식장을 다녀온 사람은 결혼, 출산과 같은 축하하는 자리에는 참석하지 않는다. 장례식을 다녀온 경우 달이 바뀐다든지 7일 이상 지난 후에는 아주 친한 분들이나 친척들의 잔치에는 참석할 수 있다.
- 결혼식과 장례식이 한 날에 있다면 결혼식을 들렀다가 장례식을 간다.

 결혼기념일

우리나라는 전통적으로 부부가 결혼한 지 60년이 되는 해에 자손들이 부모의 결혼기념일을 축하하는 회혼례(回婚禮)라는 관습이 있다. 자손들의 헌수와 절을 받고 친척, 지인들의 축하는 받는다. 외국의 결혼기념일은 우리나라에서도 일부

 표 3-9 •• 결혼기념일

결혼 기념 횟수	명칭
5주년	목혼식(wooden wedding)
10주년	석혼식(tin wedding)
25주년	은혼식(silver wedding)
30주년	진주혼식(pearl wedding)
50주년	금혼식(golden wedding)

행해지고 있다.

🐰 출산

- 출산한 병원이나 집으로 바로 찾아가지 않고 전화나 문자, 편지로 축하의 마음을 표현한다.
- 산모와 아기의 철저한 위생과 휴식을 위해 출산 3주 후에 방문할 수 있다.
- 산모의 마음을 불편하게 만드는 소식이나 말은 하지 않는다.
- 방문 시 옷가지의 먼지 등을 털고 손을 깨끗이 씻고 들어가며 오래 머물지 않는다.
- 청결을 위해 아기의 손과 얼굴 부위는 손을 만지지 않는다.
- 출산 선물은 출산 후 1주일부터 출산 3주 정도 안에 간접적으로 전달하거나 그 후에는 직접 전달할 수 있다.
- 선물 구입 시 교환이나 환불을 고려해 영수증을 동봉하고 식품은 유통기한을 확인한다.

2) 조사의 종류와 예절

🐰 용어 정리

- 부고(訃告) : 초상 당일에 친지와 친척과 동료들에게 고인의 사망 사실을 알리는 일
- 조장(弔狀), 조전(弔電) : 조문을 전하는 편지나 전보
- 분향소(焚香所) : 상중(喪中)에 고인의 죽음에 대한 슬픈 마음을 표현하고 고인의 넋을 기리기 위해 향과 향로가 마련되어 있어 향을 피울 수 있게 해 놓은 곳. 필요시 여러 곳에 분향소를 마련할 수 있다.
- 빈소(殯所) : 고인의 혼백(魂帛, 고인의 넋) 또는 신주(神主, 고인의 이름과 고인이 된 날짜를 적은 나무패)를 모셔두는 장소로 한 곳만 설치할 수 있다.

문병(問病)

- 문병을 가기 전에 환자와 면회가 가능한 날짜와 시간을 상의하고 간다.
- 단정한 옷차림으로 가며 진한 화장이나 향수는 피하고 걸을 때 구두굽 소리가 작도록 유의한다.
- 환자에게 근심이 생기는 이야기는 삼가고 밝고 희망적인 이야기를 하고 짧게 면회한다.
- 직접 찾아가지 못하는 경우 선물이나 꽃으로 위로의 뜻을 전한다.
- 환자에게 꽃다발을 선물할 때에는 꽃의 화분을 제거하여 꽃가루가 날리지 않도록 한다.
- 병의 치료가 끝나면 문병오고 위로를 해준 사람 모두에게 감사의 표현을 한다.

조문(弔問)

- 조문은 상가를 방문하여 고인에게 예를 올리고(조상, 弔上), 유가족(상주, 喪主)을 위로하는 것(문상(問喪))을 말하며 고인의 죽음은 모두에게 큰 고통이고 슬픔이기에 엄숙한 분위기를 해치거나 예의 없는 행동은 삼간다.

장례절차의 이해

- 발상(發喪) : 초상집 대문에 "근조(謹弔)"라고 쓴 등이나 "상중(喪中)"이란 글이 적힌 종이를 붙여 초상이 났음을 알리는 것으로 장례절차의 시작을 의미한다.
- 장례방법, 장례일정 등을 결정한다.
- 전화나 문자로 부고장을 발송한다.
- 빈소(제단, 영좌) 설치 : 고인의 영정, 제사상 등 설치한다.
- 염습 : 고인을 정결하게 목욕시키고 수의를 입힌 다음 염포로 묶는 일
- 입관(대렴) : 고인을 관에 모시는 일

- 성복 : 상복을 입는 것
- 발인 : 고인이 집(장례식장)을 떠나는 절차.
- 운구 : 발인 후 상여를 영구차에 싣고 고인의 사진이나 혼백을 실은 승용차를 앞장세워 장지로 이동하는 일

조문 예절

- 가족처럼 가까운 사이의 친지나 친척의 조문은 가능한 빨리 가서 한다.
- 조문을 갈 수 없는 상황이면 발인 전에 의로의 조장 또는 조전을 보낸다.
- 옷차림은 남녀 모두 검은색으로 단정하게 입으며 여성의 경우 액세서리나 색조 화장을 하지 않고, 스타킹을 신을 경우 검은색으로 신는다.
- 부의금 봉투에는 부의, 근조, 조의 또는 '삼가 고인의 명복을 빕니다.' 등의 문구를 쓴다.
- 휴대전화는 진동으로 하거나 전원을 꺼놓는다.
- 상가에서 큰 소리로 떠들거나 웃지 않고 마련된 음식을 먹으며 과음하지 않는다.
- 유가족에게 고인의 사망 이유를 자세하게 묻지 않으며 고인이 특별한 이유 없이 연로하셔서 돌아가셨더라도 유가족에게 '호상(好喪)'이라는 말을 하지 않는다.
- 상가 입구에서 외투를 벗고 들어간다.
- 상가의 종교가 자신의 종교와 다를 때는 상가의 종교에 맞는 예법을 따른다.
- 문상을 4명 이상 같이 가면 분향은 한 명이 대표로 하는 것이 바람직하다.

조문 순서

- 조객록 작성
- 상주와 목례
- 분향과 헌화

- 유교식 재배
- 상주에게 조문
- 호상소에 부의금 전달

🌱 분향 방법

- 분향소 앞으로 나아가 무릎을 꿇고 앉아 분향을 한다.
- 향료가루로 만든 긴 만수향(萬壽香)은 한 개 또는 세 개(홀수)로 집어 들고 라이터나 촛불을 이용해 불을 붙인 다음 왼손으로 바람을 일으켜 불꽃을 꺼 향을 피운 다음 두 손으로 향로에 꽂고 조심스럽게 일어선다.(불꽃을 입으로 불어 끄지 않는다.)
- 향나무로 만든 나무향이면 왼손으로 오른손을 받치고 오른손의 엄지와 검지로 나무향을 홀수로 집어 들어 향로에 정중한 자세로 넣고 일어선다.
- (선 채로 또는 앉아서)잠시 눈을 감고 고인의 명복을 빈다.
- 고인을 향해 재배(큰 절 두 번)하고 일어서서 반절을 한다. 이 때의 공수한 손은 남자가 오른손을 왼손위에 포개고, 여자가 왼손을 오른손 위에 포갠다.
- 상주와 맞절 한 번을 하고 인사말을 하거나 아무 말도 하지 않는 것이 예의이다.
- 적당한 인사말은 간략하게 '삼가조의를 표합니다.'가 적당하다.

🌱 헌화 방법

- 상가에서 준비해주는 꽃은 왼손으로 꽃과 가까운 줄기를 잡고, 오른손으로 절단된 줄기의 끝을 잡은 채로 가서 고개를 약간 숙이고 헌화대에 꽃을 놓는다.
- 흉사 시 공수하는 자세로 묵념한다.

학습과 뇌의 관계

　뇌기반 교육은 뇌의 기능, 구조 등 뇌과학적 원리와 전략을 수업에 적용하는 것을 말한다. 따라서, 뇌기반 학습에서는 개인차를 인정하고 이를 극대화하기 위해 개별화된 학습, 학습자의 흥미와 동기를 강조하는 학습, 탐구활동 중심의 학습, 구체적인 지식을 경험할 수 있는 상황과 맥락 중심의 학습, 인지뇌·정서뇌·동기뇌·실행뇌의 상호작용을 통한 종제적인 학습을 강조한다.

　첫째, 인지뇌는 외부 환경으로부터 입력되는 정보들을 처리하여 의미를 구성하는 기능, 새로운 상황에서 연결하는 기능, 추론, 판단, 의사결정하는 기능을 담당한다.

　둘째, 정서뇌는 생물학적 생존과 안전에 최우선 가치를 두고 있기 때문에, '자기' 중심의 가치 체계를 유지하는 기능을 담당한다.

　셋째, 동기뇌는 과제나 활동의 가치, 자기 효능감 등 목적 지향적 행동은 물론, 목표 달성을 위한 구체적인 행동과 그에 따른 보상을 제공하는 기능을 담당한다.

　넷째, 실행뇌는 정서뇌, 동기뇌, 인지뇌의 정보들을 수집하여 정보를 처리하는 계획, 모니터링, 평가 기능을 담당한다.

 Q_{uíz}

 모둠별 소개하는 상황을 만들고, 소개 내용을 준비해 소개 순서에 맞게 소개해 보자.

 '결례가 되는 악수 10가지'를 동영상으로 시청하고 아래에 정리해 보자.

➡ 동영상 시청 참고 동영상 URL주소 https ://youtu.be/exUlCjqQsDA

①
②
③
④
⑤
⑥
⑦
⑧
⑨
⑩

 절하는 방법을 실습해 보자.

➡ 남자 절하는 방법 참고 동영상 URL주소

https ://www.youtube.com/watch?v=YFTlVu3YhkQ

➡ 여자 절하는 방법 참고 동영상 URL주소

https ://www.youtube.com/watch?v=dLbgPG1PjO8

절하는 경조사 예절을 실습해 보자.

➡ 참고 URL 주소 보건복지부 e하늘 장사 정보시스템 https://www. ehaneul.go.kr

GLOBAL MANNER AND IMAGE MAKING_PRESENTATION

CHAPTER
04

비즈니스 매너와
에티켓 – 용모·복장 편

1. 매너와 에티켓

동양 문화에서 인간관계의 지켜야할 도리를 예절이라고 한다면, 서양 문화에서는 이것을 매너(manners)와 에티켓(etiquette)이라고 말한다. 예절, 매너, 에티켓은 공통적으로 상대방을 존중하고 이해하고 배려하는 마음에서 비롯되었으며, 많은 곳에서 매너와 에티켓을 구분 없이 사용되고 있지만, 차이는 분명히 있다.

1) 에티켓과 매너의 구분

 에티켓

우리의 예의범절, 규범과 비슷하여 객관성을 지닌다. 주어진 상황에서 반드시 해야 하는 행동을 형식(form)으로 만들어 지켜가고 있다. 예를 들어 문 앞에서 노크를 하는 행동은 '에티켓이 있는 행동'으로 이러한 행동을 하지 않는 사람에게 에티켓이 없는 사람으로 표현할 수 있다.

 매너

개인마다 가지고 있는 독특한 습관과 몸가짐을 뜻하기 때문에 주관적이며 개인성을 지닌다. 따라서 매너는 사람마다 다르게 나타낼 수 있어서 방식(ways)의 차이가 나타난다.

예를 들어 웃어른께 인사할 때 아랫사람의 태도가 정중하다면 인사 매너가 좋은 것이고 거만하다면 인사 매너가 나쁘다고 할 수 있다.

2) 비즈니스 매너와 에티켓

상대방과 비즈니스 관계 시 필요한 매너와 에티켓을 말한다. 상대방의 배경(국적, 성별, 종교, 취향, 소속 단체, 경제 상황, 심리 상태, 건강 상태 등)에 따라 자신이 상대방에게 갖춰야 할 매너와 에티켓은 달라질 수 있다. 그래서 계약의 내용보다 계약하러 나온 상대방의 매너와 에티켓을 보고 성과가 결정될 수도 있다. 특수한 경우를 제외하고 일반적인 경우를 기준으로 비즈니스 매너와 에티켓에서 중요한 비중을 차지하는 용모와 복장은 퍼스널 컬러를 기반으로 자연스럽고 상황에 맞게 적용되고 개인의 매력까지 돋보일 수 있게 준비되어야 한다.

2. 퍼스널 컬러

퍼스널 컬러는 사람의 타고난 신체색상과 조화를 이뤄 생기와 활기가 있어 보이게 해주는 개개인의 고유한 색을 의미하며 성공적인 컬러 이미지 메이킹을 위해 필요하다. 이를 참고하여 패션(주로 복장과 액세서리), 메이크업, 네일, 헤어 컬러를 정할 때 자신에게 어울리는 색을 배합하고 코디하는데 활용할 수 있다. 어울리는 색의 배합을 알기 위해서는 먼저 색상과 톤을 이해해야한다.

(1) 색의 이해

① 컬러(color)의 의미
컬러는 '빛깔', '색상'을 뜻하며, 상황에 따라 '개성이나 분위기' 또는 '그 작품만의 느낌이나 맛'의 사전적 의미를 갖는다.

② 색상의 종류
- 유채색(chromatism color) : 빨강, 노랑, 파랑, 보라 등 다른 색과 구별되는 고유색
- 무채색(achromatic color) : 흰색, 회색, 검은색

③ 3속성
- 색상(색깔, hue) : 빨강, 노랑, 파랑을 기준으로
- 명도(밝기, value) : 색의 밝고 어두운 정도를 나타내는 정도

표 4-1 ·· I.R.I 색상과 색조(톤) 체계

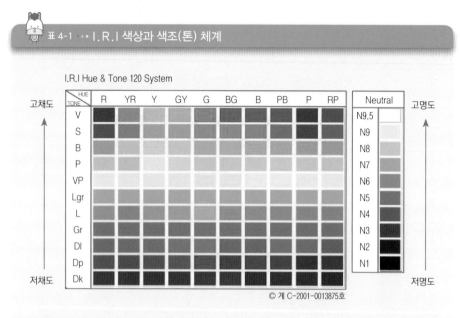

I.R.I Hue & Tone 120 System

© 계 C-2001-0013875호

색상, 명도, 채도 3속성에 의한 색채표현을 색상과 색조로 단순화시켜 색체 분포 분석을 보다 용이하게 한 색 표이다. 기존에 개발된 여러 유형의 색상 색조 체계를 발전시켜, 한국인의 감각을 수용하면서도, 세계적 범용성을 고려하는 방향으로 개발된 것이다. 120색은 110개의 유채색과 10개의 무채색으로, 110개의 유채색은 10개의 색상과 11개의 색조로 이루어져 있다.

출처 : I.R.I 색채 연구소

- 채도(진한 정도, saturation) : 색의 산뜻함과 흐릿함을 나타내는 정도, 유채색에만 있다.

④ 색조(tone)

명도와 채도의 혼합개념 : 순색에 무채색을 어느 정도 섞느냐에 따라 색의 상태가 달라진다.

(2) 컬러 진단(color creation)

퍼스널 컬러는 독일의 색채학자 요하네스 이텐의 컬러 진단(color creation)을 통해 찾을 수 있다. 개인의 타고난 신체색상(피부색, 머리카락 색, 눈동자 색)을 테스트하여 1차적으로 웜 톤과 쿨 톤으로 구분하고 2차적으로 봄, 여름, 가을, 겨울의 각 계절 이미지에 비유할 수 있는 신체색상을 구분지어 진단한다.

 신체색상 테스트(자가 진단법)

간단한 자가 진단을 통해 자신이 어느 계절에 속하는지 알아보도록 한다.

• 자가 진단 전 주의 사항
  - 자연광 시간대인 오전 10시에서 오후 3시 사이에 테스트를 진행한다.
  - 액세서리와 메이크업을 하지 않은 채로 준비한다.

 표 4-2 ·· 자가 진단법

1. 당신의 피부에 가까운 색은?

AC. 노란기   BD. 붉은기

2. 당신의 본래 머리카락에 가까운 색은?

A. 밝은갈색   B. 소프트한 검정   C. 갈색-어두운 갈색   D. 새까만 검정색

3. 당신의 눈동자 색은?

A. 밝은갈색   B. 소프트한 검정   C. 갈색-어두운 갈색   D. 새까만 검정색

4. 평소에 당신에게 잘 어울렸던 립스틱 색은?

A. 피치핑크   B. 로즈핑크   C. 샐인핑크   D · 마젠타

5. 평소 주변으로부터 많이 듣는 당신의이미지는?

A. 어려 보이고 친밀한 느낌
생기있으며 발랄한 느낌

B. 부드러우면서 여성스러운 느낌
우아하면서 산뜻한 느낌

C. 성숙하고 차분한 느낌
신뢰감을 주는 느낌

D. 존재감이 있는 카리스마
도시적이며 샤프한 느낌

A.가 많으면 *Beads* **Spring** Type

B.가 많으면 *Pearl* **Summer** Type

C.가 많으면 **Bronze** **Autumn** Type

D.가 많으면 *Crystal* **Winter** Type

출처 : 온스타일〈겟잇뷰티〉

- 상의는 흰색을 입는다.

- 거울을 마주보고 앉는다.

- 머리카락을 뒤로 묶는다.

- 육안으로 판단이 어려울 경우 사진을 찍어 판단해본다.

• 어울리는 컬러의 증상

- 피부의 단점이 드러나지 않고 피부가 깨끗해 보여 나이보다 어려 보인다.

- 피부색과 조화를 이뤄 화사해 보이고 기분이 좋아진다.

- 인상이 좋아보여서 긍정적인 이미지가 생긴다.

• 어울리지 않는 컬러의 증상

- 피부의 잡티, 기미, 다크써클 등의 피부 단점이 드러난다.

- 표정이 어두워 보인다.

- 창백해보여서 생기와 기운이 없고 나이 들어 보일 수 있다.

컬러 체계

• 웜 톤(warm tone)과 쿨 톤(cool tone)

신체색상(피부색, 머리카락 색, 눈동자 색)을 관찰 후 웜 톤과 쿨 톤으로 구분한다.

- 웜 톤 : 노란색 베이스가 들어가 있어 컬러에서 기본적으로 따뜻한 느낌
  이 난다.

그림 4-1 ·· 웜 톤 핑크와 쿨 톤 핑크

사계절 컬러의 봄, 가을 타입으로 구분된다.

- 쿨 톤 : 파란색 베이스가 들어가 있어 컬러에서 차가운 느낌이 난다.

  사계절 컬러의 여름, 겨울 타입으로 구분된다.

아래에서 웜 톤 핑크와 쿨 톤 핑크를 보고 온도차이와 웜 톤의 핑크는 브라운 색상의 글자와 쿨 톤 핑크는 블랙 색상의 글자와 잘 어울리는 것을 알 수 있다.

• 사계절 컬러의 조합과 이미지
  - 봄 : 모든 색 + 노란색의 조합으로 따뜻하고 밝고 화사한 느낌
  - 가을 : 모든 색 + 노랑 + 검은색의 조합으로 따뜻하고 차분하며 클래식한 느낌
  - 여름 : 모든 색 + 파랑 + 흰 색의 조합으로 차갑지만 부드러운 파스텔 느낌
  - 겨울 : 모든 색 + 파란색의 조합으로 차갑고 선명하며 강한 느낌

표 4-3 ·· 사계절 컬러 이미지

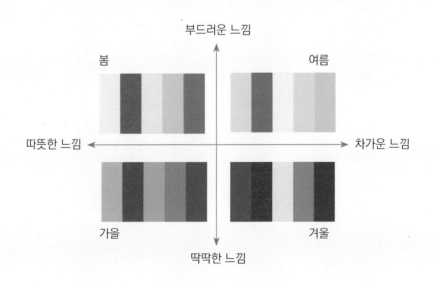

봄

- 전체 이미지 : 어려 보이고 생동감 넘쳐 보여 밝고 환하며 따뜻함
- 피부색 : 복숭아 빛과 노란기가 감도는 따뜻한 느낌의 피부
- 머리카락, 눈동자 색 : 노란 빛이 드는 부드럽고 밝은 갈색

그림 4-2 ·· 봄 타입 컬러

BEST COLOR

WORST COLOR

- best : 엘로우 베이스의 핑크, 연두 색상, 광택이 있는 골드나 로즈 골드 색상의 액세서리를 코디한다. 정장 느낌보다는 캐주얼하고 사랑스러운 컨셉의 스타일링이 잘 어울리며 플레어스커트 또한 잘 어울린다. 청 소재가 가장 잘 어울리는 타입이기도 하다.
- worst : 블랙 계열 색상

가을

- 전체 이미지 : 부드럽고 차분하고 성숙함
- 피부색 : 노르스름한 피부로 봄의

그림 4-3 ·· 가을 타입 컬러

BEST COLOR

WORST COLOR

피부색보다 좀 더 진하다.

- 머리색, 눈동자 색 : 짙은 황갈색이나 적갈색을 갖는다.
- best : 엘로우 베이스의 금색, 상아색, 카키색, 구리빛색, 카멜색과 같은 자연의 색상과 같은 계열 액세서리를 함께 연출한다.
- worst : 원색, 핑크, 밝은 코럴

 여름

- 전체 이미지 : 시원하고 생기 있으며 여성스럽고 부드러움.
- 피부색 : 부드러운 색상
- 머리색, 눈동자 색 : 회색빛의 갈색 컬러
- best : 블루 베이스의 부드럽지만 차가운 느낌의 연한 색상, 파스텔 계열 색상, 은색 계열의 광택이 적은 액세서리가 어울린다.
- worst : 검정이나 노란색이 더해진 겨자 색상

겨울

- 전체 이미지 : 선명하고 차가우며 강한 이미지
- 피부색 : 흰빛 또는 파란빛의 차가워 보이는 창백한 피부
- 머리색, 눈동자 색 : 검은색이

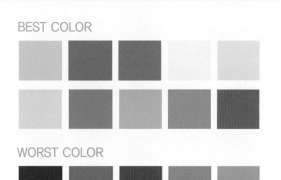

그림 4-4 ·· 여름 타입 컬러

BEST COLOR

WORST COLOR

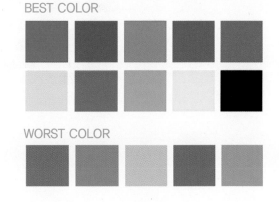

그림 4-5 ·· 겨울 타입 컬러

BEST COLOR

WORST COLOR

나 짙은 회갈색

- best : 블루 베이스의 레드 와인색, 청색이 좋음. 은색 계역의 광택 있는 액세 서리가 적합하다.
- worst : 선명하지 않은 파스텔 색상, 주황색 계열

(3) 컬러 이미지 스케일(COLOR IMAGE SCALE)

색상이 갖는 이미지와 사람이 공통적으로 생각하는 언어표현(형용사)을 매치해

표 4-4 ··· I.R.I 배색 IMAGE SCALE

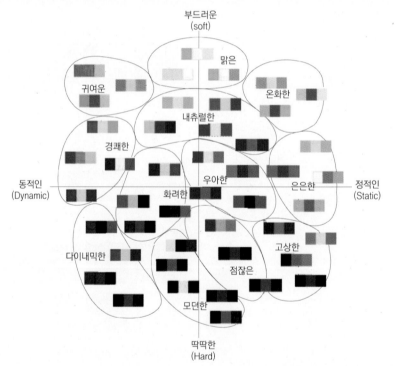

출처 : I.R.I 색채 연구소

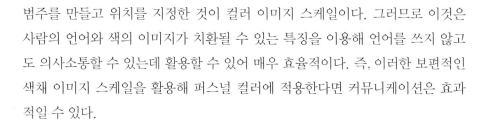

범주를 만들고 위치를 지정한 것이 컬러 이미지 스케일이다. 그러므로 이것은 사람의 언어와 색의 이미지가 치환될 수 있는 특징을 이용해 언어를 쓰지 않고도 의사소통할 수 있는데 활용할 수 있어 매우 효율적이다. 즉, 이러한 보편적인 색채 이미지 스케일을 활용해 퍼스널 컬러에 적용한다면 커뮤니케이션은 효과적일 수 있다.

3. 직장인의 용모 복장

단정한 용모 복장은 속해 있는 직장의 분위기를 결정하는데 큰 역할을 한다. 기본적으로 성인이며 직장인으로써 항상 청결하고 품위를 잃지 않도록 신경 써야 한다. 또한 남녀공통으로 때(T, time), 장소(P, place), 상황(O, occasion)에 맞게 입어야 한다. 지나친 개성표현이나 맹목적인 유행을 따른다면, 직장 분위기를 흐리고 남들과 어울리지 못하는 일이 생길 수 있다. 반대로 용모 복장이 좋을 경우 내부 직원들끼리 신뢰감이 생기고 일을 열심히 하는 분위기가 만들어지며, 외부 방문객 또는 고객이 왔을 때 첫인상이 좋아지는 효과가 있다. 이 첫인상만으로 비즈니스의 승패가 갈릴 수 있다.

 복장의 기능

- 신체 보호의 기능
- 감성 표현의 기능
- 심리적 의도를 표현하는 기능
- 신분의 기능
- 조합의 기능

용어 정리

- 옷차림 또는 복장(服 옷 복, 裝 꾸밀 장) : 예의를 갖춘 때와 장소에 맞는 옷차림
- 양복(western clothes, 洋服) : 서양풍 남녀 의복의 총칭
- 정장(formal dress, 正바를 정, 裝 꾸밀 장) : 법적으로나 사회적으로 규제된 정식복장 또는 그렇게 복장을 갖추는 일
- 슈트(suit) : 같은 천으로 재킷과 팬츠를 한 벌로 만들어 입는 옷
- 신사복(紳士服) : 성인 남자용의 보편적인 평상 정장

출처 : 네이버 지식백과

남자

1) 슈트(suit)

같은 천으로 재킷(jacket)과 팬츠(pants)를 한 벌로 만들어 입는 옷

그림 4-6 •• **슈트의 종류**

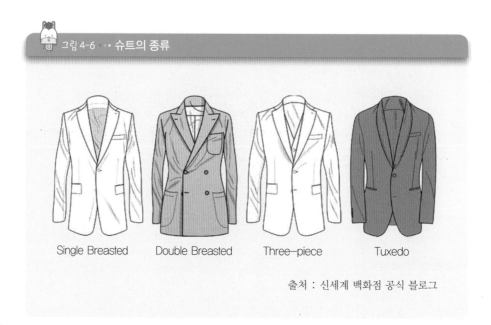

Single Breasted　　Double Breasted　　Three-piece　　Tuxedo

출처 : 신세계 백화점 공식 블로그

(1) 착용 방법

- 상의 주머니는 비워둔다.
- 단추가 두 개 이상이면 맨 아래 단추는 열어놓는다.
- 바지통은 신발이 4분의 3정도 가려지는 것이 적당하다.
- 바지 기장은 밑단이 구두창과 굽이 만나는 지점까지 조절해 입는다.
- 비즈니스 미팅에서라면 더블 브레스티드 슈트(겹여밈 재킷)나 쓰리 피스 슈트는 너무 과한 느낌이라서 피하는 것이 좋다.

(2) 슈트의 종류

① 슈트 색상 이미지

- 브라운 계열 슈트 : 부드럽고 따뜻한 느낌, 키와 체격이 크고 얼굴이 흰 사람에게 어울린다.
- 그레이 계열 슈트 : 편안하고 지적인 분위기를 연출하는 점잖은 색으로 드레스 셔츠의 색상에도 구애를 많이 받지 않아 여러 사람에게 무난히 어울린다.
- 블랙 슈트 : 타이의 색과 무늬에 따라 정중하고 성실한 이미지 또는 무겁고 어두운 이미지 등도 연출이 가능한 가장 기본적인 색상이다.
- 블루 계열 슈트 : 'Success Blue'라고 부르기도 할 만큼 성공적인 비즈니스 웨어 색상으로 가장 기본적이며, 회색 셔츠 드레스와도 잘 어울리고 타이의 색상도 자유롭게 선택할 수 있는 장점이 있다.

② 자신의 퍼스널 컬러에 따라 색상을 정한다.

- 웜 톤 : 조금 밝은 차콜 그레이 색상은 인상을 부드럽게 만든다.
- 쿨 톤 : 블랙 계열이나 짙은 네이비 색상은 차갑지만, 도시적이고 세련되어 보인다.

(3) 콤비 재킷(combi jaket)과 블레이져(blazer)의 구분

- 콤비는 단품으로 나오는 슈트 상의다. 한 벌 가지고 있는 슈트의 바지와 콤비

재킷을 조화롭게 입으면 부드럽고 자연스러운 이미지를 연출 할 수 있다.

- 블레이저는 일반적으로 단품으로 나오는 재킷을 의미하지만, 블레이저는 슈트 바지와 입었을 때 색상이 같아도 재질이나 형태면에서 조화를 이루지 못하기 때문에 같이 입을 수 없지만, 면바지 또는 청바지와 잘 어울린다.

(4) 체형별 코디하기

자신의 체형과 치수에 맞춰 색상과 옷감의 패턴을 골라 체형의 단점을 보완할 수 있다.

① 키가 커 보이는 코디 법

- 상의의 길이가 비교적 짧고 원버튼 디자인을 고른다.
- 바지는 슬림하고 단을 접지 않는다.
- 어두운 단색 슈트와 밝은 톤의 세로줄 패턴의 드레스셔츠는 시선을 끌어올려주어 작은 키를 커버해준다.

② 몸이 날씬해 보이는 코디 법

- 어두운 단색과 광택이 적은 슈트를 고른다.
- 셔츠의 칼라는 폭이 좁고 뾰족한 칼라를 선택한다.
- 세로줄 패턴의 드레스셔츠가 좋다.
- 어깨는 딱 맞고 허리 라인이 있는 옷을 선택한다.
- 상의의 기장이 길어 움직일 때 배와 엉덩이에 의해 펄럭이지 않도록 선택한다.

③ 체격이 좋아 보이는 코디 법

- 광택이 있고 밝은 색상의 양복을 고른다.
- 가로줄 패턴의 드레스셔츠가 좋다.
- 조금 여유 있는 바지를 입어 마른 다리를 커버한다.
- 베스트나 카디건을 안에 받쳐 입어 체격이 있어보이도록 한다.

그림 4-7 •• 라펠의 종류

Notched   Peaked   Shawl

- Notched Lapel (노치트 라펠) 일반적인 라펠. 라펠 끝이 칼로 벤 것처럼 일자로 떨어지는 형태
- Peaked Lapel (피크트 라펠) 라벨 끝이 뾰족하게 위로 솟은 형태로, 제복 같은 느낌을 줌
- Shawl Lapel (숄 라펠) 둥그스름하게 말아놓은 듯한 모양으로, 우아하고 캐주얼한 느낌을 줌

출처 : 신세계 백화점 공식 블로그

④ 얼굴형에 따른 라펠 선택법

- 얼굴과 체격이 큰 사람 : 넓은 라펠
- 얼굴과 체격이 작은 사람 : 좁은 라펠
- 각진 얼굴형 : 숄 라펠

(1) 입는 방법

- 깃이 항상 깨끗하고 헤지거나 보풀이 없어야 한다.
- 다림질이 잘 되어 있어야 한다.
- 여름에도 슈트에는 긴팔 드레스 셔츠를 입는다.
- 단추를 모두 채워 입고 떨어진 단추가 없는지 확인한다.

- 흰색 또는 옅은 색상, 일반적인 디자인과 눈에 띄지 않는 무늬의 셔츠를 선택한다.
- 드레스셔츠의 목 부분과 소매길이는 슈트보다 1~2cm 길게 입도록 한다.
- 목둘레는 단추를 다 채운 후에 손가락 한 두 개쯤 들어가는 여유가 있는 사이즈가 좋다.
- 셔츠 깃에 스티치나 단추가 있는 버튼다운 셔츠는 비즈니스캐주얼 셔츠 또는 스포츠 셔츠이므로 슈트 안에는 입지 않는다.

(2) 드레스 셔츠 칼라의 종류

자신의 얼굴형에 따라 드레스 셔츠의 칼라를 선택해 얼굴형이 주는 이미지를 보완할 수 있다.

 그림 4-8 •• • 드레스 셔츠 칼라의 종류와 어울리는 얼굴형

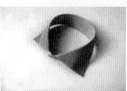

레귤러 칼라
일반적인 얼굴형에 모두 잘 어울림

윙 칼라
좁고 긴 얼굴형

핀 칼라
화려한 모임용

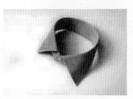

윈저 칼라
하관이 발달한 얼굴형

라운드 칼라
목이 길고 날카로운 얼굴형

버튼다운 칼라
둥글고 하관이 발달한 얼굴형

http://ch.yes24.com/Article/View/19328

(3) 퍼스널 컬러에 따른 드레스 셔츠 코디

- 웜 톤 : 아이보리색은 얼굴에 생기 있고 화사한 느낌을 준다.
- 쿨 톤 : 하얀색의 와이셔츠가 시원하고 세련된 느낌을 더해준다.

(4) 소매 정리법

그림 4-9 ··· 셔츠 소매 정리법(롤업)

- 멋스러운 소매 정리법으로 매력을 뽐낼 수 있다.
- 소매를 크게 한 번 올려 접는다.
- 반을 다시 접고 주름을 정리해준다.

3) 넥타이

(1) 입는 방법

- 드레스 셔츠의 깃과 넥타이가 있는 공간(브이존, V zone)은 넥타이의 선택으로 패션 센스와 개성을 나타낼 수 있는 곳이다.
- 구겨지거나 얼룩이 묻지 않도록 조심한다.
- 넥타이의 폭은 슈트 상의의 깃(라펠)의 폭에 맞춘다.
- 주로 매는 넥타이 매는 방법을 연습한다.
- 길이는 버클에 살짝 덮는 길이가 적당하며 조끼를 입을 때는 조끼 아래로 넥타이가 나오지 않도록 길이를 조정한다.
- 슈트과 같은 계열의 색상의 넥타이는 단정하고 차분한 느낌을 주며, 보색 계열은 강렬하고 활동적인 느낌을 준다.

(2) 넥타이의 종류

공식적인 자리일수록 클래식한 넥타이를 착용하여 예를 표한다. 클래식한 넥타이의 종류는 다음과 같다.
- 솔리드 타이
- 도트 타이
- 스트라이프 타이
- 페이즐리 타이
- 작은 무늬 타이

(3) 체형별 코디하기

넥타이의 색상, 폭, 프린트, 재질 등은 체형을 커버할 수 있는 요소가 될 수 있다.
- 뚱뚱한 체형 : 진한 색상에 얇지 않은 사선 패턴이 있는 넥타이
- 마른 체형 : 무늬가 있고 폭이 넓은 넥타이

(4) 색상별 분위기

넥타이의 색상으로 전달하는 이미지를 이용해 상대방에게 전달력을 높일 수 있다.
- 레드/와인 색상 : 강한 열정과 에너지를 주는 이미지
- 블루 : 이성적이고 지적이며 신뢰감을 주는 이미지
- 핑크 : 부드럽고 온화하며 센스 있어 보이는 이미지
- 그레이 : 성실하고 세련되며 안정적인 이미지
- 그린 : 밝고 신선함이 느껴지는 이미지
- 옐로우 : 창의적이고 활동적인 이미지

4) 허리벨트

- 검정색이나 갈색이 기본이다.
- 특정 브랜드의 버클은 자신의 품위를 손상시키는 것으로 단정한 버클을 선택한다.

- 허리벨트의 세 번째 구멍에 맞춰 허리에 딱 맞는 벨트를 고른다.
- 구두의 색상과 같거나 어울리는 색상을 선택하는 것이 정석이며, 두께가 가늘수록 다리가 길어 보인다.

5) 양말

- 구두나 바지의 색상 중 진한 색상에 맞춰 비슷한 색상으로 골라 신는다.
- 발목이 드러나지 않도록 긴 양말을 신는다.
- 스포츠용 양말이나 흰색 양말은 피하고 정장용 양말을 신는다.

6) 구두

- 검정색 또는 갈색이 기본이다.
- 닳아 있는 구두의 굽을 보이지 않도록 수선을 받거나 신지 않는다.
- 지저분하지 않도록 흙과 먼지는 보이는 대로 제거하며, 유광 구두는 윤기 나도록 닦아 관리한다.
- 정장 차림에 캐주얼화는 신지 않으며 뒤축을 구겨 신지 않는다.
- 두 켤레 이상 준비해 번갈아 가며 신어야 구두를 오래 신을 수 있다.
- 발이 아픈 구두는 몸의 자세를 나쁘게 만들기 때문에 발이 편한 구두를 구입한다.

7) 손

- 손톱에 이물질이 끼지 않도록 주의하며 주기적으로 손톱을 깎는다.
- 손의 보이는 곳에 문신을 하지 않는다.
- 스포츠용 시계는 삼가고 정장용 시계를 착용한다.
- 손이 건조해서 각질이 일어나지 않도록 핸드크림을 바른다.
- 화려한 반지나 팔찌를 하지 않는다.

8) 간편 메이크업과 외출 준비 절차 tip

현대의 남성에게 자연스러운 메이크업은 경쟁력이며 또한 매너이다. 피부가 깔끔하고 부드러운 인상의 남성은 좋은 첫인상을 주기 때문이다.

- 꼼꼼한 면도와 세안 : 마지막 헹굼물은 차가운 물로 피부에 탄력을 준다.
- 필요시 콘텍트 렌즈 착용
- 스킨 : 피부결 정돈효과가 있다.
- 로션, 크림 : 수분을 공급하고 유지하는 효과가 있다.
- 기초 화장이 끝나면 옷에 화장품이 묻는 것을 방지하기 위해 외출복으로 갈아입기
- 선크림 : 자외선 차단으로 피부의 노화를 막는다.
- 메이크업 메이스 : 컨실러 및 파운데이션의 색소침착을 막아준다.
- 컨실러 : 얼굴의 잡티를 가린다.
- 파운데이션 : 번들거리지 않도록 살짝 바른다.
- 눈썹 메이크업 : 눈썹사이의 빈 곳을 회갈색으로 매우고, 투명 마스카라로 빗질한다.
- 아이 메이크업 : 살색 아이새도우를 눈동자위에 살짝 발라서 음영을 준다.

그림 4-10 ••• 눈썹 정리 도구

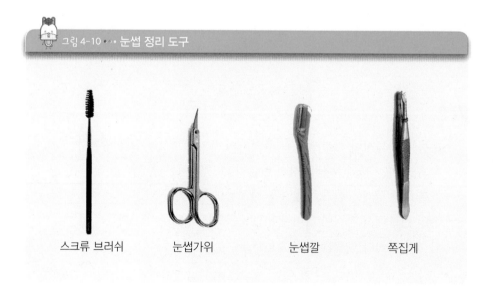

| 스크류 브러쉬 | 눈썹가위 | 눈썹깔 | 쪽집게 |

- 립 밤 : 입술을 윤기 있게 유지한다.
- 헤어스타일링
- 이중세안해서 화장품 잔여물이 남지 않도록 한다.

9) 남성의 눈썹 정리 방법

- 필수 도구 : 눈썹 칼 또는 족집게와 눈썹 빗
- 보조 도구 : 면봉, 수분 크림, 눈썹 빗(눈썹을 자를 때 사용), 스크류 브러시(눈썹 결대로 빗을 때 사용), 족집게, 눈썹 칼, 눈썹 펜슬(그레이 컬러), 눈썹 가위, 헤어 컬러와 비슷한 아이브로우 키트
- 피부가 민감하거나 건조하면 눈썹정리 할 부분에 면봉으로 수분크림을 바른다.
- 스크류 브러시로 눈썹을 털이 난 방향으로 빗어준다.
- 눈썹 주변에 잔털(진한 부위 밖의 털)을 뽑거나 눈썹 칼을 이용해 정리한다.
- 눈썹 빗과 가위를 이용해 눈썹길이를 정리하고 빗어준다.
- 눈썹 모양을 정해 눈썹 펜슬로 윤곽을 그린다.
- 아이브로우로 눈썹을 채운다.

그림 4-11 ● ● 남성 눈썹 공식

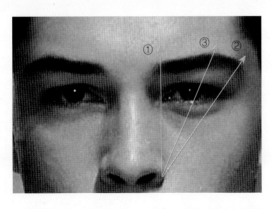

① 눈썹 머리는 코볼의 가장 자리와 수직으로 만난다.

② 코볼의 가장자리와 눈의 바깥쪽 가장자리를 이어 눈썹의 바깥쪽 가장 자리와 일치한다.

③ 눈썹 산의 위치에 따라 이미지가 달라진다.

- 눈썹빗으로 눈썹모양의 라인이 약간 흐려질 때까지 빗어 자연스럽게 만든다.
- 족집게로 미간의 털을 뽑는다.
- 콧속, 귓속도 함께 정리한다.

9) 헤어

- 피부색과 조화롭지 못한 염색과 개성이 강한 머리 스타일은 불쾌감을 줄 수 있으므로 자신과 어울리는 헤어스타일을 한다.
- 시원한 인상을 위해 앞 머리카락이 이마를 덮지 않고, 뒷머리가 드레스셔츠의 깃을 덮지 않는 길이로 유지한다.
- 청결한 상태를 유지하며, 빗질을 자주하거나 헤어스타일링 제품을 이용해 헤어스타일이 시간이 지나도 헝클어지지 않도록 한다.

 여자

1) 슈트(suit)

같은 원단으로 재킷과 스커트(바지)의 구성 또는 재킷과 스커트(바지), 블라우스가 한 세트로 구성된 것을 말한다.

(1) 종류

① 재킷(jacket)

소재와 색상이 고급스럽고 품위 있는 것으로 고르며, 가슴이나 허리를 강조하는 디자인을 선택하지 않도록 주의한다.

- 싱글 재킷

  가장 전형적인 클래식 재킷으로 어떤 디자인의 하의와도 잘 어울린다.

- 더블 재킷

  키가 크고 마른 체형에 어울리는 재킷으로 두 줄의 단추 사이가 좁은 것

이 세련되어 보인다.

• 노카라 재킷

얼굴형이 둥글고 키가 작거나 마른 체형에 어울리며 깃이 없어 깔끔하고 여성적인 인상을 줄 수 있다. 칼라가 없어 밋밋해 보일 수 있으므로 스카프나 장식이 있는 블라우스를 함께 코디한다.

② 치마(skirt)

• H라인 스커트

가장 기본적인 스타일로 타이트(tight) 스커트라고도 부른다. 치마 기장이 무릎 라인이라 단정하지만, 소재가 신축성이 떨어지면, 패턴자체가 타이트하기 때문에 활동성이 떨어지므로 주의해서 선택한다.

• A라인 스커트

학교 교복치마로 많이 선택되는 스커트로 입고 벗기 편하며, 활동성이 좋고 하체 통통한 체형의 단점을 보완해준다.

• 주름 스커트

조금만 움직여도 팔랑거리는 주름 스커트는 여성스럽고 우아한 분위기를 연출하기 좋으며, 소재와 광택에 따라 다양한 이미지를 나타낼 수 있다.

• 셔링 주름 스커트

일자 몸매를 갖은 사람이 입으면, 하체에 볼륨감이 생겨 여성적인 실루엣이 생긴다.

③ 바지(pants)

스커트에 비해 체형 커버에 유리하고, 길이와 통, 바지의 다리 모양에 따라 다양한 연출이 가능하다.

• 바지는 다양한 이름으로 불린다.

프랑스 : 판탈롱(pantalon), 미국 : 슬랙스(slacks) 또는 팬츠(pants), 영국 : 트라우저즈(trousers)

글로벌 매너와 **이미지 메이킹 프레젠테이션**

그림 4-12 • • 여성 슈트

(2) 슈트의 색상

- 그레이, 블랙, 네이비, 브라운 등 기본적인 색을 사용해 신뢰감을 준다.
- 베이지, 카키 등의 거부감을 주는 색상은 피한다.

④ 블라우스(blouse)

- 단색의 셔츠 칼라 또는 리본 칼라(ribbon collar)의 블라우스를 선택한다.
- 단추를 모두 채워 입고 떨어진 단추가 없는지 확인한다.
- 더러움이 있는지 확인하고, 움직임이 많은 부분의 봉제선이 터지지 않았는지 확인한다.

2) 원피스

- 일의 성격에 따라 색상이나 프린트 등을 고려해 선택한다.

- 캐주얼한 원피스는 피한다.
- 원피스 위에 재킷을 입어 공식적인 상황의 느낌을 줄 수 있다.

3) 니트

- 스웨터와 카디건과 같은 니트 의류는 보온력이 좋고, 상대방에게 부드럽고 따뜻한 느낌을 주지만, 포멀한 느낌이 없이 없어 일을 정확하고 빠르게 처리하는 이미지는 나타낼 수 없다. 그러므로 전문성이 요구되는 직장일수록 니트류의 착용을 피하는 것이 좋다.

4) 소품

① 핸드백

- 유행을 타지 않고 전체적인 조화를 이룰 수 있는 디자인을 선택하며, 사용 시 핸드백에 물건을 적당히 넣어 핸드백의 모양이 변하지 않도록 한다.

② 구두

- 항상 청결하게 유지한다.
- 3~4cm의 굽을 착용하여 안정감 있게 걷는다.
- 구두굽이 닳아서 걸을 때 쇳소리가 나지 않도록 구두 굽을 자주 확인해 수선한다.
- 두 켤레 이상의 구두를 구비하여 번갈아 가며 신는다.
- 직장에서 슬리퍼로 갈아 신지 않는다.

③ 스타킹

- 구두와 옷의 색상을 고려해 전체적으로 다리가 길어 보이고 단정한 느낌을 주면서 조화로운 색을 선택한다.
- 격식 있는 자리에서는 무늬가 있거나 화려한 색상의 스타킹은 자제한다.

- 발목에 주름이 잡히거나 올이 풀어진 데가 없는지 확인하고 여분의 스타킹을 소지하고 다닌다.

④ 벨트

- 키가 크고 마른 체형은 겉옷 위에 벨트를 매는 것이 세련되고 멋스럽다.
- 슈트에는 가죽소재의 제품이 잘 어울린다.

⑤ 스카프

- 밋밋한 슈트에 포인트로 좋고, 상의의 칼라와 네크라인을 고려해 스카프 매는 방법을 연습해 어울리는 매듭 방법을 익힌다.

⑥ 액세서리

- 움직일 때 액세서리에서 소리가 나거나 유색의 보석이라면 업무에 방해가 될 수 있다.
- 고가의 브랜드 제품은 고객에게 위압감을 주어 성과가 좋지 않을 수 있다.
- 여러 개의 액세서리를 착용하는 것은 산만한 느낌을 주므로 얼굴을 환하게 만들어 주는 적당한 크기의 귀걸이와 보석이 돌출되지 않은 반지, 시계 정도의 착용을 권장한다.
- 일반적으로 가장 사랑받는 액세서리는 진주 귀걸이로 자신의 귓불 조건에 맞춰 테스트착용 후 적당한 사이즈를 구입하며, 일반적으로 포인트용 사이즈는 8~10mm, 데일리용 사이즈는 4~6mm, 선물용으로는 6~8mm가 적당하다.

⑦ 향수

- '보이지 않는 옷'이라는 향수는 후각 이미지를 이용해 2% 부족한 시각적 이미지를 보완해줄 최고의 아이템이다.
- 외출 전 30분 전에 손목이나 귀 뒤 등 동맥이 뛰는 부위에 발라 오래 지속되도록 한다.

- 식사자리에는 진한 향수가 식사에 방해가 되므로 식사 후에 적절히 사용한다.
- 흰옷이나 액세서리에는 변색의 가능성이 있으므로 향수를 뿌리지 않는다.
- 향수를 흰옷이나 액세서리에 직접 뿌리면 변색될 수 있으므로 유의한다.

5) 손

- 손은 항상 깨끗하게 관리한다.
- 손톱은 2mm 이상 길면 위생상 좋지 않다.
- 매니큐어는 손톱이 짧아도 무색이나 연한 색을 반드시 발라 정리되고 정돈된 느낌을 준다.
- 손목시계는 스포츠용이나 장식용, 명품 로고가 있는 화려한 것보다 일반적이고 단순한 것을 착용한다.

6) 속옷

- 색상을 겉옷과 같게 입는다.
- 속옷이 겉옷 밖으로 보이지 않도록 유의한다.
- 소매가 있는 옷을 입어 속옷의 노출을 막는다.
- 단정한 디자인의 속옷을 입는다.

7) 메이크업

직장인에게 메이크업은 일하면서 자외선과 먼지, 건조하므로부터 피부를 지키기 위한 기본적인 방법이며 나아가 상대방에 대한 예절인 동시에 자신의 결점을 보완하고 장점을 부각시키는 방법으로 자신감과 긍정적인 생각을 높여주는 효과가 있다.

(1) 메이크업 순서

기초 화장 → 선크림 → 메이크업 베이스 → 파운데이션 → 파우더 → 아이브

로우 → 아이섀도 → 아이라인 → 마스카라 → 블러셔 → 립

(2) 컨투어링 화장법

얼굴형에 따라 하이라이터, 쉐이딩, 블러셔를 바르는 부위와 면적 등을 조절하여 얼굴의 입체감을 살릴 수 있다.

(3) 눈썹 그리는 방법

🌱 드로잉 도구의 장단점

- 눈썹 연필(아이브로우 펜슬)은 또렷한 눈썹 선을 나타낼 수 있지만, 인위적인 느낌이 강할 수 있다.
- 아이브로우 키트 : 브러시에 눈썹색상 파우더를 덜어 사용해 번거롭지만, 자연스럽고 다양한 색을 낼 수 있다.

🌱 그리는 방법

- 도구준비 : 면봉, 수분 크림, 눈썹 빗(눈썹을 자를 때 사용), 스크류 브러시(눈썹 결대로 빗을 때 사용), 족집게, 눈썹 칼, 눈썹 펜슬(그레이 컬러), 눈썹 가위, 헤어 컬러와 비슷한 아이브로우 키트, 스탠드형 거울
- 피부가 민감하거나 건조하면 눈썹정리 할 부분에 면봉으로 수분크림을 바른다.
- 스크류 브러시로 눈썹을 털이 난 방향으로 빗어준다.
- 눈썹 주변에 잔털(진한 부위 밖의 털)을 뽑거나 눈썹 칼을 이용해 정리한다.
- 눈썹 빗과 가위를 이용해 눈썹길이를 정리하고 빗어준다.
- 눈썹 모양을 정해 눈썹 연필로 윤곽을 그린다.
- 아이브로우 브러시(또는 눈썹 연필)로 비어 있는 곳을 채운다.
- 눈썹 빗으로 눈썹모양의 라인이 약간 흐려질 때까지 빗어 자연스럽게 만든다.
- 미간과 입 주변을 눈썹 칼로 정리한다.

8) 헤어

여성의 헤어스타일은 모발의 윤기와 청결 상태는 기본으로 유지하며 길이, 색상, 스트레이트, 펌과 같은 헤어스타일에 따라 다양한 이미지를 연출할 수 있다. 그 중에서 가장 비용이 들지 않고, 인상과 스타일을 바꿔주는 것은 가르마(part)를 얼굴형에 따라 자연스럽게 만드는 것이다. 저절로 만들어지는 가르마가 아닌 눈썹 산이나 이마의 헤어라인이 곡선인 곳을 찾아 자연스럽게 가르마를 만들어본다.

 얼굴형에 따른 가르마

- 계란형 : 다양한 헤어스타일이 가능한 이상적인 얼굴형이므로 가르마도 제한이 없다. 모발에 웨이브나 염색으로 포인트를 줄 수 있다.
- 둥근형 : 계란형인 사람이 볼에 살이 찌거나 광대뼈가 돌출되면 둥근형이 된다. 가르마는 5 : 5가 좋다. 볼 살을 가리기 위해 옆머리를 내려주어 긴 얼굴을 볼 수 있게 만든다. 또한 머리 윗부분에 볼륨을 주어 얼굴을 작아보이게 만든다.
- 각진 얼굴형, 긴 얼굴형 : 7 : 3 이나 8 : 2의 곡선 가르마가 좋다. 발달한 턱을 가리기 위해 옆머리를 내려준다. 청순하고 착한 이미지로 바뀐다.
- 긴 얼굴형 : 앞머리를 내려주어 얼굴을 짧게 만든다.
- 역삼각형 얼굴형 : 넓은 이마를 가리기 위해 1 : 9 또는 2 : 8의 가르마를 만든다.

➡ 곡선 가르마

여성스럽고 부드러운 이미지를 주며 두상을 짧게 보이게 만든다.
7 : 3 또는 6 : 4 비율로 가르마를 곡선으로 탄다.

 지그재그 가르마

꼬리빗을 이용해 가르마를 지그재그로 나면, 머리숱이 풍성해보이고, 활발한 느낌이 든다.

감정과 인지의 관계

뇌과학에서는 감정을 포유류의 뇌에서 변연계를 중심으로 조직되는 불쾌하거나 유쾌한 마음의 상태라고 말한다. 특히, 공포, 분노, 슬픔 그리고 기쁨 같은 기본 감정들은 정도와 수준의 차이는 있지만 포유류가 진화하면서 공통적으로 가지게 된 감정들이다. 인간의 행동은 변연계의 감정뇌와 전두엽의 사고뇌가 얼마나 잘 협력하느냐에 성공과 실패가 달려있다. 인간은 즐겁고 기분이 좋으면 긍정 정서가 확장되어 더 오랫동안 기억하고, 우울하고 슬프면 부정 정서가 확장되어 오히려 스트레스를 많이 받아 기억하지 못하게 된다. 이는 장기기억을 저장하는 해마와 감정을 담당하는 편도가 서로 연결되어 우리의 기억을 좌우하기 때문이다.

 자신의 컬러 진단 이미지 결과를 발표해 보자.

- 웜 톤인가? 쿨 톤인가?

- 사계절 중 어느 곳에 속하는가?

- 자신이 선호하는 색상과 자신에게 어울리는 색의 일치도는 몇 퍼센트라고 생각하는가?

- 자신의 퍼스널 컬러로 자신의 추구하는 이미지를 표현해보자.

 스카프 매는 방법을 실습해보고 자신에게 잘 어울리는 방법을 알아 보자.

- 스카프를 이용해 머리, 손목, 가방 등에 연출해 다양한 분위기를 만들어본다.

 얼굴형에 따른 눈썹과 가르마를 실습해 보자.

 메이크업과 헤어스타일링을 해보고 전 · 후 사진을 찍어 발표해 보자.

- 사용한 제품

- 전과 후 사진 비교

- 느낀점

GLOBAL MANNER AND IMAGE MAKING_PRESENTATION

CHAPTER 05

비즈니스 매너와
에티켓 - 말과 행동 편

1. 근무 마음가짐

　직장은 삶의 터전이며, 깨어 있는 시간의 대부분을 직장에서 보내기 때문에 직장에서의 만족도는 삶의 만족도와 떼어놓고 생각할 수 없다. 따라서 개인은 직장과 공동운명체이기 때문에 근무 시 자신을 직장의 대표자로 생각하여 책임감을 갖고 스스로 문제를 해결해 나가는 자세가 필요하다.

　직장생활에서의 올바른 말과 행동의 예절은 직장동료뿐 아니라, 직장이라는 공간에서 마주치는 고객부터 빌딩 관리인까지 모든 사람들을 대상으로 실천이 요구된다. 서로가 존중하고 배려하는 분위기의 직장은 고객을 만족시킬 수 있으며, 자신의 가치 또한 높일 수 있는 좋은 토대가 된다.

2. 언어 예절

1) 호칭

　직장생활을 하면서 정확한 호칭을 사용하는 것은 상대방에 대한 관심과 예를 표현할 줄 아는 것을 의미한다. 자신과 상대방의 연령, 관계, 지위 등에 맞는 호칭을 사용해야 한다. 간략히 표로 정리하면 다음과 같다.

 실수하기 쉬운 호칭

- 상사에게 자신을 지칭할 때에는 '저', 동료나 부하 직원에게는 '나'라고 한다.
- 소개 시 "저는 홍은기 팀장입니다."표현은 자신을 높이는 표현이므로 자신을 낮춰 "팀장 홍은기입니다."라고 소개한다.

표 5-1 •• 직장생활 호칭

관계 구분	홍은기 팀장(남)	최세영 대리(여)	김석훈(남)
하급 직원 이 부를 때	팀장님, 홍팀장님, 홍은기팀장님	최대리님, 최세영 대리님, 최선배님	
상급 직원 이 부를 때	홍팀장, 홍은기팀장	최대리, 최세영대리	김석훈씨, 석훈씨 * 나이가 많으면 김선생 또는 김석훈선생
동급 직원 이 부를 때	홍팀장, 홍은기팀장	최대리, 최세영대리, 최세영씨	김석훈씨 * 5년 이내 입사 선배이 거나 연상이면 김석훈 선배님

- 상사에 대한 존칭은 호칭에만 사용하여 '사장님실'이 아닌 '사장실'로 지칭한다.
- 최상급자인 회장에게 부장과 관련된 사항을 보고 할 때는 존칭을 사용하지 않는다.
  - **예** '부장님이 지시하신 내용입니다.'→'부장이 지시한 내용입니다.'
- 문서 작성 시 상사의 존칭은 사용하지 않는다.
  - **예** '사장님의 전달사항'→'사장의 전달 사항'
- 회의에서 부장이 옆에 있고 부하직원이 부장의 전달사항문서를 읽을 때는 "부장님의 전달사항을 전해드리겠습니다."라고 말한다.
- 상대방의 이름, 회사, 학교 등을 지칭할 때에는 '존함', '귀사', 또는 '귀교' 등으로 높여 말한다.

고객에 대한 호칭

- 손님 또는 고객님 : 기본적인 고객에 대한 호칭이다.
- 선생님 : 30대 이상의 고객에게 사용한다.
- 어르신 : 남의 아버지나 나이 많은 사람에 대한 예를 갖추는 호칭이다.
- 사장님 또는 부장님 : 선생님, 손님이라 부르기에는 가까운 경우 직함을 부른다.
- 사모님 : 부인을 존칭하는 말로 특별한 고객으로 인식되도록 부르는 호칭이다.
- 초등학생 이하의 고객 : 처음부터 반말을 사용하지 않으며, '○○○어린이/학생'또는 '○○○고객님'으로 호칭한다.
- ○○○님 : 이름에 '님'을 붙여 호칭하면 부드럽고 친근한 느낌이 든다.

2) 소개

소개 순서와 방법

- 상급자에게 하급자를 소개한다.
- 다른 회사의 관계자에게 자신의 회사 관계자를 소개한다.
- 한 사람을 여러 사람에게 소개한다.
- 고객에게 직원을 소개한다.
  - 예 고객과 사장이 만났을 경우, 대리(나)는 고객을 사장을 소개하고 그 다음으로 사장을 고객에게 소개한다.
- 자신을 소개할 때에는 직함+이름으로 소개하기 : 지위에 상관없음
  - 예 저는 ○○부서 과장 ○○○입니다.(O)
    저는 ○○부서 ○○○과장입니다.(X)
- 남을 소개할 때에는 이름+직함으로 소개하기 : 직함을 뒤에 넣어 높이는 방법
  - 예 이 분은 ○○부서 ○○○과장이십니다.(O)
    이 분은 ○○부서 과장 ○○○이십니다.(X)

3) 명함 매너

비즈니스는 인사와 함께 명함을 교환하면서 시작된다. 따라서 좋은 명함을 가지고 명함 매너를 지키는 것은 성공적인 비즈니스를 이끌어낼 수 있다. 종이 명함은 자신을 알리는 매체로 인격과 같이 존중되어 깨끗한 명함을 명함지갑에 넉넉히 넣어 가지고 다닌다. 또한 명함은 소중하게 다뤄 상대방의 기분이 상하지 않도록 유의해야 한다.

모바일 명함은 종이 명함의 불편함을 없애고, 웹사이트, 문서, 동영상, 프레젠테이션 등의 다양한 멀티 미디어 콘텐츠를 모두 담고 있고, 모바일 명함을 받는 사람은 스마트폰에 연락처를 저장하고 명함을 관리하는 면에서도 효율적이다.

유의 사항

- 손아랫사람이 손윗사람에게 자신을 소개하는 의미로 명함을 건넨다.
- 명함지갑은 상의 안주머니(남성)나 가방(여성)에서 꺼낸다.
- 바지 뒷주머니에서 꺼내면 실례다.
- 명함을 받으면 자신의 명함도 주는 것이 예의이지만, 준비가 안됐을 경우 사과를 사고 필요한 경우 깨끗한 메모장에 이름과 전화번호, 소속 정도를 간단히 적어 건넨다.
- 상대방이 보고 있는 상황에서 상대방으로부터 받은 명함에 메모를 하는 것은 실례이다. 상대방과 헤어진 후에 메모해 보관한다.

명함 건네기

- 일어서서 상대방의 정면에 마주선다.
- 인사와 함께 소속과 성명을 밝힌다. 인사말은 "안녕하십니까? ○○소속 ○○○○입니다. 잘 부탁드립니다."정도가 적당하다.
- 오른손으로 상대방이 명함의 이름을 바로 볼 수 있도록 쥐고 왼손으로 받쳐서 두 손으로 정중하게 건넨다.

- 상대방의 가슴과 허리선 사이에서 명함을 건넨다.

명함 받기

- 일어서서 상대방의 정면에 마주선다.
- 인사와 함께 두 손으로 명함을 받는다. 인사말은 "반갑습니다." 또는 "고맙습니다."가 적당하다.
- 동시에 주고받을 때에는 허리선에서 오른손으로 주고 왼손으로 받는다.
- 명함의 소속과 이름을 확인하여 "○○○○회사 ○○○부장님이시군요."라고 말한다.
- 받은 명함에서 직장명이나 이름을 읽을 수 없을 때는 상대방에게 바로 공손하게 물어본다. "실례합니다만, 이 글자는 어떻게 읽습니까?"
- 명함교환이 끝나면 서로 자리에 앉기를 권하고 앉는다.
- 받은 명함은 명함지갑에 넣어 상의 안주머니에 넣는다.

4) 공손한 말씨

상대방과 대화 시 상황에 따라 다양한 공손한 말씨로 대한다면 상대방은 존중받는 느낌이 들고 대화가 만족스럽다. 즉, 좋은 이미지를 줄 수 있다.

고객 맞이할 때

- 안녕하십니까? 어서 오십시오.
- 안녕하세요? 어서 오세요.
- 무엇을 도와드릴까요?
- 어떤 일로 오셨습니까?

기다려달라고 말할 때

- 다시 한 번 확인해보겠습니다. 잠시만 기다려 주시겠습니까?

• 죄송합니다만, (정확한 대기 예상 시간)분만 기다려 주시겠습니까?

재촉이 있을 때

• 정말 죄송합니다, 빨리 처리해 드리겠습니다.
• 대단히 죄송합니다. (정확한 대기 예상 시간)분만 더 기다려 주시겠습니까?

부탁을 거절할 때

• 정말 죄송합니다만
• 말씀드리기 송구합니다만

제 3자의 호출을 원할 때

• 실례지만, 어디시라고 전해 드릴까요?

상대방을 두고 잠시 자리를 비울 때

• 죄송합니다. 잠시만 실례하겠습니다.

감사의 마음을 전할 때

• 멀리서 와 주셔서 감사합니다.
• 항상 이용해 주셔서 감사합니다.
• 대단히 감사합니다.
• 오래 기다리셨습니다. 처리되었습니다. 감사합니다.

동작에 이어 빠르게 대응해야 하는 말

• 고객과 부딪쳤을 때 : 죄송합니다. 실례했습니다. 괜찮으십니까?
• 출입구, 엘리베이터와 같이 드나드는 길목에서 마주쳤을 때 : 먼저 가시지요.
• 고객의 뒤에서 따라가며 말을 걸어야 할 때 : 실례합니다, 고객님!

5) 직장인을 위한 효과적인 화법

🐰 목소리

- 자신의 목소리가 항상 상대방에게 상냥하고 정확하게 들리는지 확인한다.
- 자다 깬 것 같은 목소리, 톤이 너무 높거나 낮은 목소리, 차가운 목소리, 힘없는 목소리 등의 상대방이 싫어하는 목소리는 아닌지 확인한다.

🐰 경청 1·2·3 화법

상대방에게 한 번 말하고 상대방의 이야기를 두 번 들어주고 상대방 이야기에 세 번 맞장구를 쳐주라는 의미로 상대방이 존중받고 배려 받고 있음을 느끼게 해준다.

🐰 공감적 경청 BMW

- Body(자세) : 상대와 공감대를 형성하기 위해 상대방의 자세와 자세의 방향, 표정, 몸짓 등을 일치시키며 듣는다.
- Mood(분위기) : 상대가 하는 말의 속도, 말투, 억양, 음정 등에 자신도 상대방과 같은 분위기로 듣는다.
- Word(말의 내용) : 상대방의 말을 따라하거나 준언어로 표현하면서 듣는다.

🐰 호응 화법

대화는 건성으로 들으면 0점, 들어주기만 하면 50점, 호응을 해주면서 들으면 100점이라고 한다. 여러분이 상대방의 이야기를 잘 이해하고 관심 있게 듣고 있다는 것을 보여주며, 상대방은 여러분의 호응을 들으며 힘을 얻고 더욱 말하고 싶은 분위기를 만들 수 있다.

① 추임새 : 짧은 감탄사의 표현으로 상대방의 이야기 중간 중간에 넣어준다.
- 그렇지!

- 그래?!
- 그랬구나!
- 어머, 저런
- 우아

② 맞장구 : 추임새는 상대방의 이야기에 박자 맞추기라면, 맞장구는 상대방의 이야기에 같은 생각이나 감정을 느낄 때 쓴다.

- 저도 공감합니다.
- 그 맘 알지
- 그럴 때가 있어
- 맞아요
- 그렇죠

 Sorry, but 화법

상대방에게 부드러운 의사전달을 위한 화법으로 양해를 구한다거나 부탁하는 상황에서 쓴다.

- 죄송하지만, 잠시만 대기해주시겠습니까?
- 실례합니다만, 나이를 알려 주시겠습니까?
- 바쁘시겠지만, 여기에 먼저 사인해주시겠습니까?
- 양해해주신다면, 잠시 후에 가져다 드리겠습니다.
- 이해해주신다면, 정말 감사하겠습니다.
- 번거로우시겠지만, 다시 한 번 성함을 말씀해주시겠습니까?
- 불편하시겠지만, 이쪽으로 와주시기 바랍니다.
- 괜찮으시다면, 제가 대신 해드릴까요?

 Yes, and then 화법

상대방과 의견이 맞지 않을 때 상대방의 의견을 긍정적으로 생각하고 있음을 말로 나타낸 후 자신의 의견을 표현하는 방법이다.

① 상대방의 의견과 다른 자신의 의견을 표현할 때는 부드럽고 차분한 목소리로 말한다.

② 먼저 동의나 찬성하는 부분에 대해 긍정적으로 말한다.
- "네, 저도 말씀하신 그 부분은 선생님 말씀에 동의합니다."

③ '그러나'는 '그런데'로 바꾸어 말한다.
- "그런데, 제가 선생님과 다르게 생각하는 부분은 여기에 있습니다."

🌱 비평하는 방법

상대방의 체면을 생각해서 조심스럽게 비평한다. 원칙은 '상대방의 단점은 최소화하고 장점은 최대화하여 비평하는 것'이다.

① 비평보다는 개선 방안을 제시해준다.
- "아무것도 모르는군요." ➡ "A를 C와 바꾸어 생각한다면 어떨까요?"

② 구체적으로 지적사항을 말한다.
- "말이 되는 얘기를 하세요." ➡ "A사항은 우리가 합의한 내용이 아니라서 아쉽군요."

③ 장점을 먼저 얘기하고 단점을 얘기한다.
- "별로인데요." ➡ "아이디어는 좋은데 현실적으로 이런 문제가 있을 수 있겠군요."

🌱 긍정화법

말하기 전에 항상 긍정적으로 생각하고 긍정적으로 말한다.
- "여기는 주차장이 아닙니다." ➡ "주차장은 지하에 있습니다."
- "나는 혼자 밥 먹기 싫어." ➡ "나는 다 같이 밥 먹는 게 좋아."

🌱 요조체와 다까체

고객과의 대화 시 다까체는 형식적이고 딱딱하지만 전문적이고 정중한 느낌이 들며, 요조체는 여성스럽고 친밀감이 느껴지지만, 너무 많이 사용하면 신뢰감이 떨어지는 단점이 있다. 따라서 다까체와 요조체를 6 : 4의 비율로 섞어서 사용하는 것이 바람직하다.

　　다까체 : ~입니다. ~하십니까?

　　요조체 : ~하세요, ~할까요?

 I - massage(나 전달법) VS You - massage(너 전달법)

- I - massage

　• 상대방의 잘못된 행동에 대한 '나'의 감정을 솔직히 차분하게 표현한다. 상대방도 기분 나쁘지 않고 자발적으로 문제를 해결하려고 노력하는 효과가 있다.

　• 직장에서는 문제행동 - 나의 감정 - 행동의 영향 순서로 말하는 것이 바람직하다.

　　　예 회의에 지각한 부하 직원에게 "자네가 회의에 늦어서 걱정했어. 왜냐하면 다른 일정도 차질을 빚거든."

- You - massage

　• '너'를 주어로 흥분한 상태에서 상대방의 잘못된 행동을 비난하고 평가한다. 따라서 상대방은 비난당하는 느낌이 들어 상황을 더욱 악화시킬 수 있다.

　　　예 "김대리, 왜 늦는 거야?"

 아론슨 화법

단점과 장점을 어떤 차례에 말하느냐에 따라 말의 영향력이 다르다. 단점을 말하고 장점을 말하는 것이 효과적이다.

　• B제품을 보고 A제품을 보러 온 고객에게 "A제품은 B보다 성능이 뛰어납니다. 그래서 조금 더 비쌉니다."라고 말하는 것 보다 "A제품은 B보다 조금 더

비싸지만, 성능이 월등히 뛰어납니다."라고 말한다.

🖐 금지 언어

상대방, 특히 고객을 대할 때 삼가야 하는 다섯 가지 문구가 있다. 긍정적인 말과 공손한 말씨로 바꾸어 사용해야 한다.

- 제가 그 부분은 잘 모르겠습니다. ➡ 제가 그 부분은 알아보겠습니다.
- 제가 그 일은 할 수 없습니다. ➡ 제가 할 수 있는 일은 ...입니다만,
- 고객께서 그 일은 하셔야 합니다. ➡ 제가 도와드릴 수 있는 일은 ...입니다만,
- 잠깐만 기다리십시오, 곧 다시 오겠습니다. ➡ 잠시만 기다려 주시겠습니까?
- 안됩니다. 또는 아니요, 아닙니다. ➡ 네. 선생님

3. 전화 예절

1) 전화의 특징

- 상대방의 목소리만으로 많은 의미가 전달된다. 따라서 상대방이 듣는 자신의 목소리는 나만의 이미지를 넘어 소속기관을 대표하는 이미지가 될 수 있다.
- 예고 없이 통화가 이뤄진다. 그러므로 항상 통화할 준비가 되어 있어야 한다.
- 비용이 발생한다. 용건만 간단히 말하고 정확하게 전달되었는지 확인절차가 필요하며 불필요한 통화는 하지 않는다.
- 보안성이 없다. 경우에 따라 통화 내용이 녹음되기 때문에 말하고 기억하지 못할 말, 또는 사실이 아닌 내용 등은 말하지 않는다.

2) 전화 응대의 3요소 - 신속, 정확, 친절

- 신속 : 3·3·3법칙

- 전화벨이 3번 울리기 전에 받기!
- 통화는 3분 이내에 끝내기!
- 상대방이 전화를 끊은 후 3초 뒤에 끊는다.

- 정확 : 육하원칙(5W1H)

- 상대방의 용건을 들으면서 누가(who), 언제(when), 어디서(where), 무엇을(what), 어떻게(how), 왜(why)의 육하원칙에 따라 정확히 파악하고 복창하면서 메모한다.
- 일본의 비즈니스 원칙 중 7하 원칙은 5W2H로 육하원칙(5W1H)에 얼마나(how much)의 요소가 더해있다.
- 전화번호와 같은 숫자를 말 할 때에는 발음이 혼동되는 숫자를 포병부대 수세는 방법으로 새겨듣는다.
- 0(영) - 공, 1(일) - 하나, 2(이) - 둘, 3(삼) - 삼, 4(사) - 넷, 5(오) - 오, 6(육) - 여섯, 7(칠) - 칠, 8(팔) - 팔 9(구) - 아홉, 10(십) - 열

- 친절 : 상냥하고 정확한 음성과 경어의 사용, 전문용어와 약어 사용하지 않기, 말 자르지 않기 등의 예의를 갖추며 통화한다.

3) 전화 에티켓

- 바쁜 시간대(출·퇴근 시간대)에는 전화를 삼간다.
- 식사 시간과 전후 시간은 상대의 식사와 휴식 시간으로 전화를 하지 않는다.
- 새벽·심야 시간대에 전화를 삼간다.
- 직장에서 쓰는 일반전화의 여러 가지 기능의 사용법을 적절히 사용한다.(내선으로 연결하는 기능, 착신전환, 음소거, 보류)
- 상대방이 볼 수 없어도 바른 자세로 통화한다.

- 인사말을 "여보세요"로 응대하지 않고, "네. ○○○입니다."라고 한다.
- 담당자를 찾아 여기저기 전화가 돌려질 때 고객이 같은 얘기를 되풀이 하지 않도록 한다.

4) 전화 걸기

- 상대방이 통화가 가능한 시간대인지를 확인한다.
- 상대방의 전화번호, 성명, 직함을 확인한다.
- 용건은 간단하게 정리하고 순서를 정해놓는다.
- 필기구를 준비해 왼손에는 수화기를 들고 오른손으로 메모할 준비를 한다.
- 상대방이 전화를 받으면 인사말과 함께 자신을 밝히고 상대방을 확인하고 통화가능 여부를 묻는다.

  직통 전화 : "안녕하십니까? 저는 ○○(직장명) ○○(부서) ○○○입니다. ○○ ○과장님입니까? 통화 가능하십니까?"

  일반 전화 : "안녕하십니까? 저는 ○○○사 ○○○입니다. 죄송합니다만, ○○○과장님 계시면 부탁드립니다.

- 용건은 결론부터 말하고 육하원칙에 따라 간단명료하게 말한다.
  "아침 조회건으로 연락드렸습니다."
- 중요한 사항은 상대방이 정확히 이해했는지 확인한다.
  "제가 알려드린 전화 번호 한 번 불러봐 주시겠어요?"또는 "전화번호를 문자로 보내드리겠습니다."
- 상황에 적절한 마무리 인사를 한다.
  "바쁘신데 통화에 응해주셔서 감사합니다.", "실례가 많았습니다.", "감사합니다.", "그럼 잘 부탁드립니다.", "안녕히 계십시오."
- 건 사람이 먼저 끊는다.(상대방이 건 사람보다 나이가 많거나 높은 직급인 경우는 상대방이 먼저 전화를 끊는 것을 확인 후 3초 정도 후에 수화기를 내려놓는다.

전화 걸 때 주의 사항

- 전화를 걸기 전에 마음을 차분히 가라앉힌다.
- 5회 이상 신호가 가도 전화를 받지 않거나 통화 중 신호가 들린다면 끊었다 가 2~3분 후에 다시 건다.
- 상대방 부재 시 음성메시지나 문자메시지는 정확하고 간략하게 남긴다.
- 근무 시간에 사적인 통화는 삼간다.
- 통화 중 전화가 끊기면 건 쪽에서 다시 걸어야 하지만, 상대방이 연장자이거 나 상사인 경우에는 받은 쪽에서 다시 건다.
  "통화가 끊어졌습니다. 죄송합니다."
- 전화가 잘 들리지 않을 때에는 상대방에게 전화가 잘 들리지 않으니 본인이 다시 전화를 걸겠다고 말 한 후 끊고 다시 건다.
  "죄송합니다만, 전화가 잘 안 들립니다. 제가 바로 다시 전화 드리겠습니다."
- 전화통화 업무가 많은 시간대에는 걸려올 전화를 생각하며 통화를 간략히 한다.
- 전화를 걸었을 때 잘못 걸었다면 반드시 정중하게 사과를 한 후 전화를 끊 는다.
  "죄송합니다. 전화를 잘못 걸었습니다."

5) 전화 받기

- 전화기 옆에 필기구와 메모지를 준비해놓는다.
- 전화벨이 2~3번 울릴 때 받는다. 전화벨이 울리자마자 받으면 상대방이 당 황한다.
- 왼손으로 전화를 받고 오른손으로 메모할 준비를 한다.
- 잘못 걸려온 전화일 경우 화내지 않고 정중히 응대한다.
  "괜찮습니다. 안녕히 계십시오."
- 늦게 받으면 사과의 표현을 한다.
  "전화를 늦게 받아서 죄송합니다.", "오래 기다리시게 해서 죄송합니다."

- 상냥하게 인사를 하고 자신의 소속, 이름 등을 정확히 밝힌다.

  "안녕하십니까? ○○(직장명) ○○(부서) ○○○입니다."

  "감사합니다. ○○(직장명) ○○(부서) ○○○입니다."

- 상대방이 누구인지 확인한다.

  "실례지만 누구신지 여쭤보아도 되겠습니까?"

- 용건을 메모하며 듣는다.

- 통화 중 확인이 필요한 경우

  "네. 잠시만 기다려주십시오. 바로 확인해드리겠습니다.", "오랫동안 기다리셨습니다. 문의하신 내용은 ○○○입니다."

- 중요한 사항은 복창하며 확인한다.

- 마무리 인사를 하고 상대방이 끊은 것을 확인 후 수화기를 내려놓는다.

 전화 받을 때 주의 사항

- 전화를 받으면서 먹거나 옆 사람과 대화를 하거나 집중하지 못하는 행동을

 표 5-2 · 전언메모

전언 메모

_____님께

부재전화가 1통 있습니다.

_____님으로부터

____년____월____일 오전(후)____시____분

용건:

전하는 말씀
전화해 주십시오(연락처: ○○○-○○○○).
○시 ○○분 경에 다시 전화하겠습니다.
전화 왔었다고 전해주십시오.
○○월 ○○일에 방문하겠습니다.

받은 사람_____

하지 않는다.

- 운전 중인 경우 블루투스를 이용한 통화가 아니면 양해를 구하고 운전을 종료 후 상대방에게 전화를 건다.
- 수화기를 조용히 내려놓는다.

6) 상황별 전화응대방법

- 찾는 사람이 부재중일 때

  "죄송합니다만, 찾으시는 분은 지금 회의 중이라 통화가 어렵습니다. 용건을 말씀해주시면 전해드리겠습니다. 어떠십니까?"

- 메모를 해달라고 할 때

  "메모 하겠습니다. 말씀하십시오."

  "메모한 것을 읽어드리겠습니다. 확인해 주시겠습니까?

- 다른 사람에게 연결할 때

  "잠시만 기다려주십시오. 연결해드리겠습니다."

- 다른 전화번호로 연결할 때

  "담당자 전화로 돌려드리겠습니다. 만약 연결 중 전화가 끊어지면 ○○○ – ○○○○으로 다시 걸어주시기 바랍니다."

- 잘 못 걸려온 전화

  "선생님. 전화가 잘 못 걸렸습니다. 여기는 ○○○입니다. 전화번호를 확인해보시기 바랍니다."

- 바쁠 때 걸려온 전화인 경우 정중히 나중에 걸겠다고 말한다.

  "지금은 통화가 어렵습니다. 제가 10분 후에 선생님께 전화 드리겠습니다."

  "지금은 통화가 무척 어렵습니다. 3시쯤에 제가 연락드려도 될까요?"

- 상대방이 오래 기다려야하는 경우 상대방의 연락처를 물어보고 일이 처리되는대로 상대방에게 전화를 걸어 일의 결과를 알려준다.

  "전화번호를 알려주시면 처리 되는대로 전화 드리겠습니다."

- 항의 전화인 경우 일단 경청하고 사과의 표현한다.

"불편을 드려 정말 죄송합니다. 담당자와 그 일에 대해서 논의하고 다시 연락드려도 될까요? 고객님 전화번호를 알려주시겠습니까?"

8) 휴대전화 예절

- 근무시간에는 다른 사람들에게 방해가 되지 않도록 벨소리를 줄이거나 진동으로 설정한다.
- 공공장소에서는 조용히 통화를 하고 용건만 간단히 한다.
- 결혼식, 회의시간에는 휴대전화의 비행기 탑승모드를 이용한다.

 비행기 탑승 모드의 편리한 기능

- 통신기능이 차단되어 방해받고 싶지 않을 때 사용할 수 있다.
- 배터리를 절약할 때 또는 충전할 때 전력소비를 줄일 수 있다.
- 휴대전화로부터 나오는 전자파를 약하게 할 수 있다.
- 알람 기능은 유지된다.
- 해외 로밍 시 와이파이만 사용할 수 있게 해주기 때문에 높은 로밍요금 걱정이 없다.

 4. 근무 예절

하루의 대부분을 보내는 직장에서 서로 근무 매너를 잘 지킨다면 덜 피곤하게 느껴질 것이다.

 출근 시 매너

- 결근하게 되면 출근시간 전에 미리 상사에게 전화로 사과의 말과 사유를 설

명해 무단결근하지 않는다.

- 지각하게 되면 상사에게 사과의 말부터 하고 사유를 설명한다.
- 숨 가쁘게 출근했다면 직장에 도착 후 바로 옷매무새를 확인한다.
- 상사보다 일찍 출근하여 근무환경을 점검한다.
- 상사가 들어오면 일어나서 밝은 표정과 활기찬 목소리로 인사한다.

근무 중 매너

- 근무 중 사적인 이야기나 전화, 웹 서핑은 삼간다.
- 마주치는 모든 사람들에게 예의바르고 밝은 미소로 대한다.
- 문에 노크하는 것을 잊지 않는다.
- 의자에 앉을 때에는 마찰음이 나지 않도록 하고 바른자세로 근무한다.
- 화장지, 복사 용지 등은 마지막으로 다 쓴 사람이 보충해 놓는다.
- 식사 시간이나 휴식 시간은 생산성을 높이기 위한 시간으로 사용한다.
- 공동물품은 사용 후 반드시 제 자리에 두어 다른 사람들이 불편하지 않도록 한다.
- 외출 할 때는 반드시 상사에게 허락을 받는다.
- 외근 시에는 동행자의 여부, 행선지와 돌아올 예정 시간, 볼 일 등을 상사에게 보고하고 예정 일정을 꼼꼼히 체크한다.
- 예정보다 회사로 돌아가는 시간이 늦어지면 상사에게 보고한다.

퇴근 시 매너

- 근무시간이 끝나면 퇴근을 준비한다.
- 주변을 깨끗하게 정리하고 퇴근한다.
- 다음날의 업무 계획을 세우고 퇴근하여 업무가 순조롭게 이어지도록 한다.
- 다른 사람보다 먼저 퇴근할 경우 미안한 마음에 아무 말 안하고 가는 것 보다 "먼저 가보겠습니다. 내일 뵙겠습니다."라고 말하고 가는 것이 낫다.
- 동료들이 업무로 퇴근이 늦어지면 자신의 업무가 끝났어도 도와준다. 취소

할 수 없는 선약이 있는 경우 정중히 양해를 구하고 퇴근한다.

• 가장 늦게 나오는 사람이 실내등, 컴퓨터 등의 전원이 꺼져 있는지 확인하며 문을 잠근다.

5. 방문 매너와 방문객 안내 매너

자신의 직장을 방문한 손님은 업무와 상관이 없더라도 예의를 갖춰 맞이하는 것이 기본 에티켓이다. 입장을 바꿔서 자신이 손님으로 상대방의 직장을 방문했을 때도 상대방이 안내하는 동안 내내 밝은 표정과 친절함을 보여주면 좋은 이미지를 갖게 된다. 과정 내내 상대방에 또는 자신에 대한 배려와 존중 그리고 예의바름이 느껴지도록 최선을 다한다.

1) 방문 매너

• 방문 시간은 오후 3시에서 5시 사이가 적당하다.
• 출발 전 명함과 필기구, 메모지가 있는지 확인한다.
• 출발 전에 상대방에게 도착 예정 시각을 알려주며, 되도록 예정된 동행인만 함께 방문한다.
• 가는 동안 상대방의 성명과 직책, 인사말, 가벼운 대화 주제, 상대방 회사의 좋은 소식 등을 생각한다.
• 약속시간에 늦지 않는다.
• 도착 후 화장실로 가 외투를 벗고 옷매무새와 머리 상태, 웃는 표정 등을 확인한다.
• 안내 데스크가 있는 경우 반드시 안내직원에게 용건을 간략히 말한다.
• 가방은 오른쪽 발 옆에 두고 외투는 고이 접어 무릎 위나 소파 팔걸이에 놓고 기다린다.

- 상대방이 들어오면 일어서서 인사를 하고 명함을 주고받은 다음 상대방이 착석을 권하면, "감사합니다."하고 앉는다.
- 업무내용과 무관한 정치 성향, 종교, 지역감정을 유발하는 발언 등은 하지 않는다.
- 길고 중요한 내용은 그 자리에서 간단히 메모한다.
- 대화 중 서로 시계를 보는 모습은 보이지 않도록 한다.
- 용무를 마치고 나올 때에는 잊어버린 물건이 없는지 확인하며, 방문결과가 만족스럽지 못하더라도 밝은 표정을 지으며 "시간 내주셔서 대단히 감사합니다. 안녕히 계십시오."라고 정중히 인사한다.

2) 방문객 안내 매너

- 방문객을 처음 맞이하게 되는 사람이 안내자가 된다.
- 편안하고 자연스러운 미소와 상냥한 목소리로 일어서서 맞이한다.
  "안녕하십니까? 어서 오십시오. 무엇을 도와드릴까요?"
- 신분과 용건을 확인 후 좌석을 대기실의 상석으로 안내해 드린다.
- 안내해 드릴 때에는 고객의 오른쪽 1미터쯤 앞에 서서 방향이나 시설을 안내하며 걷는다.
- 사물 및 방향은 한 쪽 손으로 안내하며, 사람은 두 손으로 안내한다.
- 용건을 처리하는데 걸리는 시간을 예상하여 차나 신문, 잡지 등을 권유하고 서비스해드린다.
- 대접하는 차의 온도, 위생 상태를 점검하고 찻잔 받침과 함께 드린다.
- 배웅 시에는 놓고 가시는 물건이 없는지, 주차권이나 콜택시가 필요하신지를 여쭤보며 엘리베이터나 현관까지 함께 나간다. 그리고 마지막으로 "찾아주셔서 감사합니다. 안녕히 가십시오."라고 정중히 인사한다.

3) 방향 안내 예절

- 사물이나 장소의 방향은 한 손으로 가리킨다.

- 사람은 두 손으로 가리킨다.
- 시선 3점법을 이용하여 자신의 시선을 상대방의 시선에서 가리키는 방향으로 옮겼다가 다시 상대방의 시선에 맞춘다.

- **방법**
- 손가락은 가지런히 펴고 붙인 상태에서 손바닥을 위로 향하게 한 기본자세를 가지고 가리키는 방향을 향한다.
- 팔을 많이 굽히면 가까운 곳, 많이 펴면 먼 곳이라는 거리의 의미가 있다.
- 오른쪽은 오른손으로, 왼쪽은 왼손으로 방향을 가리킨다.

4) 문 열고 닫는 매너

- 밖으로 밀어 여는 문(PUSH) : 안내자는 "문을 열어드리겠습니다."라고 말 한 뒤 먼저 문을 열고 들어간 다음 문이 닫히지 않도록 손잡이를 잡고 "들어오십시오."라고 말하며 안내하고 고객이 들어가면 뒤따라 들어가며 문 닫는 소리가 크지 않도록 주의하며 닫는다.
- 안으로 당겨 여는 문(PULL) : 안내자는 "문을 열어드리겠습니다."라고 말 한 뒤 문 앞에 서서 손잡이를 안으로 당겨 손잡이를 잡고 닫히지 않도록 유지한 채 "들어오십시오."라고 말하며 안내하고 고객이 들어가면 뒤따라 들어가며 문 닫는 소리가 크지 않도록 주의하며 닫는다.

6. 상석 안내 매너

비즈니스 관계에서는 상대방을 상석으로 반드시 안내해야할 상황이 생긴다. 상석은 상대방에게 표하는 존경과 배려를 뜻하기 때문에 지켜지지 않을 경우 무시당한다는 느낌을 받을 수 있으며, 자신은 예의를 모르는 사람이 될 수 있다. 특히, 신입사원은 상석의 위치에 앉는 실수를 하지 않도록 주의해야 한다.

1) 상석의 기준

- 전통적으로 방위로는 북쪽, 좌우로는 오른쪽 자리
- 입구에서 멀어 온도가 일정한 자리
- 들어오는 사람을 바로 볼 수 있도록 출입문을 마주하고 있는 자리
- 주변이 깨끗하고 풍경이 좋은 자리
- 사람들이 드나들지 않는 조용하고 안전한 자리
  * 상석의 반대편이 말석이 된다.
  * 길을 안내할 때는 상대방의 앞쪽에서 이동하며 수행 할 때는 뒤쪽에서 이동한다.

2) 상황별 상석

 테이블 상석

 그림 5-1 ••• 테이블 상석

출처 : LG공식 블로그 2015-11-03

🌱 계단 상석

- 난간이 안전하고 코너돌 때 동선이 짧아지므로 상석이 된다.
- 올라갈 때는 상대방을 따라 1미터 정도 거리를 두고 올라가며, 내려올 때는 먼저 내려와 상대방이 뒤따라 내려오도록 한다.
- 남녀가 같이 올라갈 때는 남성이 먼저, 내려올 때는 여성이 먼저 내려간다.
- 단, 스커트를 입은 여성은 남성이 여성의 뒷모습을 가려주는 의미에서 올라갈 때는 여성이 먼저, 내려올 때는 남자가 먼저 내려온다.

🌱 에스컬레이터와 무빙워크 상석

올라가고 내려가는 방향에 상관없이 상대방을 먼저 이용하게 하고 자신은 뒤따라 탄다.

➡ 엘리베이터 상석

- 안내자가 있는 경우 높은 직급 상사부터 탑승한다.

🐹 그림 5-2 • • 엘리베이터 상석

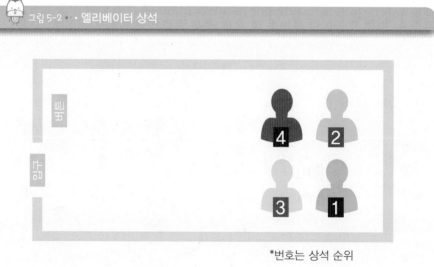

*번호는 상석 순위

출처 : LG공식 블로그 2015-11-03

- 안내자가 없는 경우 하급 직원이 ○층으로 안내해드리겠습니다."라고 밝게 말한 뒤, 먼저 탑승해 말석에서 열림 버튼을 누르고 있어 상사나 고객이 탑승할 때까지 기다린다.
- 해당 층에 도착하면 ○층에 도착했습니다."라고 안내를 하고 다시 열림 버

그림 5-3 • 자동차 상석

〈운전자가 있는 경우〉

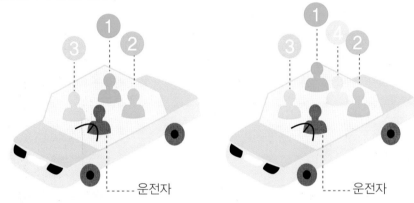

〈손수운전의 경우〉

출처 : LG공식 블로그 2015-11-03

튼을 누르고 있어 상대방이 내린 후 하급직원도 하차한다.
- 엘리베이터 안에서 상사의 바로 앞에 서면 상사의 시야를 가리므로 대각선 으로 선다.
- 엘리베이터 사용 시에는 여성 또는 노약자가 먼저 타고 내릴 수 있도록 한다.
- 엘리베이터에 탑승한 인원이 모두 하차 한 다음 탑승하도록 한다.

➡ 자동차 상석

운전기사가 있는 경우와 상사가 운전할 때 상석이 다르다.

➡ 기차 상석

기차가 나아가는 방향과 같이 앉아 가는 창가 쪽 좌석이 상석이다.

그림 5-4 •••• 기차 상석

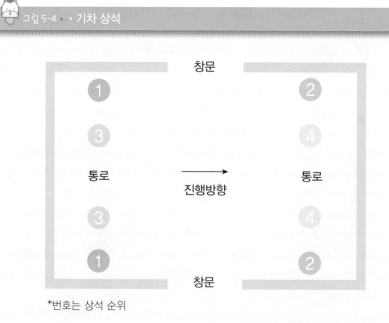

*번호는 상석 순위

출처 : LG공식 블로그 2015-11-03

➠ 찻길 옆 인도 매너

상사와 여자를 항상 보호하는 매너를 갖춘다.

그림 5-5 ··· 찻길 옆 인도 매너

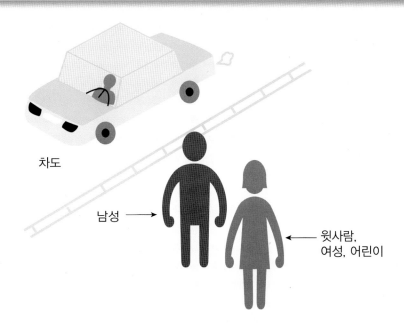

차도

남성 →

← 윗사람,
여성, 어린이

출처 : Chosun.com 2015.09.13

읽기자료 5

사랑의 신경전달물질 '옥시토신'

사랑에 빠진 사람들을 보면 민망할 때가 있다. 그들의 끊이지 않는 스킨십 때문이다. 도파민과 함께 '사랑'하면 떠오르는 옥시토신은 신체 접촉에 매우 민감하다. 연인들의 스킨십은 서로에게 옥시토신을 분비시키며 상대를 중독시킨다. 특히 분당 40회 정도 쓰다듬을 때 옥시토신이 다량으로 분비되어 기분이 매우 좋아진다는 사실을 학자들은 발견했다.

그렇다면 사랑의 호르몬인 옥시토신도 신뢰와 연관성이 있을까? 이런 호기심을 가지고 스위스 학자들은 128명의 남성들을 실험했다. 실험은 흥미롭게도 주식게임의 방식으로 이뤄졌다. 실험자들은 투자자와 수탁자로 나뉘었고, 각 부분의 절반만 옥시토신을 흡입했다. 그 이후 이뤄진 주식게임의 결과는 옥시토신을 투여 받은 투자자들이 수탁자를 더 많이 신뢰하는 것으로 나타났다고 한다.

 명함의 종류를 알아보고 자신에게 적합한 명함을 만들어 명함 매너를 실습해 보자.

 출근 전부터 퇴근 후까지 근무 매너를 상황별로 정리해서 토론해 보자.
(아래의 과정은 첨삭 가능)

- 출근 전

- 출근 직후

- 오전 근무 중

- 점심 식사

- 식후 휴식 시간

- 외근

- 오후 근무 중

- 퇴근 준비

- 퇴근 후

GLOBAL MANNER AND IMAGE MAKING_PRESENTATION

CHAPTER
06

식생활 문화와 예절
(table manners)

1. 우리나라 식생활 문화와 예절

1) 우리나라 음식의 특징

식생활 문화는 지리적, 기후적 특성을 기반으로 역사적, 사회적, 경제적, 종교적인 요인 등의 주변 환경의 영향을 받아 형성된다. 우리나라는 삼면이 바다이며, 사계절과 지역별 기후가 뚜렷한 특징을 가지고 있기 때문에 한식은 지역마다 생산된 다양한 식재료의 맛과 멋을 살리고 영양학적 균형까지 잘 갖춘 건강식으로 발전해왔다. 한식의 특징은 다음과 같다.

- 전통적으로는 좌식의 1인용 상차림이 원칙

  조리법이나 재료가 중복되지 않도록 하며 음식을 놓는 자리가 정해져 있다.

- 겸상

  여러 사람과 반찬을 공유한다.

- 공간전개형 상차림

  밥과 반찬을 한꺼번에 상에 올려 반찬을 취향에 맞게 골라 먹을 수 있다.

- 밥(주식)을 반찬(부식)함께 먹는 주·부식 분리형

- 수저문화 발달

  국, 탕, 찌개, 동치미 등 국물이 있는 음식을 좋아하기 때문에 숟가락이 필요하기 때문이다. (비교, 중국과 일본도 젓가락을 사용하지만, 숟가락은 거의 사용하지 않음.)

- 뛰어난 발효 및 저장식품

  장류와 장아찌, 젓갈, 김치, 천연 식초, 막걸리 등은 영양과 건강 면에서도 뛰어난 효능을 가지고 있다.

- 고추의 활용

  우리나라 국민은 매운맛을 즐기고 고추의 좋은 효능이 많기 때문에 음식에 다양하게 쓰인다.

- 고려시대 불교의 영향

  채식(vegetable diet, vegetarian diet, 菜食)과 차(茶)문화가 발달하였다.

- 일상의 상차림과 통과 의례 상차림의 발달

2) 요리의 종류

- 주식

  밥, 죽, 면류, 만두
- 부식

  국, 찌개, 전골, 찜, 구이, 김치, 나물, 장아찌, 생채, 포, 젓갈, 회, 편육, 쌈, 전
- 후식

  - 한과 류 : 유과, 정과, 강정 등
  - 음청 류 : 녹차, 오미자차, 유자차, 식혜, 수정과, 생강차, 인삼차, 화채, 칡
    차, 계피차, 모과장 등

3) 식사 예절

한식을 준비하는 사람은 바른 마음가짐과 재료를 잘 이해하고 활용하는 해박
한 지식, 상을 차리는 예절을 갖춰야 하며, 상차림을 받는 사람은 준비한 사람의
정성과 노력을 알아주고 예절을 갖춰 먹는 자세가 요구된다.

- 식사가 준비되면 다른 사람이 기다리지 않도록 즉시 단정한 차림으로 갈아
  입고 손을 씻은 다음 식사를 하러 간다.
- 식사 전에는 가벼운 감사의 인사를 하고 바른 자세로 식사한다.
- 어른과 함께 식사할 때에는 어른이 먼저 식사를 시작한 다음에 식사한다.
- 식사 중에는 원래 말하지 않는 것이 예의였으나 생활풍습의 변화로 가벼운
  대화를 나누는 것이 일반적이다.
- 수저나 그릇이 부딪히는 소리, 먹는 소리 등의 불필요한 소리를 내지 않는다.
- 그릇을 들고 먹거나 마시지 않는다.
- 수저를 그릇위에 올려놓지 않는다.
- 식사 중에 재채기가 나오면 손수건이나 화장지에 대고 하며, 돌이나 가시를
  뱉을 때에도 상대방이 잘 보시 못하도록 조심스럽게 화장지에 뱉어 버린다.

- 자기가 좋아하는 음식만 먹지 않고 골고루 먹는다.
- 숟가락과 젓가락을 한 손에 쥐고 사용하지 않는다.
- 반찬을 뒤적거리거나 반찬의 양념을 흔들어 털어내지 않는다.
- 식사 중에 트림을 하거나, 이쑤시개는 사용하지 않는다.
- 식사 중에는 자리를 뜨지 않는다.
- 상대방의 식사 속도에 맞춰 식사한다.
- 그릇이나 수저, 방석 등을 지저분하게 사용하지 않고 식사 후에는 제자리에 놓는다.
- 식사를 마치면 감사히 잘 먹었다는 인사를 한다.

4) 상차림의 종류

 일상 상차림

➠ 반상

- 기본 밥상 차림에는 밥, 국, 찌개, 김치, 간장, 초간장이 기본적으로 놓이는데 반찬의 종류와 수에 따라 3첩, 5첩, 7첩, 9첩 반상이 있으며 궁중에서는 12첩 반상을 차렸다.
- 음식을 놓는 위치는 밥과 국이 앞 줄, 국은 밥의 오른쪽, 그 뒤에 반찬을 놓고 가운데 장을 놓는다. 더운 음식과 고기류는 오른쪽, 차가운 음식과 채소 음식은 왼쪽, 수저는 오른쪽, 숟가락이 앞에 오도록 놓는다.
- 상을 차릴 때 앞줄부터 왼쪽에 밥과 오른쪽에 국을 나란히 놓고, 상의 오른쪽에 숟가락(왼쪽)과 젓가락(오른쪽)을 놓는다. 상 가운데에 간장, 초간장을 두고 그 뒤에 김치를 놓고 국물 있는 찌개는 중앙의 오른쪽, 또 육류와 따뜻한 음식은 오른쪽, 채소로 만든 음식과 차가운 음식은 왼쪽에 놓고 나머지 반찬을 조화롭게 곳곳에 놓는다.

  - 면상 : 면 종류 식사나 만두, 떡국 등을 낼 때의 상차림
  - 주안상 : 술과 안주를 낼 때 상차림

그림 6-1 •• 나그네의 밥상과 수라상

▲ 조선시대 나그네의 밥상

▲ 조선시대 말기의 수라상

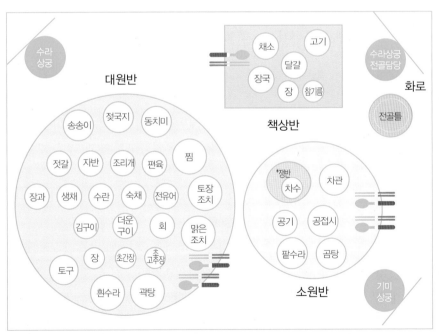

▲ 수라상 반배도

- 교자상 : 명절이나 큰 잔치 때 식사와 술을 같이 할 수 있는 상차림
- 다과상 : 차나 과일을 대접하는 상차림

🌺 의례식 상차림

- 백일상 : 아기가 태어난 지 100일 째 되는 날 아기의 무병장수와 복을 기원하는 상차림
- 돌상 : 아기의 첫 번째 생일에 차려주며 아기를 축복하기 위해 차리는 상차림
- 수연상 : 자손들이 부모의 회갑연을 기념하기 위해 차리는 상차림으로 점차 고희연(古稀宴)을 더 많이 한다.
- 제사상 : 제사를 올릴 때 차리는 상차림

5) 우리 차(茶) 문화와 예절

- 우리나라의 차 문화는 긴 역사의 왕조와 함께 고유의 깊이 있는 차 문화를 형성해 왔다. 또한 금수강산의 맑은 물로 좋은 차를 만들어 더욱 차 문화가 발달하였다.
- 동아시아 차 문화를 대표하는 중국과 일본, 우리나라는 각기 다른 특징을 보이는데, 중국은 향(香)을, 일본은 색(色)을, 우리나라는 맛과 멋을 모두 중요시하는 경향이 있다.
- 행다법(行茶法) 또는 다례(茶禮)는 차 문화를 의미하는 말로 차를 다루는 방법과 예절 그리고 그 분위기를 모두 포함한다.
- 다례의 종류에는 차를 올리는 대상에 따라 궁중다례(이웃 나라 사신과 왕실 제사), 유가의 다례(사람), 불가의 다례(부처님), 도가의 다례(신,神)를 말하는 의식다례와 일상생활 속에서 차를 마시는 예법으로 생활 다례가 있다.
- 현대에서 차는 몸과 마음을 이롭게 하고 사람과의 관계를 유연하게 만들어 주는 다리 역할을 하고 있다.

동양과 서양의 차 문화 비교

- 동양 : 다례는 마음을 평화롭게 하고 몸을 건강하게 만들기 위한 수단
- 서양 : 홍차 문화는 사교와 휴식의 수단

차의 종류

차는 커피, 코코아와 함께 세계 3대 음료이며 가장 오랜 역사를 가지고 있다.

표 6-2 • 차의 종류

차	정통차	불발효차 : 녹차(green tea)		볶은차	한국풍
				찐차	일본풍
		반발효차 : 오룡차(oolong tea), 包種茶(pouchong tea)			일본풍
		발효차 : 홍차(black tea)			유럽풍
		미생물발효차 : 보이차(puerh tea)			중국풍
		가공차 : tea bag, instant tea			서양풍
	대용차	동양풍	생약류 : 쌍화차, 결명자차, 인삼차 등		한국풍
			곡 류 : 율무차, 보리차, 옥수수차 등		
			과실류 : 유자차, 모과차, 대추차 등		
			엽 류 : 감잎차, 뽕잎차, 컴프리차 등		
			기 타 : 미역차, 국화차, 영지차 등		
		서양풍 : 서구에서 들여온 것 : 커피, 코코아 등			미주풍

출처 : 네이버 지식백과

차의 성분과 효과

차에는 카테킨과 카페인의 성분이 가장 많아 이 성분의 효과가 크다.

- 카테킨(Catechin)성분
  - 타닌(tannin)이라고도 불린다.
  - 발암물질 생성 억제 효과, 감기 예방, 체내 노폐물 배출, 지방 흡수를 억제하고 기초 대사량을 늘려 주어 다이어트 효과, 살균작용으로 식중독 예방효과, 동맥경화, 심근경색, 협심증 예방, 노화 억제 효과, 니코틴과 중금속배출 효과
- 카페인(caffeine)
  - 각성 작용으로 졸음 방지, 기억력, 판단력이 향상됨
- 비타민 C(vitamin c) 성분
  - 피로 회복, 여드름이나 염증성 피부에 좋음
- 폴라보노이드(flavonoid) 성분
  - 입 냄새 제거 효과
- 아스파라긴산(asparaginic acid), 알라닌(alanine) 성분
  - 숙취 해소
- 탄수화물과 당류
  - 혈당수치를 낮춰 당뇨병에 효과가 있음

차 예절(다례, 茶禮, tea ceremony)

- 차를 받아 마시는 예절
  - 단정하고 바른 몸가짐과 평온한 마음으로 자리에 바르게 앉는다.
  - 상대방이 차 마시기를 권하면 찻잔의 받침은 두고 찻잔을 오른손으로 들고 왼손으로 받쳐 든 다음 감사의 인사를 한다.
  - 차의 색, 향기, 맛을 순서대로 음미한다.
  - 세 번 정도에 나눠 마신다.

- 다례의 절차

  - 다구(차 그릇, 茶具)를 준비한다.

  - 정수기 물이나 생수를 이용해 100℃로 끓인 물로 다구를 헹궈 예열한다.

  - 남은 물을 물식힘 그릇에 담아 약간 식힌다.

  - 다관(차관)에 인당 2~3g의 차(茶)를 넣고 물식힘 그릇의 약간 식은 물(약 60℃)을 붓는다.

  - 2~3분 정도 후 찻잔에 3번에 나눠 부어 차의 색, 맛, 향이 골고루 분배되도록 한다.

  - 왼손으로 찻잔의 아래를 받치고 오른손으로 잔의 옆면이나 손잡이를 잡는다.

  - 차의 우러난 색깔, 퍼지는 향, 입안의 맛을 순서대로 음미하고 한 잔을 세 번 정도에 나눠 마신다.

 그림 6-3 ···• 다구의 명칭

| 찻주전자 | 찻잔 | 찻사발 | 물식힘사발 | 물버림사발 | 차호 |

| 뚜껑받침 | 차칙 | 차탁 | 차선 | 차선꽂이 | 차시 |

| 차반 | 차굴게 | 차포 | 찻상 | 기타 |

http://dadobang.com/templates/skin/images/new_img/02_tea_dagu_img_01.jpg

- 녹차의 재탕, 삼탕을 낼 때는 점점 물의 온도를 높여 차의 깊은 맛을 우려
  낸다.
- 다과는 미리 준비해두었다가 재탕을 낼 때 웃어른부터 드리며 먹을 때 소
  리를 내며 먹지 않고 먹으면서 말하지 않도록 한다.

6) 음주 문화와 예절

• 자리 정하기
  - 상석 : 주최자 또는 가장 연장자이거나 직급이 높은 사람이 출입구를 마주
    보는 가장 안쪽 자리에 앉는다.
  - 말석 : 계산하는 사람, 출입이 잦은 사람, 중간에 나가야 할 사람 등이 출
    입구 쪽에 앉는다.

그림 6-4 • 한국의 다례

http ://micheleroohani.com/blog/wp-content/uploads/2009/07/korean-tea-
ceremony-yoon-hee-kim-micheleroohani.jpg

• 윗사람에게 술 권하기와 받기
  - "제가 한 잔 드려도 되겠습니까?"라고 물어보고 허락을 받는다.
  - 장소가 좌식이면 무릎을 꿇고 술을 따르며, 의자에 앉아 있는 경우는 일어서서 정중하게 술을 따른다.
  - 오른손으로 술병을 들고 왼손으로 오른팔을 보조하여 술잔에 술을 9부 정도 따른다.
  - "맛있게 드십시오."와 같은 간단한 인사와 목례를 한다.
  - 술을 받을 때 술을 못하는 사람은 "감사합니다."라고 인사를 하고 무릎을 꿇고 술을 두 손으로 받은 후 술잔에 입술만 살짝 대었다가 내린다.

• 아랫사람에게 술 권하기와 받기
  - 술을 억지로 권하지 않는다.
  - 오른손으로 술병을 들고 왼손으로 자신의 가슴에 손을 얹고 술을 따른다.
  - "천천히 들게."와 같은 간단한 인사를 한다.
  - 아랫사람이 주는 술은 두 손 또는 오른손으로 받는데 왼손은 자신의 가슴에 손을 얹는다. 그리고 "고맙네."인사 후 마신다.

• 기본 에티켓
  - 바른 자세를 유지하고 술에 취하지 않는다.
  - 첨잔하지 않는다. 술이 남아 있으면 비우고 술을 받는다.
  - 회사나 상사에 대해 험담하지 않는다.
  - 여성이 화장실을 갈 때에는 혼자 가지 않도록 배려한다.
  - 술이 과하면 지나친 말과 행동, 화를 참지 못하는 모습 등을 보이게 되므로 과음하지 않는다.
  - 지나친 과음은 다음날의 업무에 지장을 주므로 적당히 마신다.
  - 술자리의 환경이 소음이 심해 큰소리로 대화해야 한다면 자리를 옮긴다. 큰소리로 대화하면 싸우거나 화난 사람처럼 보여 오해를 사거나 상대방에게 반감을 갖게 만들기 때문이다.

2. 서양의 식생활 문화와 예절

1) 서양식(western cooking)의 특징

우리나라에서 서양식은 미국과 유럽의 식사를 통틀어 말한다. 서양식의 대표 국가인 프랑스는 지중해와 대서양을 맞대고 있기 때문에 기후가 온화하고 농·축·수산물이 모두 풍부해 다양한 요리의 재료와 조리법이 발달하였고 프랑스 특유의 예술적 감각들이 더해져 화려하고 섬세한 요리가 발달하였다. 본 교재는 프랑스 정찬을 기준으로 설명하였다.

- 시간전개형 상차림으로 정해진 순서대로 제공되는 식사를 한다.
- 육류나 유지 등의 주재료에 레몬, 후추 등과 같은 향신료, 다양한 소스와 포도주 등을 이용해 조리하여 음식에 맛과 영양을 더하는 특징이 있다.
- 아침, 점심, 저녁, 정찬(Formal dinner course), 뷔페, 식사 시간 사이에 갖는 차 마시는 시간(tea time) 등 차리는 상차림에 따라 식재료와 조리방법 등이 다르다.
- 식사 형태에 따라 상차림과 식기가 달라진다.
- 코스 요리 사이에 입맛을 새롭게 하기 위해 또는 식후의 입가심으로 소르배(프랑스어 sorbet, 영어로는 셔벗, sharbet)가 제공된다.
- 음식마다 스푼과 포크 나이프 등을 따로 사용하기 때문에 음식 고유의 맛을 느낄 수 있다.
- 맛과 영양, 색감을 그대로 살려서 조리하기 위해 식재료를 큰 덩어리째 오븐에서 조리 후 식탁에서 작은 조각으로 잘라 먹는다.
- 개인의 기호에 맞게 산과 맛을 조절하도록 테이블에 기본조미료(소금, 후추, 버터)가 준비되어 있다.

2) 식사 매너와 에티켓

비즈니스에서는 좋은 인상을 남기기 위해서 경쟁사보다 좋은 식당을 예약하기 위해 몇 달 전부터 예약을 하고 식당의 트렌드를 꿰뚫고 있다. 상대방이 예약한 식당의 서비스 품질이 높고 상대방의 식사 매너와 에티켓도 좋다면 비즈니스의 성과는 긍정적이기 때문이다.

예약 매너

- 식당 예약은 가능한 일주일전까지 마치며, 취소는 하루 전까지 하는 것이 식당에 대한 예의이다.
- 예약자는 예약자 이름, 인원, 날짜, 요일, 시간, 영업시간, 모임의 목적, 유아 좌석, 주차시설, 메뉴 선정 금연석, 조용한 자리 등의 정보를 정확하게 알린다.

도착 후 매너

- 예약한 식당에 어울리는 차림을 하고 예약 시간보다 5~10분 정도 일찍 도착한다.
- 식당 도착 후 남성은 만찬장에 들고 들어가 보관하기 어려운 물건, 예를 들어 우산, 모자 같은 경우는 클락 룸(cloak room)에 맡긴다.
- 화장실을 미리 다녀온다. 식사 중에 화장실에 가는 것은 실례이다.
- 자리 안내 담당 직원에게 여성부터 자리를 안내받는다.(lady first)
- 상석의 위치를 파악하고 상황에 맞게 앉는다.
- 의자에 앉을 때는 조용히 앉으며, 식탁과 상체 사이에 주먹 2개가 들어갈 정도의 여유를 두고 허리를 펴고 앉는다.
- 남성은 여성이 의자에 앉는 것을 보조해주고 앉는다.
- 여성의 가방은 무릎 위, 등 뒤 의자 안쪽, 오른쪽 발 옆 등에 놓고 테이블에는 올리지 않는다.
- 항상 바른 자세를 유지하며 테이블 아래로 상대방의 발과 부딪히는 일이 없도록 한다.

메뉴 주문하는 매너

- 전원 참석했을 때 메뉴를 주문한다.
- 메뉴를 여유 있게 둘러보고 있다가 담당 서버가 오면 메뉴를 주문하며 너무 비싸거나 싼 음식을 주문하지 않도록 한다.
- 초대받은 자리라면, 초대한 사람의 음식 가격과 비슷한 음식을 주문한다.
- 여성과 동반한 남성은 여성의 메뉴를 주문 후 자신의 메뉴를 주문한다.
- 메뉴의 이름이 어렵거나, 주변 테이블의 메뉴가 궁금할 때에는 직원의 도움을 받는다.
- 담당 서버의 메뉴 주문 순서에 따라 선택한 메뉴를 답한다.
- 식전주(아페리티프)는 익숙하면서 도수가 낮은 것으로 주문하거나 비알콜성 음료로 주문한다.
- 와인은 주문한 요리와 어울리는 와인으로 추천을 받는 것도 바람직하다.
- 식전에는 자연스럽게 팔을 내려 손을 다리위에 내려놓는다.
- 휴대전화를 포함한 개인물건을 모두 테이블에서 치운다.
- 담당 서버를 호출 할 때에는 서버와 눈이 마주쳤을 때 손을 가볍게 든다.

식사 중 매너

- 테이블 냅킨(table napkin)은 첫 요리가 나오고 또는 초대한 사람이 먼저 펼친 것을 확인 한 후 자신도 접어 있는 냅킨 그대로를 무릎 위에서 펴 반으로 접어 접힌 쪽을 자신의 앞으로 놓는다. 흘러내리지 않도록 냅킨의 한 쪽 끝을 옷 사이에 끼워놓는다.
- 음식이 나오면 서버가 편하게 음식을 세팅할 수 있도록 자신의 몸을 살짝 비껴주거나 팔 동작이나 대화를 잠시 멈추는 것이 좋다.
- 세팅 된 접시는 자신의 편의상 위치나 방향을 바꾸지 않는다.
- 모든 손님이 음식을 받고 초대한 사람이 먼저 먹기 시작하면 따라 먹는다.
- 위생상 손으로 얼굴이나 머리를 만지지 않는다.
- 입 안의 음식물이 보이지 않도록 다물고 먹는다.

- 입 속에 음식물이 있을 때에는 이야기 하지 않는다.
- 음식은 한 입 크기로 2~3조각씩 잘라놓고 먹는다.
- 옆 사람의 식기와 도구를 쓰지 않도록 유의한다.
- 식사 도구는 식사 순서에 따라 바깥쪽부터 안쪽으로 사용한다.
- 식사는 다 함께 시작하는 것이 좋으며 상대방의 속도에 맞춰 식사를 한다.
- 나이프의 자르는 날 부분은 항상 자신에게 향하게 해서 상대방에게 불안감을 주지 않는다.
- 포크와 나이프로 상대방을 가리키지 않는다.
- 컵 종류는 음식찌꺼기나 기름기 또는 립스틱 자국이 남지 않도록 테이블 냅킨으로 입 주변을 닦고 사용한다.
- 테이블 아래로 떨어진 포크, 나이프는 직접 줍지 않고 서버를 호출하여 새 도구를 받는다.
- 큰 소리로 웃어 주위를 집중하게 하거나 갑작스런 재채기로 사람들을 깜짝 놀라게 하는 행동 후에는 주변에 정중히 사과를 하고, 트림과 하품 등은 큰 실례가 되므로 주의한다.
- 손목을 테이블에 걸쳐 두 손이 항상 테이블 위에 있게 하고, 테이블 위로 팔꿈치를 걸치거나 팔짱을 끼는 자세는 삼간다.
- 식사 중 자리를 비울 때에는 상대방에게 정중히 양해를 구한 다음, 테이블 냅킨을 자리에 놓고 잠시 자리를 비운다.

식사 순서별 매너(정찬, Table d'hote, Full couse기준)

- 전채 요리(오르되브르, hors-d'oeuvre)
  - 영어로는 에피타이져(appetizer), 본격적인 식사 전에 식욕을 돋우는 소량의 고급 요리.
  - 식전주(아페리티프,)와 함께 먹는다.
  - 생굴은 레몬즙을 뿌린 후 포크로 떼어 먹는다.
- 수프(soup) : 걸쭉한 수프(thick soup)과 맑은 수프(thin soup)로 나뉜다.

- 온도를 확인하고 여유 있는 모습으로 먹는다.
- 손잡이가 있는 그릇은 손잡이를 잡고 들고 마시는 것이 허용된다.
- 스푼을 자신과 반대방향으로 떠서 먹고 조금 남은 수프는 그릇을 위로 기울여 수프가 모이게 해서 떠먹는다.
- 먹다가 쉴 때에는 스푼을 수프그릇 안에 놓고, 다 먹었을 때에는 밑받침 접시(under plate) 오른쪽에 놓는다.
- 사용한 스푼을 테이블보(tablecloth)위에 올려 지저분하게 만들지 않는다.
- 수프를 다 먹으면 빵을 먹을 먹기 시작해 샐러드까지 함께 먹는다.
• 생선요리(fish) : 생선의 머리는 왼쪽으로 배는 안쪽으로 향하게 하고 나오면 그대로 생선위에 레몬을 뿌려 뒤집지 않고 살만 발라 먹는다.
• 소르배(sorbet) : 생선요리 식사 후 입가심을 위해 먹는다.

그림 6-5 • 유럽식 정찬의 순서

1. 전채요리와 식전주   2. 수프   3. 생선요리   4. 소르베   5. 주요리

6. 샐러드   8. 디저트   9. 커피 또는 홍차

7. 치즈

http ://images.wisegeek.com/hors-doeuvres.jpghttp ://blog.fatfreevegan.com/images/pineapple-sorbet.jpghttp ://cdn-image.foodandwine.com/sites/default/files/HD-200910-r-pan-roasted-veal-chops.jpghttps ://blog-paleohacks.s3.amazonaws.com/wp-content/uploads/2014/09/FB-paleo-fruit-salad.jpg

그림 6-6 •• 미국식 정찬 테이블 매너①

❶ 플레이스 카드 : 초대한 사람이 정한 손님의 자리이므로 바꾸지 않는다.

❷ 시계방향으로 물잔, 레드와인잔, 샴페인잔, 화이트와인잔

❸ 빵접시와 버터나이프 : 빵은 한번에 한 입 먹을 만큼씩 손으로 떼어내 버터를 발라 먹는다.

❹ 냅킨 : 초대한 사람이 테이블 냅킨을 사용하면, 초대받은 사람들도 그 때 테이블 냅킨을 편다.

❺ 커틀러리 : 양쪽으로 놓인 스푼, 포크, 나이프를 바깥쪽부터 사용하며, 사용한 것은 회수되어 사용할 수 없다.(수프-샐러드-생선-고기)

❻ 디저트 스푼과 포크

❼ 소금과 후추 : 상대방이 소금을 달라고 하면 후추까지 함께 건넨다. 식사를 먹어보기 전에 소금이나 후추를 가미하지 않는다.

● 플랫웨어 : 실버웨어(은으로 도금한 스푼, 포크, 나이프)의 개수는 코스의 수를 나타낸다. 정찬은 7개 코스, 수프-샐러드-생선-소르베-고기 또는 가금류-디저트-커피로 구성된다.

https ://thumbnails-visually.netdna-ssl.com/dining-etiquette-101_5029141b424ee_w1500.jpg

글로벌 매너와 **이미지 메이킹** 프레젠테이션

그림 6-7 • 정찬 테이블 매너②

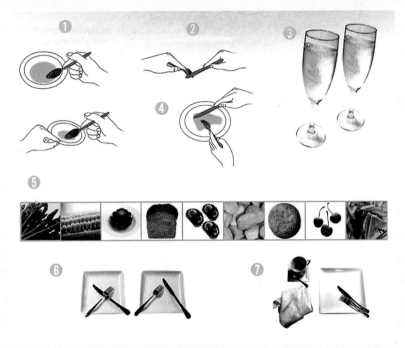

❶ 수프 : 접시의 바깥쪽(영국식)으로 수프를 떠먹으며, 조금 남은 수프는 접시를 기울여 떠 먹는다.

❷ 도구 잡는 법 : 왼손은 포크를 들고 오른손에는 나이프를 든다. 고기를 한 입 크기로 썰어놓고 오른손에 포크를 들고 찍어 먹는 것은 허용된다.

❸ 나라별 건배표현

❹ 고기 자르는 법 : 포크와 나이프를 이용해 한 입 크기로 자른다.

❺ 핑거 푸드 : 손가락을 이용해 먹을 수 있는 음식은 그림을 참고한다.

❻ 식사 보류 : 잠시 식사를 쉴 때는 왼쪽, 마치면 오른쪽과 같이 포크와 나이프를 이용해 표시한다.

❼ 식사 종료 표시 : 디저트 스푼은 컵이 아니라 컵받침(saucer)에 놓고, 식사를 종료하면 11시 방향으로 포크는 위로 향하게 하고 나이프의 칼날을 안쪽으로 향하게 하여 그림과 같이 놓는다. 또한 초대한 사람이 식사를 종료하고 테이블 냅킨을 자신 테이블 세팅의 왼쪽에 올려 놓을 때까지 기다린다.

https://thumbnails-visually.netdna-ssl.com/dining-etiquette-101_5029141b424ee_w1500.jpg

- 주요리(meat)
  - 소고기만 굽는 정도를 주문한다.(레어-미디엄 레어-미디엄-미디엄 웰
    던-웰던-베리 웰던)
  - 소고기의 육즙과 온도를 유지하기 위해 한 번에 2~3조각씩 좌측부터 세로
    로 조금씩 잘라 먹는다.
- 샐러드(salad) : 유럽식은 메인 요리 후에 제공되며 미국식은 메인 요리 전에
  제공된다. 큰 채소는 나이프로 잘라 먹는다.
- 치즈(cheese)
  - 까망베르와 로크포르, 꼼뜨, 블루 치즈 등 다양한 치즈가 크래커와 함께
    제공된다.
- 디저트(dessert)
  - 아이스크림, 과일, 케이크가 제공되며 가능한 포크와 나이프, 스푼으로 먹는다.
  - 손으로 먹는 디저트는 핑거볼에 손가락 끝을 한 손씩 번갈아 씻어 냅킨으
    로 물기를 닦고 집어 먹는다.
  - 아이스크림은 형태를 유지하며 먹기 위해 위보다 앞 쪽 옆 부분 부터 먹고,
    웨이퍼는 아이스크림과 번갈아 먹어 입 안이 차가워지는 것을 막는다.
  - 수분이 많은 과일은 스푼으로 떠먹고 수분이 적어 딱딱한 과일은 포크와
    나이프로 잘라 먹는다.
  - 포도의 씨는 입안에서 발라 포크나 나이프로 받아 접시에 놓는다.
- 커피와 홍차(coffee or tea)
  - 입으로 불어 식히지 않는다.
  - 커피 잔 손잡이에 손가락을 끼지 않고 엄지, 검지, 중지를 이용해 손잡이
    를 잡는다.
  - 잔 받침을 들고 마시지 않는다.
  - 티스푼을 잔에 넣은 채로 마시지 않으며 사용 후 잔의 뒤쪽에 놓는다.
  - 커피가 조금 남았을 때 잔을 흔들어 마시지 않는다.
- 식사 후 매너
  - 식사 도구의 모양으로 식사를 종료한다는 것을 알린다.

- 식사가 끝나면 테이블 세팅의 왼쪽에 테이블 냅킨을 올려놓는다.
- 상대방 또는 초대한 사람이 식사를 마치고 일어날 때까지 기다린다.
- 이쑤시개는 고개를 숙이고 입을 손으로 가린 다음 이용하며, 수정화장은 식탁에서 하지 않는다.
- 청구서에 봉사료가 포함되어 있으면 팁을 주지 않아도 된다.
- 팁은 전체 요금의 10~15%의 금액을 서버에게 팁(tip)으로 주며, 접시 밑에 살짝 끼워 놓는다.

뷔페 예절

뷔페식당(buffet restaurant)은 일정한 금액을 지불하고 진열되어 있는 음식을 자신의 기호에 따라 마음껏 즐길 수 있고 특별한 격식 없이 편하게 먹을 수 있는 식당이다. 그러나 특별한 격식은 없지만, 많은 사람들이 함께 식사를 하는 곳이므로 뷔페식당 예절을 지켜 질서 있고 위생적이며 편안한 분위기를 만들어야 한다.

- 식당에 들어가기 전 손을 깨끗이 씻고 식사 중에도 얼굴이나 머리카락을 만지지 않는다.
- 모르는 사람들과 한 테이블과 동석한 경우 서로 가벼운 인사를 나누고 요리 진열대로 간다.
- 음식은 정찬의 순서와 영양을 생각해 골고루 담아 먹는다.
- 접시에 적당량을 담는다.
- 요리집개는 깨끗하게 사용하고 제자리에 놓는다.
- 음식을 덜다가 바닥에 흘리면 직원에게 알린다.
- 테이블 냅킨 사용법을 준수한다.
- 특정 음식만 반복해서 먹지 않는다.
- 생선 요리와 고기 요리는 한 접시에 담지 않는다.
- 동석한 사람들과 식사 속도를 맞춘다.
- 음식을 맛보듯 집어 먹으면서 다니거나, 걸으면서 먹거나, 접시에 음식을 남기지 않는다.

- 옆자리의 여성을 위해 빵을 여유 있게 가져와서 권하는 것이 남성의 에티켓이다.
- 뷔페의 떡, 쿠키와 같은 디저트를 반출하지 않는다.

술의 종류

- 식전주(아페리티프, aperitif)
  - 식욕이 돋을 정도로 적당히 마시는 쌉쌀한 맛의 술로 여성에게는 크림 셰리(cream sherry)와 맨하탄(manhattan), 남성에게는 드라이 셰리(dry sherry)와 마티니(martini)가 어울린다.
  - 비알콜성 음료로는 과일 주스나 진저엘(ginger ale)이 적합하다.
- 식중주
  - 메인 요리에 어울리는 와인을 주로 마신다.
  - 레드 와인은 육류 요리에 어울리며 실온에 맞춰 마신다.
  - 화이트 와인은 흰 살 생선 요리에 어울리며 8~12℃에 맞춰 마신다.
  - 로제 와인은 육류, 흰 살 생선 요리에 모두 잘 어울리며 10℃에 맞춰 마신다.
  - 스파클링 와인은 축하하는 자리에서 뿐만 아니라 평소에도 기분을 내기 위해 마시는 와인으로 식사 전반에 걸쳐 마실 수 있으며 프랑스의 샹파뉴(Champagne)지방에서 만든 스파클링 와인만 샴페인(Champagne)이라는 브랜드명을 사용할 수 있다.
- 식후주
  - 브랜디(brandy) : 알코올 도수가 40도 이상의 술
  - 리큐르(liquer, 리큐어는 영어식 발음) : 증류주나 주정에 과일, 당분, 크림, 꽃 등을 넣어 만든 술로 달콤하고 마시기 부드럽다.

3) 음주문화와 예절(와인 매너)

와인은 비싼 와인보다 매너가 중요하다. 초대받은 사람이 비알콜성 음료를 주문하면 자신도 비슷한 것으로 주문하여 상대방을 배려해야 한다.

- 와인 테이스팅은 남성이 한다.
- 와인 잔 3분의 1정도만 채운다.
- 와인 잔을 들 때에는 잔의 다리(스템, stem) 부분을 잡는다. 그러나 레드와인을 마시는 볼이 큰 잔은 스템만 잡으면 불안하므로 볼을 손바닥으로 잡는다.
- 건배할 때에는 와인 잔의 가운데를 부딪친다.
- 와인의 색, 향, 맛을 음미하며 여러 번에 나눠 마신다.
- 술을 따르고 마지막에는 술병을 살짝 돌리면서 멈춰 와인방울이 떨어지지 않도록 한다.
- 첨잔을 한다. 상대방이 잔을 다 비우기 전에 술을 따른다.
- 와인을 받을 때에는 잔을 들지 않고 테이블에 잔을 그대로 둔 채 잔의 아랫부분에 손을 가볍게 얹는다.
- 첨잔을 더 이상 받고 싶지 않을 때에는 손을 와인 입구에 얹어 거절 의사를 밝힌다.
- 만찬장의 경우, 와인을 더 이상 마시고 싶지 않지만, 잔이 비어 있을 때에는

그림 6-8 • 와인 글라스의 부위별 명칭

립(lip) 또는 림(rim)

보울(bowl)

스템(stem)

베이스(base)

http ://image.koreatimes.com/article/2017/11/07/201711071548035a2.jpg

와인을 받아놓고 마시지 않는다. 왜냐하면, 서버가 잔이 빈 이유를 일일이
기억하기 어렵기 때문이다.

 ## 3. 중국의 식생활 문화와 예절

1) 중국음식의 특징

- 왕유(網油), 바다제비집 등을 고급요리에 사용할 만큼 식재료의 범위가 광범
  위하고, 조미료와 향신료의 종류도 다양해 음식의 맛이 풍부하다.
- 대부분의 음식이 기름을 많이 사용한다.
- 조리도구는 간단하지만, 조리법이 다양한 특징이 있다.
- 베이징(북경), 사천, 광둥, 상해는 지역마다 특색 있는 요리가 있다.
- 식탁이 주로 2단의 원탁이며 윗 단이 시계방향으로 돌아간다.
- 음식의 외관이 화려하다.

2) 식사 예절

- 식사 시간에 늦지 않게 간다.
- 초대한 손님이 모두 도착 할 때까지 말린 과일이나 호박씨, 수박씨, 차 등을
  대접받는다.
- 상석은 입구에서 가장 안쪽 자리이고 주인은 입구가까이에 앉아 손님과 마
  주 앉는다.
- 건배를 할 때는 눈높이까지 잔을 올린 후 초대에 감사의 인사를 한다.
- 식사를 하는 동안 즐겁게 담소를 나누는 것이 예의이다.
- 한 접시에 여러 사람이 먹을 수 있는 양이 담겨 있기 때문에 개인 그릇에 덜
  어 먹는다.

- 상대방이 음식을 덜고 있을 때 젓가락을 들고 있거나 원탁을 돌리지 않도록 유의한다.
- 차가운 음식에서 따뜻한 음식 순서대로 먹는다.
- 화려한 음식의 모양이 망가지지 않도록 조심해 가장 자리 아래부터 덜어먹는다.
- 접시의 음식을 덜 때 자신의 젓가락을 이용할 수 있지만, 젓가락을 입속에 오래 넣는 행동은 삼간다.
- 탕을 먹고 난 도자기 숟가락은 엎어놓는다.
- 음식마다 조금씩 덜어먹어 마지막 순서의 음식까지 남기지 않고 먹는다.
- 후식에는 달콤한 과일, 열매, 떡, 과자 등이 나온다.
- 식사 후 주인이 음식을 싸서 주는 것은 관습이므로 사양하지 않는다.

3) 차 문화와 예절

 차의 종류

차의 본고장인 중국은 차를 발효도에 따라 5가지 단계로 나눈다.

- 녹차(비발효차) : 찻잎의 발효도가 0%로 거의 발효시키지 않으며 고온가열 해 말린 차로 우리면 연녹색이며 낮은 온도에서 잠시 우려 향이 신선하고 맛이 깨끗하다.
- 백차(약발효차) : 발효도가 10~20%로 솜털로 덮여 은빛이 나는 어린 찻잎을 그 대로 건조시켜 만든 차로 가장 맑은 색을 띤다.
- 우롱차(오룡차, 강발효차) : 찻잎을 70% 정도 발효시켜 만들며 녹차보다 높은 온도로 오래 우려 마신다. 기호에 따라 단맛을 더해 마시기도 한다.
- 홍차(완전발효차) : 찻잎을 85% 이상 발효시킨 차로 우리면 붉은 색이 나며 스트레이트로 마시거나 기호에 따라 설탕이나 밀크를 넣어 마신다.
- 보이차(흑차, 후발효차) : 미생물에 의해 나중에 발효가 일어난 보이차는 우린 물이 짙고 맛과 향이 매우 깊다.

그림 6-9 ••• 발효도에 따른 차의 분류

| 백차 | 녹차 | 우롱차 | 홍차 | 보이차 |

https ://i1.wp.com/eng.mynewshub.cc/wp-content/uploads/2015/02/
all-teas.png?fit=500%2C288

차 문화와 예절

- 중국 사람들은 차를 즐겨 마시는 만큼 다도에는 10가지 요령(색, 향, 맛, 형태, 수질, 다기, 시간, 온도, 우려내기, 예절)이 있다.

- 중국 사람들은 특히 차의 향을 중요시하여 발효 도중 달콤한 과일향이 생기는 우롱차를 선호한다.

- 헌다는 손님에 대한 존경의 표시로 차를 연속 세 번 맛보도록 권하는 것이다.

- 말하는 중간에는 차를 마시지 않는다.

- 단숨에 마시지 않고 천천히 음미하면서 마신다.

- 오른손으로 찻잔의 손잡이나 몸통을 잡고 왼손은 찻잔 아래를 받친다.

- 찻잔에 찻잎이 빠져있다면 조용히 씹어 삼킨다.

- 뜨거운 차를 입으로 불어 식히지 않는다.

- 찻잔 가득 차를 따르지 않고 찻잔의 반보다 조금 더 따른다.

4) 음주문화와 예절

- 술은 무리하게 권하지 않는다.
- 식사가 시작되고 첫 잔이 되는 건배는 잔을 완전히 비운다는 뜻으로 술을 단 숨에 마시고 술잔을 보여야 한다.
- "건배"라는 말 대신 "쑤이이(隨意)"라고 말하면 "마시고 싶은 만큼 마시자" 라는 뜻으로 술을 잘 못 마시는 사람이 사용할 수 있다. 아예 술을 못하는 사람은 비알콜 음료로 건배를 외칠 수 있다.
- 첨잔이 예의다.
- 하나의 술잔을 돌려가며 마시지 않는다.

4. 일본의 식생활 문화와 예절

1) 일본음식의 특징

- 일본은 국토가 섬이기 때문에 식재료로 해산물이 많으며 생선회가 발달했다.
- 재료의 고유한 맛을 살리기 위해 조미료와 향신료의 사용을 자제한다.
- 기본 상차림은 한 가지 국과 3가지 반찬이다.
- 초대 상차림은 기본 상차림에 찜 요리를 더한다.
- 식기가 모두 1인용이며 숟가락을 사용하지 않고 젓가락만 사용한다.
- 식기(食器)로 계절감을 나타내며 눈을 즐겁게 하고 식욕을 돋우는 효과가 있다.
- 가정에서는 개인용 젓가락을 사용하고, 식당에서는 일회용 나무젓가락을 사용한다.

2) 식사 예절

- 방석에 앉을 때 방석을 밟지 않고 무릎부터 앉고 옷을 마무리한다.
- 식전 인사를 반드시 한다. "이따다끼마스(맛있게 잘 먹겠습니다)"
- 식기의 뚜껑은 뚜껑의 물기가 뚝뚝 떨어지지 않도록 천천히 열고, 밥-국-조림 순으로 열어 뚜껑을 모아 큰 뚜껑부터 세로로 겹쳐서 왼쪽에 놓는다.
- 경사에는 밥을 먼저 먹고 흉사에는 국부터 마신다.
- 국을 먹을 때 건더기는 젓가락으로 건져 먹고 국물은 마신다.
- 밥과 반찬을 한 번 씩 번갈아 먹어 밥 한 술에 여러 가지 반찬을 먹지 않는다.
- 큰 접시의 음식을 덜 때는 공동 젓가락을 이용하여 개인 접시에 덜어 먹는다.
- 일본식의 낮은 상을 이용해 식사할 때 허리를 굽히고 먹지 않는다.
- 꼬치는 젓가락을 이용해 하나씩 빼먹는다.
- 젓가락을 밥에 꽂아 놓지 않는다.
- 젓가락으로 음식을 주고받지 않는다. 일본에서는 화장된 뼈를 옆 사람에게

 그림 6-10 ● 일본의 다도 순서

대기	대기 후 손 씻기
초좌	입실 후 도코노마, 가마 감상하기 → 숯불 감상하기 → 가이세키 요리 취식 → 오모가시 취식
휴식	퇴실 후 휴식을 취하고 손 씻기
후좌	입실 후 도코노마, 가마 감상하기 → 고이차 마시기 → 다도구 감상하기 → 숯불 감상하기 → 히가시 취식 → 우스차 마시기 → 다도구 감상하기

https ://ko.wikipedia.org/wiki/%EB%8B%A4%EB%8F%84_(%EC%9D%BC%EB%B3%B8)

전달할 때 그렇게 하기 때문이다.

- 생선은 머리부터 꼬리방향으로 먹으며 뒤집지 않고 뼈를 들어내고 아래 부분을 먹는다.
- 식사 중에 젓가락을 사용하지 않을 때에는 젓가락 받침대에 내려놓는다.
- 상대방이 식사가 끝나기를 기다릴 때에는 자신의 젓가락을 국그릇 위에 올려놓는다.
- 식사를 마치면 뚜껑은 다시 덮어주고 젓가락을 받침대에 내려놓는다.
- 식후 인사를 반드시 한다. "고치소오사마데시타(맛있게 잘 먹었습니다)."
- 일어나 방석을 정리한다.

3) 차 문화와 예절

일본의 다도(茶道)는 일본사람들이 차를 마시며 심신을 수련하는 것을 의미한다.

4) 음주문화와 예절

- 더치페이 문화가 일반적이다.
- 술자리에서 상하관계 구분이 없다.
- 상대방의 술이 잔의 3분의 1정도 남았을 때 첨잔한다.
- 술을 강요하지 않지만, 스스로 따르지 않고 서로 따라주는 관습이 있다.

읽기자료 6

맨발걷기와 두뇌 계발

인간의 발에는 7,200여개의 신경말단이 존재하고 이 신경말단들은 척수 신경을 통해 뇌와 모든 신체부위와 연결되어 있다. 따라서, 맨발걷기를 통해 두뇌를 자극하고 활성화함으로써 신경전달물질인 도파민(dopamine)과 세로토닌(serotonin)의 분비가 많이 되어 의욕적이고 활기찬 두뇌 상태를 만들어 준다.

특히, 맨발걷기를 통해 신체 기능 향상. 체력 향상. 정서조절 능력 향상, 두뇌 기능 활성화, 치매 예방 등 신체, 정서, 인지 모든 영역에서 효과가 있다.

예를 들면, 기업체에 출근하는 직장인, 학교에 등교하는 학생들이 시작하는 맨발걷기 10분은 자기 자신에 집중하면서 오늘 하루 해야 할 공부나 업무를 계획하는데 도움을 줄 수 있다. 직장인이 퇴근하거나 학교에서 학생들이 학교하는 길에 맨발걷기를 하면 자신이 오늘 하루 동안 실시한 공부나 업무를 정리하고, 부족한 점을 분석하고 향후 보완해야 할 점 제시 등 자신을 되돌아볼 수 있는 시간을 가질 수 있다.

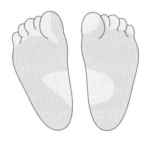

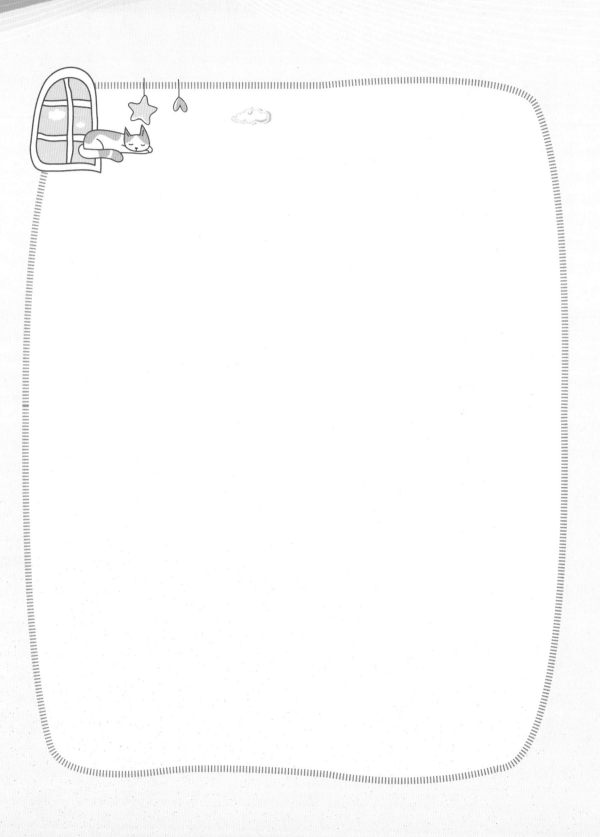

 Quiz

 한식 문화와 일식 문화의 식생활 차이점을 알아보고 발표해 보자.

 테이블 냅킨의 사용법을 정리해 보자.

- 냅킨의 사용 시작 시점

- 무릎위에 냅킨을 펴는 방법

- 식사 중을 알리는 냅킨의 위치와 상태

- 식사 후를 알리는 냅킨의 위치와 상태

 와인 매너를 실습해 보자.

- 와인을 따르는 방법

- 와인을 받는 방법

- 와인을 마시는 방

 포크, 나이프, 스푼의 사용법을 정리해 보자.

- 포크, 나이프 : 식사 중, 식사 후

- 수프 스푼 : 식사 중, 식사 후

- 티스푼 : 사용 전, 사용 후

GLOBAL MANNER AND IMAGE MAKING_PRESENTATION

CHAPTER 07

문화생활매너와
글로벌 에티켓

1. 문화 시민 매너와 에티켓

 흡연 예절

- 비흡연자들은 간접흡연으로 나빠지는 자신들의 건강권을 지키기 위해 병원, 아파트, 직장 등과 같은 공용 생활공간에서 흡연으로부터 자유로울 권리(혐연권, 嫌煙權)를 주장한다.
- 흡연자들은 사생활의 자유와 행복 추구권을 내세워 어디서든 자유롭게 담배를 피울 수 있는 권리(흡연권)를 주장한다.
- 이 두 권리는 모두 우리나라 헌법상 보장받는 권리이기 때문에 서로 이해하고 배려하는 마음과 흡연자들의 상황에 맞는 흡연 예절이 요구된다.
  - 담배는 흡연구역에서만 피운다.
  - 담배꽁초는 재떨이 또는 지정된 쓰레기통에 버린다.
  - 담배꽁초를 버릴 곳이 마땅치 않을 것을 대비해 외출 시 휴대용 재떨이를 휴대한다.
  - 변기에 담배꽁초를 버리지 않는다.
  - 흡연 후 가래침을 바닥에 뱉지 않는다.
  - 보행 중에 담배를 피우지 않는다.
  - 흡연구역에서 비흡연자와 있는 때는 담배를 피우기 전에 양해를 구한다.
  - 흡연장소에서 큰 소리로 말하거나 통화하지 않는다.
  - 간접흡연에 취약한 노약자 옆에서는 금연한다.
  - 바닥에 떨어진 담배꽁초는 주워 쓰레기통에 버린다.
  - 바람을 등지고 담배를 피워 전신에 담배냄새가 배는 것을 막는다.
  - 담배를 피운 후 바로 실내로 들어가지 않고 몸에 밴 담배 냄새를 뺀 후 들어간다.
  - 지하 주차장에서 담배를 피우지 않는다.
  - 식사를 마치고 담배를 피운다.

문화생활매너와 글로벌 에티켓

- 운행 중에는 모든 탑승객이 담배꽁초나 담배 불똥, 재가 날려 주변 차량에 화재 또는 운전방해의 원인이 될 수 있으므로 금연한다.
- 탑승객의 쾌적한 환경을 위해 차량 내에서는 금연한다.
- 담배를 물고 말하지 않는다.
- 담배를 엄지손가락과 검지손가락으로 잡고 피우는 모습은 보기 좋지 않으므로 검지와 중지 손가락 사이에 담배를 끼고 피운다.
- 아랫사람에게 담배 심부름을 시키지 않는다.
- 습관적으로 담배를 빌려 피우지 않는다.

해외의 흡연문화와 예절

- 부탄 왕국은 금연국가이며 홍콩은 금연도시이며 인도네시아는 담배규제가 없다.

 그림 7-1 •• 금연구역과 흡연구역

출처 : 온라인 커뮤니티

- 중국에서 상대방과 같이 담배 피우는 것은 사교 수단의 하나이기 때문에 상대방이 초면에 담배를 권하면 받는 것이 예의이다.
- 미국에서 식사에 초대받아 갔을 때 식사 중에 담배를 피우는 것은 여주인에 대한 모욕으로 받아들여지기 때문에 유의한다.
- 유럽의 기독교계 국가에서는 사순절(재의 수요일부터 부활절까지의, 주일을 제외한 40일간) 동안에는 금연한다.

2. 반려 동물 에티켓

애완동물을 뜻하는 펫(Pet)과 예절을 뜻하는 에티켓(Etiquette)의 합성어인 페티켓(petiquette)은 반려동물이 아니라 반려동물을 키우는 주인이 지켜야 할 예절을 뜻한다.

 일상

- 반려동물만 복도, 계단, 엘리베이터, 주차장 등을 돌아다니면 이웃에게 공포감을 줄 수 있으므로 유의한다.
- 반려동물의 소음이 크지 않도록 한다.
- 예방접종으로 질병 옮기는 것을 예방한다.
- 공동 거주 공간 내 배변 문제를 일으키지 않는다.

외출 시

- 외출 시 반려동물의 목줄을 반드시 착용시키고 짧게 잡아 타인에게 다가가지 않도록 한다.
- 대형견이나 사나운 반려동물은 반드시 입마개를 착용시킨다.

문화생활매너와 글로벌 에티켓

그림 7-2 • 반려 동물의 외출 용품

입마개(muzzle)

목줄(leash)

목걸이(collar)

하네스(Harness)

캐리어(carrier)

https ://www.fordogtrainers.com

- 배설물을 치우기 위해 배변봉투와 휴지 등을 챙긴다.
- 반려동물 등록과 주인의 성명, 주소, 전화번호가 표시되어 있는 반려동물 인
  식표를 부착한다.
- 엘리베이터와 같이 폐쇄된 공간에서 소형 반려동물은 주인이 직접 안고, 대
  형 반려동물은 다리 사이에 끼우거나 구석에 머물게 하여 갑작스런 반려동
  물의 행동이나 이동을 방지한다.
- 목적지가 반려동물의 출입이 제한되면 들어가지 않는다.

그림 7-3 ••• 반려동물등록방법

출처 :동물보호관리시스템 홈페이지

식당 및 숙박업소 이용 시

- 반려동물의 출입 자체가 털 날림과 배설물로 인한 위생관리상 문제점과 짖는 소리로 인한 소음, 다른 손님이 알레르기 반응을 일으킬 수 있고, 동물의 종류에 따라 혐오감을 느낄 수 있다는 점, 그리고 반려동물의 실종 사건 등의 다양한 문제가 일어날 수 있으므로 식당 및 숙박업소에 출입 제한이 있다면 이를 지켜야 한다.
- 반려동물의 출입 제한이 없다면 반려동물 캐리어에 넣어 출입하고 캐리어에서 반려동물을 꺼내지 않는다.

대중교통 이용 시

- 자동차운수사업법 제 21조 제 1호 규정에 의거 대중교통 이용이 가능한 동물은 시각 장애인 인도견과 타인에게 피해를 끼칠 염려가 없는 작은 애완동물이다.

- 차를 타면 반려동물이 불안해져 짖는 경우 먼저 짖지 않도록 훈련 후 대중교 통을 이용한다.
- 지하철, 버스의 경우 작은 반려동물이라 할지라도 이동 시에는 반드시 이동 용 장 또는 이동용 가방을 준비해 격리가 필요할 때 사용한다.
- 비행기의 경우 반려동물과 캐리어의 무게를 합쳐 5kg 이하인 경우 기내 동 반할 수 있으나, 초과 시 수하물칸으로 부쳐야 한다.
- 기차와 고속버스 이용 시 반려동물을 캐리어에 넣어 보이지 않도록 한 경우 탑승이 가능하지만, 캐리어의 크기가 객석의 폭보다 크면 허용이 불가하다.

 ### 반려동물 주인이 아닌 주변사람들의 반려동물에 대한 에티켓

- 보호자의 허락 없이 먹이를 주거나 만지는 행동은 위험할 수 있으니 삼간다.
- 계속 반려동물을 쳐다보거나 소리를 지르면 반려동물이 흥분할 수 있으니 삼간다.

 ### 해외의 반려동물 운송관리규정

- 영국은 1991년 제정된 '위험한 개 법(Dangerous Dogs Act)'으로 인명사고를 낸 개 의 주인에게 최고 14년의 징역형을 선고해 엄중한 벌로 반려동물의 관리를 주인이 철저히 하도록 하고 있다.
- 중국의 한 지역은 개 주인에게 누적 벌점 시스템을 적용해 벌점이 일정 수준 으로 쌓이면 개를 기르지 못하게 하는 등의 반려동물 관리 규정과 법규를 강 화하고 있다.
- 미국의 숙박 시설들은 반려견의 동반 가능 여부와 반려견 동반 시 추가 요금 등을 안내하여 이용객의 불만을 최소화하고 있다.
- 일본의 항공사 전일본공수(ANA)는 반려견과 함께하는 여행 상품을 기획해 반 려견 전용 비행기를 띄우고 이 비행기에는 수의사도 태워 수시로 반려동물 의 건강상태를 체크했다.

3. 여행 매너와 에티켓

해외여행에서 좋은 매너와 에티켓은 그 나라의 문화와 사람들을 있는 그대로 인정하고 존중하는 마음을 갖는 것부터 만들어진다. 그런 다음 부드러운 눈빛과 친절한 목소리, 당당하고 여유 있는 자세로 행동하고 늘 미소로 대한다면 자신뿐 아니라 우리나라의 이미지도 좋아질 수 있다. 하지만, 이러한 기본자세만으로 모든 상황을 대처할 수 는 없으므로 해외여행 매너와 에티켓을 학습할 필요가 있다.

1) 비행기 매너와 에티켓

 출발 전 확인 필수 사항

- 해외여행 한 달 전부터 건강상태를 살피고 출발 최소 2주 전에는 예방접종을 마친다.
- 여권, 필요시 비자, 항공권(또는 전자 항공권)을 꼼꼼하게 챙긴다.
- 분실을 대비해 여분의 여권사진과 서류의 복사 본을 가져간다.
- 해당국가의 C. I. Q를 미리 확인하여 각 종 서류와 수하물을 점검한다.

▶ **전자 항공권**(electronic ticket)
예약된 항공편과 탑승객에 대한 정보가 나와 있으며 영어로는 여정과 영수증(itinerary & receipt)이 표시되어 있으며 개인 이메일로 발급되어 출력해서 지참한다.

▶ **C. I. Q**
- C(custom) : 세관 심사
- I(Immigration) : 출입국 심사
- Q(quarantine) : 검역 심사

탑승 수속(check-in)

- 좌석 배정과 수하물 위탁 등의 탑승을 위한 수속과정이 이뤄진다.
- 여유로운 탑승 수속을 위해 국내선은 항공기 출발 30~40분 전에, 국제선은 출발 2시간 전에 공항에 도착한다.
- 탑승권(boarding pass, 출국 게이트와 탑승시각, 기내좌석번로 등의 정보가 포함된 종이)과 위탁 수하물표(tag)를 받아 잘 보관한다.
- 탑승 카운터에서 체크인 할 때 수하물의 무게 초과나 반입 금지 물품 소지 등의 이유로 바닥에서 짐을 풀어 문제를 해결하는 모습은 보이지 않도록 한다.
- 국가에 따라 공항 탑승 카운터에서 탑승객의 옷차림이나 태도, 건강상태, 분위기 등을 문제 삼아 탑승을 거절하는 경우가 있으니 유의한다.
  - 단정하지 못한 옷차림의 승객
  - 술에 취한 승객
  - 심하게 아파보이는 승객
  - 적대적이고 공격적인 승객
  - 직원의 지시를 따르지 않는 승객
  - 신원조회 시 테러가 의심되는 승객
    * 탑승 카운터 앞에 설치된 자동탑승수속기(셀프 체크인)와 자동수하물예치기(셀프 백드롭)를 이용하면 탑승 수속에 걸리는 긴 시간과 스트레스를 단축시킬 수 있다.

 세관 신고

우리나라의 국민은 출입국 신고서는 작성하지 않고 미화 1만 달러를 초과하는 지급수단을 소지한 경우 출국 시 세관신고서를 작성하고 세관에 신고한 후 외국환 신고필증을 교부받아야 한다.

- 입국할 때 다시 가지고 들어올 고가의 시계나 카메라 등의 귀중품은 관세청 홈페이지에서 사전 신고를 하거나 당일 출국 시 세관신고서를 작성하고 휴대물품 반출신고서를 발급받는다.

보안검색

- 출국장 안으로 들어가면 보안검색대에서 기내에 반입이 불가능한 휴대품이 있는지를 확인받고 금속 탐지기를 통과해 들어간다.
- 나라마다 반입 금지 품목이 다르므로 확인해야한다.
- 국가별 보안검색 방법이 다르며, 보안검색직원의 지시를 따라야 한다.
- 모르는 사람이 짐을 들어달라고 부탁하면 범죄에 연루될 수 있으니 자신의 짐만 소지한다.

대한민국 출입국심사 절차

출국심사

- 출국심사직원의 심사를 받기 위해 줄을 질서 있게 선다.
- 출입국 직원의 요구대로 여권, 탑승권, 세관신고서를 주면 신원과 함께 확인 받고 되돌려 받는다. 이 때 모자나 마스크 선글라스로 얼굴을 가리지 않도록 한다.

입국심사

- 기내에서 승무원이 나눠 주는 입국서류(검역 신고서, 여행자 휴대품 신고서)를 작성한다.
- 작성한 서류를 분실하거나 잘못 기입했을 경우 입국심사장에 비치되어 있는 같은 서류를 작성하고 입국심사대를 통과한다.
- 전광판에서 수하물 수취대 위치를 확인하고 수하물을 찾는데 못 찾는 경우 위탁 수하물표를 가지고 직원과 확인한다.
- 세관심사 시 입국하는 모든 사람은 여행자 휴대품 신고서를 제출하고 입국 장으로 나간다.
- 세관신고물품이 있는 경우, 반드시 여행자 휴대품 신고서를 제출하여 신고하지 않은 초과물품에 대해 처벌받지 않도록 유의한다.
- 해외여행자 면세 한도는 1인당 600달러이며 담배 한 보루, 술 한 병, 향수

60ml 미만의 제한이 있으므로 지나친 쇼핑은 삼간다.

* 자동출입국심사서비스는 경찰청의 지문정보를 자동출입국 심사대와 연동하여 출입국절차를 간소화시킨 무인 서비스로 출입국 심사가 기존방식보다 빠르게 처리된다.

 비행기 탑승

- 탑승 시간을 준수해 비행기 출발 지연을 방지한다.
- 면세점에서의 쇼핑 또는 이른 시간에 나오느라 탑승 대기하면서 깊은 잠이 들어 탑승 시간을 못 지키는 승객들이 많다.

 기내 매너와 에티켓

▶ 탑승 시(boarding)

- 비행기 탑승 시에는 지상직원의 안내에 따라 클래스별, 좌석 번호 뒷자리 탑승객부터 탑승하여 질서 있는 탑승이 되도록 한다.
- 기내에 들어서면 객실 승무원(이하 승무원)에게 탑승권을 보여주고 항공편이 맞는지 확인 후 배정된 좌석으로 간다.
- 안전하고 편안한 여행을 책임지는 객실 승무원의 지시를 항상 잘 따른다.
- 무거운 짐은 머리 위 선반에 올리고, 가벼운 짐은 앞좌석 아래에 보관한다.
- 가운데 좌석에 앉으면 복도로 나갈 때 앉아 있는 승객의 다리나 짐을 밟지 않도록 천천히 나오며 '실례합니다(excuse me)'는 말을 꼭 한다.
- 배정된 자리에서 다른 자리로 옮길 때에는 승무원에게 이야기하고 옮겨 승객의 좌석위치를 알 수 있게 한다.

▶ 이륙 준비(ready for take-off)

- 짐정리를 끝내고 착석한다.

글로벌 매너와 **이미지 메이킹 프레젠테이션**

- 안내방송과 승무원의 지시에 따라 모두의 안전을 위해 모든 전자기기의 전원을 끊다.
- 등받이와 발 받침대를 제자리로 놓는다.
- 창문 덮개를 열고 안전벨트를 착용한다.

▶ 이륙 후(seatbelt sign off)

- 이륙 후 좌석벨트 표시등이 꺼지면 비행기가 안정한 고도에 올랐다는 의미로 이때 잠시 화장실을 다녀와도 되지만 자리에 앉아 있을 때에는 갑작스러운 기류변화에 대비해 항상 좌석벨트를 착용하고 있어야 한다.
- 승무원을 호출 할 때에는 승무원 호출 버튼을 이용하며, 실내등이 모두 꺼지면 독서등을 켜고 휴식을 취한다.
- 옆 사람과 큰소리로 말하거나 이어폰의 소리가 크게 세어 나오지 않도록 한다.

- 간편한 옷차림은 좋지만, 노출이 심한 옷은 삼간다.

- 신발이나 양말을 벗지 않으며, 발을 앞좌석 사이 또는 앞좌석과 창가 사이로 빼지 않는다.

- 승무원의 주의를 끌기 위해 우리나라 사람들은 승무원의 옷깃을 잡아당기는 경우가 있다. 외국인의 시선에서는 이러한 행동이 무례하게 느껴지므로 승무원을 향해 "실례합니다."라고 말하거나 승무원 호출 버튼을 눌러 승무원에게 요구사항을 전달하는 것이 바람직하다.

- 기내에서 술을 마실 때 자신의 술잔을 여러 사람에게 돌려 술을 권하는 경우가 있다. 외국 사람들은 이러한 술잔 돌려 마시기는 비위생적이라고 생각하기 때문에 각자의 잔으로 술을 마시는 것이 좋다.

- 외국인과 함께 나란히 앉았을 때 말은 통하지 않아도 눈빛과 간단한 몸짓 언어로 충분히 의사소통이 가능하다. 하지만, 우리나라 사람은 앞만 보고 있거나, 계속 딴 짓을 하거나 말을 걸어도 대꾸를 하지 않는 일이 종종 있다. 이러한 행동은 외국인이 한국인에게 무시당하는 느낌을 가질 수 있고, 부정적인 이미지를 각인시킨다. 그러므로 외국인과 동석했을 때에는 미소와 친절한 태도로 성의껏 응대하는 것이 바람직하다.

- 습관적으로 한국 사람들은 식사 후 이쑤시개를 사용하고, 평상시에 머리를 긁적거린다. 이것은 외국인들이 볼 때 비위생적인 행동이므로 삼간다.

- 좌석 주변을 수시로 살펴 떨어진 물건이 없는지 쓰레기가 없는지 확인한다.

- 필요시 기내서비스 스티커를 이용한다.

  PLEASE DO NOT DISTURB(깨우지 마세요)

  PLEASE WAKE ME FOR THE DUTY FREE(면세품 판매 시 깨워주세요)

  PLEASE WAKE ME FOR MEAL SERVICE(식사 시 깨워 주세요)

기류변화(turbulence)

- 좌석벨트 표시등이 켜지고 승무원의 기류변화 안내 방송이 나오면 자신의 좌석벨트 착용여부를 확인한다.

 그림 7-5 ・기류 변화

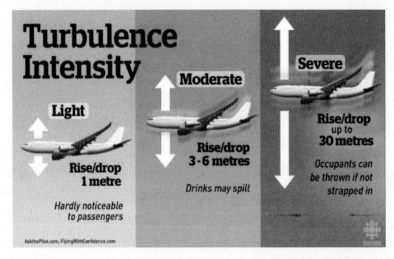

출처 : 캐나다 CBC 방송사

- 본인이 느끼기에 약한 기류변화라고 생각하여 이동하면 안 되며 화장실 이용 중이었다면 빨리 볼일을 마치고 나와 착석하여 좌석벨트를 착용한다.

기내식(meal service)

- 기내식은 국제선에서 제공되며 2시간 이내 단거리는 간편한 기내식, 비행시간이 6시간 미만인 경우는 한 번의 식사, 6시간 이상인 경우는 2번의 식사가 제공된다.
- 식사 시간이 되면 승무원의 안내에 따라 등받침을 천천히 세워 뒷사람이 불편하지 않도록 하고 테이블을 펴놓는다.
- 통로좌석에 앉은 승객은 식사(meal tray, 식사쟁반)나 음료를 받으면 자신보다 창가

좌석에 앉은 승객에게 먼저 전해주고 나서 자신의 몫을 받는 것이 좋은 매너이다.

- 음료를 전해줄 때는 음료수 잔의 아랫부분을 잡고 전해주는 것이 에티켓이다.
- 안전하고 쾌적한 기내 환경을 위해 난폭한 행동을 유발하는 과음, 복부팽창을 유발하는 과식과 탄산음료는 삼간다.
- 식사가 끝나면 테이블을 접어놓는다.

화장실(toilet)

- 보통 이코노미 클래스의 화장실은 승객 수 대비 적기 때문에 식사시간 후는 화장실로 승객이 몰리는 시간대이므로 대기시간이 걸려도 상위 클래스의 화장실을 이용하지 않는다.
- 화장실 근처에 배정받아 앉아 있는 승객들에게 폐가 되지 않도록 질서를 잘 지키고 조용히 서 있어야 한다.
- 기내 화장실은 대부분 남녀 공용이며 이용 시 노크하지 않고, 문 밖 눈높이 위치에 '비어있음(vacant)'표시를 확인 하고 문을 열고 들어가 '사용 중(occupied)'으로 바꾸고 화장실을 이용한다.
- 기내 흡연은 엄격히 금지되어 있으므로, 기내 화장실에서도 절대 흡연하지 않는다.
- 변기 뚜껑을 올려놓는 위치에 뽑아 쓰는 변기커버를 이용하여 변기를 사용한다.
- 다음 사람을 위해 사용한 화장지와 세면과 바닥에 떨어진 물 등을 깨끗하게 정리하고 나온다.

면세품(duty free sales)

- 앞좌석 주머니에 있는 면세품 주문서를 이용해 살 물건 목록을 미리 준비를 하다가 차례가 돌아오면 그 때 작성한 면세품 주문서를 주면서 구입한다.
- 면세품을 사지 않는 사람은 쉬는 시간이므로 피해가 가지 않도록 목소리와 쇼핑백 소음을 주의한다.

☞ 착륙 시(landing)

- 이륙과 마찬가지로 모든 전자기기의 전원을 끊고 창문덮개를 열고 안전벨트를 착용한다.
- 좌석벨트 표시등이 꺼질 때까지 안전벨트를 착용한 채로 기다린다.
- 비행기가 착륙하고 천천히 이동할 때 일어나서 짐을 싸거나 출입구로 나아가지 않는다.
- 머리 위 선반(overhead bin)을 열고 물건을 꺼낼 때 비행기가 갑자기 멈추거나 이동하면 물건이 떨어져 아래 있는 승객이 다칠 수 있으므로 선반을 여는 것은 삼간다.

☞ 하기 시(deplane)

- 상위클래스의 승객부터 하기하며 승무원의 안내에 따라 질서 있게 하기한다.
- 기내에서 받은 편의용품 가방(amenity kit)은 가지고 갈 수 있지만, 담요는 기내 비치품이므로 가지고 나오지 않는다.

2) 호텔(hotel) 매너와 에티켓

호텔을 이용하는 방법과 지켜야할 매너와 에티켓을 시점별로 알아 보자.

☞ 호텔 입구

- 호텔에 들어서면 모든 만나게 되는 사람들과 눈을 맞추고 환하게 인사를 한다.
- 벨 맨(bell attendant, 호텔 입구부터 프론트, 객실 입구까지 투숙객과 동반하여 길 안내와 짐을 들어주는 임무를 담당하는 직원)이 다가와 짐을 들어주면 사양하지 말고 고마움을 표시하며 짐을 내어준다.
- 가벼운 대화를 나누면서 프론트로 같이 걸어간다.

체크인(check-in)

- 체크인 가능 시간(보통 정오~오후 2시)을 확인하고 엄수하여 예약이 취소되는 일이 없도록 유의한다.
- 프론트를 방문해 예약사항을 확인하고 디포짓(deposit, 체크인 시 개인 신용카드 또는 현금으로 내는 보증금으로 체크아웃 시 지불할 금액을 제외하고 잔액을 돌려받는 제도)을 주고 객실 키를 받고 부대시설 이용 안내를 받는다.
- 객실 입구에 도착하면 벨 맨에게 필요한 경우 팁과 함께 고마움을 표시한다.

객실 이용

- 객실에 들어가면 객실 내 청소 상태, 비품(備品, 칫솔과 치약 등 일회용 비품은 기념으로 가져가도 되지만, 드라이, 수건, 옷걸이와 같은 비품은 가져가면 요금이 부과된다.)여부, 난방, 온수, 조명과 같은 설비를 점검한다.
- 흡연구역을 확인하고 흡연한다.
- 객실 내에서 취사나 향이 강한 음식을 먹지 않는다.
- 객실 내에서 고성방가를 하지 않는다.
- 문이 열러 있는 객실에 기웃거리거나 들어가지 않는다.
- 객실 청소 서비스를 받고 싶을 때에는 문 앞에 'make up the room(방을 청소해 주세요)카드'를 걸어 둔다.
- 외출 또는 방해받고 싶지 않을 때에는 'do not disturb(방해하지 마시오)카드'를 걸어둔다.
- 객실에서 나올 때에는 슬리퍼에 잠옷을 입은 채로 나오지 않고, 호텔의 분위기에 맞게 옷을 입고 언행을 조심한다.
- 외출 시 반드시 키를 소지하고 나온다.
- 체크아웃을 준비할 때 사용한 타월은 모두 모아 욕조와 같은 곳에 몰아넣고, 드라이기, 각종 리모컨, 옷걸이 등 사용한 물건은 제자리에 놓고, 간단히 이불 정리하고 나온다.

- 객실 청소원에게 주는 팁은 고맙다는 메모와 함께 잊지 않고 남긴다.
- 체크아웃 시간(보통 오전 11시~정오)을 확인 후 준수하여 할증료가 계산되지 않도록 유의한다.
- 객실에서 마지막으로 나올 때 'do not disturb(방해하지 마시오)카드'를 문고리에 걸지 않아 체크아웃을 표시한다.
- 호텔 사용 요금 내역을 꼼꼼히 확인하고 호텔 키는 반드시 반납한다.

3) 팁(tip) 문화

우리나라는 팁 문화가 없기 때문에 이것이 발달한 나라에 여행을 가면 팁으로 지불하는 돈이 상당히 많고 처음에는 익숙하지 않아 팁의 금액을 계산하는 것이 부담스럽게 느껴진다. 북미에서는 팁이 필수이기 때문에 팁을 내지 않으면 인색하거나 무례한 사람으로 보일 수 있으며, 유럽은 선택적이기 때문에 강요는 하지 않지만 서비스에 대한 보답이라고 생각하고 팁을 준비하는 것이 바람직하다. 여행 시 팁은 호텔, 식당, 택시를 이용할 때 지불하며 국가별, 지역별, 상황별로 다른 특징을 갖고 있다.

팁의 유래

팁(tip)은 "To Insure Promptness(신속함을 보장하기 위해)"라는 문구의 앞글자만 따서 만든 것으로 우리나라 계산서에는 '봉사료' 외국의 계산서에는 'gratuity'라고 표기되어 있다. 현재는 팁이 기본적인 문화로 정착한 나라가 많다.

팁 계산법

 식사 값 13.5 달러 + 10% 팁, 1.35 달러 = 14.85 달러

- 현금으로 결제 시
  직원에게 15달러를 내거나 20달러를 내고 5달러를 거슬러 달라고 한다.

- 카드로 결제 시

  직원에게 카드를 주면서 15달러를 계산하겠다고 말한다.

 나라별 팁 검색 법

  예 프랑스

  외교부(http://www.mofa.go.kr) 홈페이지 접속 → 영사·국가 → 국가별 정보 →
  국가 검색(프랑스) → 주 프랑스 대한민국 대사관 → 정보 마당 → 생활정보
  → 프랑스 생활정보(기본정보) → Tip 제도

 상황별 팁 문화

  호텔

  - 발렛 파킹 : 1~3달러를 팁으로 지불한다.
  - 벨 맨 : 가방의 크기와 무게에 따라 개당 1~5달러를 접어 고맙다는 말과
    함께 손에 쥐어준다.
  - 객실 청소원(Room Attendance) : 베개 아래에 1~5달러를 둔다.
  - 룸서비스 : 음식값의 10~15%를 팁으로 지불한다.

  택시 : 요금의 15%

  레스토랑 : 계산서에 service charge라는 이름으로 팁이 포함되어 있지 않다
  면, 식사 금액의 10~15%를 팁으로 지불한다.

 대륙별 팁 문화

  북아메리카

  - 미국, 캐나다 : 전체 금액의 10~15%를 팁으로 지불
  - 쇼핑몰, 패스트푸드 점, 버스, 셀프 서비스 장소에서는 팁을 지불하지 않
    는다.

남아메리카

- 브라질과 아르헨티나 : 팁 문화가 없지만, 마음에 드는 서비스였다면 전체 금액의 10%를 지불한다.
- 베네수엘라 : 전체 금액의 20%를 지불한다.
- 그 외 남아메리카 나라들은 미국과 비슷한 팁 문화가 있다.

유럽

- 독일 : 팁 문화가 가장 발달. 전체 금액의 5~10%를 팁으로 지불하며 레스토랑에서 식사 후 결재는 웨이터를 직접 테이블로 불러 팁을 포함해 총금액을 결제한다.
- 네덜란드와 스위스 : 팁 문화가 없다.
- 프랑스 이탈리아, 영국 : 관광객에게 팁을 요구하지 않는다. (팁이 영수증에 포함됨)
  * 프랑스에서 팁은 Pourboire라고 하며, 호텔계산서에는 'Service Compris'라고 표시되어 있다.

오세아니아

- 호주, 뉴질랜드 : 팁 문화가 없지만, 고급 레스토랑이나 호텔 이용 시 10~15% 팁을 지불한다.

아시아

- 대한민국, 태국, 싱가포르, 말레이시아 : 팁 문화가 없다.
- 중국, 일본 : 팁 문화가 없지만, 투어가이드, 투어버스 기사 직종에게만 봉투에 팁을 넣어 지불한다.
- 필리핀 : 계산서에 팁이 포함되어 있지 않다면 전체 금액의 10%를 지불한다.
- 인도네시아 : 보통 전체 금액의 10%를 지불하며 택시는 팁이 필수가 아니다.

4) 공연 관람 매너와 에티켓

- 공연장 근처는 교통이 혼잡하므로 가능한 대중교통을 이용한다.
- 공연 분위기에 맞는 차림으로 참석한다.
- 휴대폰은 공연장 입장 전에 전원을 끈다.
- 지각하지 않는 것이 중요하다, 미리 착석하여 여유 있게 관람 준비를 한다. 만일 지각했다면 직원의 도움을 받아 언제 들어갈지, 본인의 좌석은 어디쯤 인지를 안내받아 들어가야 한다.
- 공연 중 들어오고 나가야 할 때에는 상체를 수그리고 양해를 구하며 옆걸음 으로 이동한다.
- 클래식 음악회에서 박수는 연주의 여운이 모두 없어질 때까지 기다렸다가 친다.

5) 전시 관람 매너와 에티켓

- 관람시간을 지킨다.
- 대기 줄이 길어도 투덜거리지 않고 시끄럽게 떠들거나 음료 외의 음식을 먹지 않는다.
- 전시장 입구에 비치되어 있는 팸플릿을 참고하여 관람 한다.
- 전시장의 동선이 안내하는 대로 천천히 이동하며 뛰거나 새치기 하지 않는다.
- 관람객을 지나야 할 때에는 양해를 구하고 뒤로 피해 지나간다.
- 작품을 감상하지 않고 인증 사진만 찍고 가는 행동은 삼간다.
- 작품을 절대로 만지지 않는다.
- 단체 관람 시 정체되지 않도록 이동 속도를 조절한다.
- 관람이 끝나면 주최자에게 감사의 인사를 한다.

6) 기타 관광지에서의 주의 사항

- 미술관과 같은 관광지에서 사진촬영금지를 뜻하는 그림문자(pictogram)을 무시

하고 사진을 찍다가 적발되면 벌금이 부과되거나 필름 압수 또는 핸드폰 사진 삭제 등의 제지를 당할 수 있으므로 유의한다.

- 식당이나 호텔을 예약한 경우 연락 없이 예약 장소에 나타나지 않는 행동(no show)을 하지 않는다.
- 신용카드는 뒷면에 여권의 사인과 같은 사인을 한 후 사용한다. 뒷면에 사인이 없거나 여권과 다를 경우 신용카드를 사용할 수 없다.
- 동남아 국가에서는 상점 주인이 결재 시 고객의 카드를 위조하여 불법결재의 피해를 볼 수 있으므로 카드결재과정을 꼼꼼히 살펴 볼 필요가 있다.
- 작은 쓰레기봉투를 들고 다녀 수시로 비워 관광지의 자연과 환경을 보호한다.

7) 해외여행 시 주의해야할 보디랭귀지

- 미국, 캐나다, 호주, 유럽의 현지인들은 우리나라 여성이 길거리를 걸으면서 또는 레스토랑이나 카페에서 화장을 고치거나 머리 모양새를 다듬는 행동을 매너에 어긋난다고 생각하기 때문에 그러한 행동을 삼간다.
- 여자끼리 팔짱을 끼고 다니는 모습은 동성애자의 행동으로 생각하므로 주의한다.
- 손바닥
  우리나라 사람들은 인사를 할 때 손바닥을 보이며 흔들기도 하고, 누군가의 주의를 끌 때 손바닥을 보이며 들기도 한다. 그러나 그리스인과 터키인들은 손바닥을 보이는 것은 저주를 내린다는 의미로 받아들이기 때문에 손바닥을 보이지 않도록 주의한다.
- V사인(V sign)
  우리나라에서는 자신감과 승리의 의미를 표현하거나 사진을 찍을 때 손바닥을 바깥으로 하는 브이 사인이지만, 영국, 뉴질랜드, 호주에서는 손등을 바깥으로 하는 브이 사인은 욕설이 되므로 주의한다.
- 로큰롤 사인
  우리나라 콘서트에서 록 음악이 나오면 사람들이 손으로 로큰롤(황소뿔 사인)을 많이 하는 것을 볼 수 있다. 이탈리아에서는 코르누토, 배우자가 바람을 핀다는 뜻을 가지고 있어 주의한다.

- 엄지 세우기

우리나라뿐만 아니라 대부분의 나라에서 최고를 뜻할 때 사용하는 제스처이지만, 호주에서는 엄지 세우기가 '당신은 무례하군요.', '당신의 뜻을 거절합니다.'라는 뜻을 가지고 있으므로 호주사람에게는 최고를 표현할 때 글로벌 칭찬 박수 법, 눈높이까지 양 손을 올려 박수 치는 것을 권한다.

- OK사인(OK sign)

'만족하다'와 '돈'(money)을 의미하는 제스처로 많이 사용하는 OK사인은 프랑스에서는 형편없다는 의미이며 중동, 브라질, 터키, 아프리카에서는 외설적인 표현으로 사용되니 주의하고 말로 표현하도록 한다.

읽기자료 7

인성과 뇌가소성

　　인간의 뇌는 새로운 정보를 획득하기 위해서 주의를 기울이고 새로운 시냅스(synapse)를 형성하면서 항상 변화한다. 이러한 뇌 가소성(neuro plasticity)은 연습과 반복적 행동을 통해서 시냅스의 연결을 변화시킴으로써 뇌 회로가 발달한다는 뇌과학적 원리이다. 뇌가소성 원리를 통해 지속적이고 실제적인 훈련과 연습을 반복하면 무의식적으로 바른 사고와 행동을 스스로 실천할 수 있는 습관을 형성하게 되어 도덕성과 인성을 발달시킬 수 있다. 이렇게 인간의 도덕적 습관이 형성되면 내재적 동기를 유발시키고 도덕적 행동을 강화시켜 자신만의 신념, 태도, 행동을 통합적으로 발달할 수 있다. 통합적으로 발달한 신념, 태도, 행동은 인간의 올바른 습관 형성 뿐만 아니라, 건전한 가치관 및 자아정체성(self identity) 형성에도 크게 기여할 수 있다. 이러한 좋은 습관, 올바른 가치관 및 자아정체성을 형성하기 위해서는 학생들에게 부정적인 정보를 제공하기보다는 긍정적인 정보를 많이 제공해 줌으로써 긍정적 정보의 시냅스 연결을 강화시키는 반면에, 부정적인 정보의 시냅스는 제거해주는 뇌 가소성의 원리를 잘 활용해야 한다.

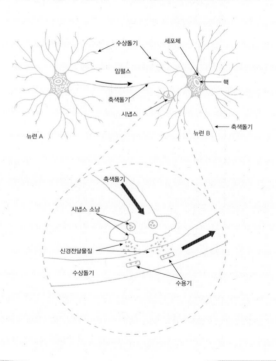

Quiz

 담배와 담배꽁초의 위험성에 대해 알아보고 토론해 보자.

- 주변에서 흡연 구역과 금연 구역을 알아 보자.

- 흡연 구역의 시설에는 무엇이 있는지 조사해 보자.

- 혐연권과 흡연권의 충돌에서 해결책을 찾아 보자.

 아래의 주어진 상황 또는 기타 상황에서 지켜야할 매너와 에티켓을 정리해 보자.

- 운동경기 관람 시 매너

- 상점에서 물건 구매 시 매너

- 화장실 매너

- 음식점 매너

- 커피숍 매너

- 강의실(학교)

- 기타 상황

GLOBAL MANNER AND IMAGE MAKING_PRESENTATION

CHAPTER

08

프레젠테이션의 이해

1. 프레젠테이션의 의미

1) 정의

- 프레젠테이션(Presentation)은 청중을 설득시키기 위함을 목적으로 한다.
- 단순한 스피치와 달리 다양한 자료를 활용한다.
- 이를 통해 청중에게 프레젠터의 주장이나 생각, 사실, 정보, 의견 등을 전달한다.
- 〈1 : 다수〉의 커뮤니케이션을 가리킨다.

2) 필요성

21세기는 청중을 움직여야 할 일이 많은 세상이고 앞으로의 세상은 더욱더 그렇다.

정보제공, 광고, 상품설명, 자기 PR, 행사진행, 기업 설명, 연설, 과제 발표 등 대중에게 규격화 되고 짜임새 있는 정보를 체계적으로 전해야 하는 일이 많아졌으며 사람들은 복잡하고 지루한 것을 좋아하지 않는다는 성향과 함께 일정한 형식을 갖춘 프레젠테이션의 필요성이 점점 커지고 있다.

3) 중요성

사회 모든 분야에서 필요로 하고 있는 프레젠테이션은 누구나 갖추어야 할 소양이 되었다. 특히 대학인들은 과제 및 개인 의견을 발표하고 향후 취업현장에서 활용하게 될 분야는 무궁무진하다.

① 프레젠테이션은 생존이다.

- 기업이 매출을 올리고자 한다면 상품을 파는 과정에서 프레젠테이션이 필

요하다.

- 기업을 인수 합병 할 때에도 프레젠테이션이 필요하다.
- 해외 바이어와의 수출 상담이나 기술제휴 등 각종 비즈니스에서 활용된다.

② 4차 산업혁명을 주도한다.

산, 학, 연, 관이 융합하여 창의성과 인적 네트워크의 중요성이 커지는 4차 산업혁명 시대에 프레젠테이션 능력은 필수 요건이다.

③ 조직 활성화의 필요조건이다.

조직 내 회의, 리더십, 부서별 브리핑, 선후배 간의 커뮤니케이션 등 짜임새 있는 프레젠테이션이 상호 조직력을 강화하고 업무기능을 원활하게 한다.

④ 면접에서 평가하는 필수 덕목이 프레젠테이션 능력이다.

업무를 성실히 수행하고 회사의 이미지를 높일 신입사원을 뽑는데 프레젠테이션 능력은 필수 요건이 되었고 면접시험에 있어 자신을 포장하고 알리는 스피치 또한 프레젠테이션의 한 분야이다.

⑤ 프레젠테이션은 자아 발전의 원동력이다.

우리의 뇌는 자신이 하는 말의 영향을 받는다. 좌뇌는 논리적인 영역을 담당하고 우뇌는 감성적 영역을 담당한다. 우뇌와 좌뇌를 활용한 논리적이고 짜임새 있는 프레젠테이션은 생각의 정리와 자아 성장을 주도하며 프레젠터 본인의 성장을 견인한다.

4) 프레젠테이션 활용분야

프레젠테이션은 기업, 대학, 모임, 연구소, 정부부처, 세미나 등 다양하게 쓰인다. 프레젠테이션은 1 : 다수의 커뮤니케이션으로 다음은 프레젠테이션이 더욱 중요하게 활용되는 현장이다.

- 업무현황보고 / 대학입학설명회
- 입사 면접 / 국제 행사유치 (올림픽, 월드컵, EXPO 등)
- 정치인의 연설 / 각종 워크숍
- 각종 심포지엄 / 국내외 컨퍼런스
- 각종 세미나 / 국내외 학술대회
- 영업사원 고객상담 / 교육 및 강의
- 각종 홍보 / 제안 발표회
- 투자설명회 / 신제품 발표회
- 사업계획 발표회 / 각종 행사 기획 이벤트
- 방송 및 각종 인터뷰 / 건배사 등

2. 프레젠테이션 목적에 따른 분류

1) 설명 프레젠테이션

기관의 사업이나 학회의 연구 발표, 사업 설명 등 해당 정보를 알기 쉽게 설명하는 프레젠테이션을 가리킨다.

- 업무현황보고
- 투자 설명회
- 수업시간 과제 발표
- 각종 홍보

2) 연설 프레젠테이션

대통령의 신년사를 포함한 정치인의 연설, 교장선생님 훈화, 목사님 설교,

CEO의 계획 발표 등이 해당된다.

- 정치인 연설
- 마틴 루터킹 목사의 'I have a dream'연설
- 스티브 잡스의 스탠포드 대 졸업 연설 등

3) 사회 진행 프레젠테이션

행사진행을 위해 사회자가 순서를 이끄는 프레젠테이션이다.

- 토론회의 좌장
- 3.1절 기념식, 미레비전 선포식 등 규격화 된 행사의 사회자
- 돌, 회갑, 유치원 발표회 등의 사회자

4) 경쟁 프레젠테이션

어떤 사업을 대행하는 업체를 기업이나 수행 기관이 지정하는 수의 계약과 달리 최근의 사업 형태는 입찰을 통한 경쟁 프레젠테이션이 주를 이루고 있다.

- 월드컵 또는 올림픽 등 국제 행사 유치 프레젠테이션
- 각종 지자체 축제 수주를 위한 프레젠테이션
- 투자 유치, 창업자금 지원을 위한 프레젠테이션

5) 강의 프레젠테이션

감성을 통한 감동과 교육적 효과를 위한 프레젠테이션이다.

- 세바시 (세상을 바꾸는 시간)
- TED (Technology Entertainment Design)
- 각종 강연 및 교육현장의 프레젠테이션

6) 인터뷰 프레젠테이션

방송이나 신문, 잡지 등 인터뷰에 활용되는 프레젠테이션이다. 질문마다 답변

이 서론-본론-결론에 걸맞게 짜임새 있는 순서로 정리되어야 한다.

- 손석희의 시선 집중 등 대담프로그램 인터뷰
- 뉴스 취재 에 따른 인터뷰
- 오락 예능 프로그램에서의 연예인 인터뷰 등

 ### 3. 프레젠테이션의 과거와 현재

1) 컴퓨터를 활용한 프레젠테이션이 용이하지 않았던 시대 마치 보드판을 활용하듯 브리핑 차트를 활용하였다.
2) 필름 슬라이드와 OHP(OverHead Presentation)를 통해 정보를 정리, 편집 전달 하였다.
3) 1989년 마이크로소프트사의 PC버전 파워포인트가 출시되면서 PowerPoint presentation 'PPT'가 일반화 되었다.
4) PPT와 함께 애플사에서는 키노트(Keynote) 소프트웨어가 있다.

 ### 4. 프레젠테이션 기획

1) 기획의 중요성

2) 기획에서 고려할 사항

 왜 프레젠테이션을 해야 하나?

　① 목표와 목적

② 키(Key)사와 키(Key)맨은 누구인가?

③ 심사위원과 청중이 원하는 것은 무엇인가?

 어떻게 프레젠테이션을 할 것인가?

① 제목 설정

② 각각의 스토리 설정

③ 데이터 및 자료수집(관심을 모을 컨텐츠 찾기)

④ 슬라이드 구성

⑤ 유인물 배포

　• 슬라이드 제출 조항이 있는 경우

　• 슬라이드 제출 조항이 없는 경우

⑥ 분위기 전환을 위한 유머와 에피소드 준비(과하지 않게 준비한다.)

⑦ 질문과 답변

⑧ 메모 카드 준비

 무엇을 얻을 것인가?

① 심사위원 청중의 반응

② 신뢰

③ 목표와 목적 달성

 5. 성공 프레젠테이션을 위한 5가지 필수 요소(펜타 플로우)

1) 스토리 : 프레젠테이션의 주제를 각각의 스토리를 활용하여 구조화 시킨다.

2) 스피치 : 효과적인 전달과 설득을 위해 말하기 기법을 숙지하고 활용하다.

3) 이미지 : 프레젠터의 신뢰도 및 전문성과 관련이 있다.

4) 디자인 : 설득과 이해를 돕기 위한 도구로 PPT를 활용하여 슬라이드로 구성한다.

5) 청중 : 프레젠테이션의 대상을 가리킨다.

6. 프레젠테이션에 고려되어야 할 항목

1) 내용 : 슬라이드 구성보다 내용이 중요하다. 전체적인 내용을 정확하게 숙지한다.

2) 시간 : 프레젠테이션은 정해진 시간을 엄수해야 한다. 특히 경쟁 프레젠테이션에 있어 시간 초과는 감점의 요인이 된다.

3) 무대 : 무대의 형태와 위치, 청중이 바라봤을 때 무대의 높이와 공간 규모 등을 살펴야 한다.

4) 컴퓨터와 포인터 : PPT를 활용하고자 한다면 컴퓨터의 작동 여부와 포인터의 사용법을 숙지하고 원활하게 활용한다. 동영상의 경우 음량을 미리 살펴보고 너무 작거나 크지 않게 한다.

5) 마이크와 스피커 : 마이크와 스피커의 기능을 살펴본다. 마이크의 성능과 기능이 좋지 않아 퍽퍽소리가 심하거나 음량이 작아 목소리의 전달이 어렵다면 마이크가 있어도 육성을 사용해도 무방하다.

6) 리허설 : 리허설은 2-3번 정도 반복해서 실시하며 그 이상도 좋다. 전체 리허설에 앞서 PPT 장표를 계속 보면서 눈에 익혀두면 생각과 눈으로 이해 할 수 있기 때문에 실전 PT에서 훨씬 더 자신감 있게 발표 할 수 있다.

7) 컨디션 : 가장 자신감 있고 기분 좋은 상태를 유지한다.

 슬라이드보다 먼저 말하기

준비된 슬라이드를 보고 예행연습을 해 보면 프레젠테이션이 물 흘러가듯 자연스럽게 흘러가는지 아니면 뚝뚝 끊기는 지 알 수 있다. 일반적으로 하나의 슬라이드를 띄우고 그 슬라이드를 보면서 설명하게 되는데 이렇게 슬라이드를 본후 설명하면 내용이 뚝뚝 끊겨 슬라이드가 20장이라면 청중은 마치 20장의 이야기를 따로 듣는 것처럼 느낀다. 프레젠테이션의 슬라이드는 하나의 주제로 연결되어 있는 만큼 다음 슬라이드의 내용을 숙지하고 제목을 살짝 언급해 주면 스토리의 연결이 탄탄해진다.

예 1번 슬라이드

　행복을 느끼는 3 대요소 － 자유, 유능, 관계

　2번 슬라이드

　행복은 만들어 질 수 있을까? － 긍정적인 생각, 탄탄한 관계

　1번 슬라이드에서 "행복의 3대 요소가 있습니다. 바로 자유, 유능, 관계입니다."라고 설명한 후 차트를 넘기고 다음 슬라이드의 제목을 본 후"그럼 행복은 만들어 질 수 있을까요?"라고 한다면 마치 새로운 내용을 말하는 것처럼 들린다.

　이때, 1번 슬라이드를 설명하면서 다음 슬라이드를 보기 전 2번 슬라이드의

주제인 "그렇습니다. 긍정적인 생각과 주변 사람들과의 탄탄한 관계가 이루어
진다면 우리의 행복 지수는 훨씬 더 올라가게 됩니다."하고 말하면서 2번 슬라
이드로 넘어가면 마치 하나의 이야기가 이어지는 듯한 효과를 얻는다.

➡ 프레젠테이션 브릿지 코멘트의 종류

　① 연결 브릿지 코멘트 : 다음 슬라이드의 제목을 미리 언급한다.

　② 전환 브릿지 코멘트 : 내용을 간단히 정리하고 다음 장의 내용을 안내한

　　다.(내용이 달라질 때 활용한다)

➡ 다음 슬라이드의 제목이나 내용을 외우지 못할 때는 현 슬라이드에 한 켠
　에 다음 슬라이드의 내용을 알 수 있는 나만의 표시를 해 둔다.

　　사이먼 사이넥의 골든 서클입니다. 모든 가치는 '왜?'에서부터 시작되어야 한다는
　것이죠
　　우리는 왜? 아침에 일어나나요? 왜 하루를 시작하나요? 왜 공부를 하나요? 이
　질문에 당당히 답할수 있다면 우리의 미래는 밝다고 할 수 있겠습니다.

그럼 이제 우리의 첫인상을 결정하게 하는 이미지에 대하여 생각해 보겠습니다. 보시는 것은 UCLA대학의 메라비언 교수의 조사 결과입니다. … (하면서 슬라이드를 바꾸면 되는데 도무지 다음 슬라이드가 생각나지 않을 때는 동그라미로 표시된 '이미지 차트'라고 쓴 부분을 미리 써 놓음으로써 프레젠터가 마치 슬라이드를 다 꿰고 있는 것처럼 느끼게 한다. 발표자에게는 선명한 표시이지만 보는 사람은 신경을 쓰지 않을뿐더러 표시 내용이 있어도 잘 모른다.)

 • • • 골든 서클

 • • • 이미지

골든 서클

왜 ?
어떻게 ?
무엇을 ?

사이먼 사이넥 (Simon Sinek)

이미지 차트

Albert Mehrabian
UCLA대학 명예교수, 행동심리학자

오늘의 발표

1. 오늘 감사한 내용에 대한 발표

한가지, 또는 두 가지씩 발표한다. 〈 발표를 통한 소리의 전달력 향상〉

 살아있음에 감사 / 버스가 제 때 와 준 것에 감사 / 아름다운 봄에 태어나서 감사

2. 아 / 에 / 이 / 오 / 우 입 모양을 될수록 크게 하여 힘있게 발음해 본다.

3. 읽기 예문

발음과 발성 훈련을 위한 것으로 몇 문장씩 돌아가면서 읽는다.
너무 감정에 치우치기보다 또박또박 하게 소리 내고 발음이 정확하게 나오도록
입모양에 신경 쓴다.

 〈오 / 우〉 발음을 정확한 입모양으로 내면 야무진 소리가 된다.

아래 읽기 예문은 입모양과 발음을 연습하기 위한 것으로
음악이 준비 된다면 마치 DJ가 된 듯 배경음악으로 틀어 놓고 예문을 읽어도 좋다.
이런 연습은 문장의 리듬을 타는데 도움이 된다.

🐰 인생 성공의 비결

옛날 어느 왕국, 축제가 한창인 거리에서
한 청년이 술이 담긴 잔을 조심스럽게 들고 걷고 있었습니다.
이상한 것은 그 청년의 등 뒤에, 칼을 뽑아 든 병사가
따라가고 있던 것입니다.

성대한 축제를 치르는 거리에는 화려한 볼거리와
맛있는 음식들이 가득 차 있었지만, 청년은 어디에도 눈길을 주지 않고
술잔에 담겨 있는 포도주만 바라보며 걷기만 했습니다.

청년이 조금 발을 헛디디자 술잔의 포도주가 넘칠 듯이 출렁거렸습니다.
그러자 뒤따르던 병사가 칼을 들어 올리며 말했습니다.

"너의 술잔에 포도주가 한 방울이라도 땅에 떨어지면
왕이 명령하신 대로 칼로 벨 것이다."

청년은 숨을 쉬는 것조차 조심하며 다시 걸었습니다.
축제를 즐기던 수많은 사람이 이 특이한 모습을 보고 있었지만
청년은 아무것도 쳐다보지 않고 그저 조심스럽게
한 걸음씩 걷기만 했습니다.

청년이 시내 중심의 광장에 다다르자 그곳에는 왕이 있었습니다.
청년은 왕 앞에 술잔을 내려놓고 말했습니다.
"전하. 술잔의 포도주를 한 방울도 흘리지 않고 시내를 가로질러 왔습니다.
이제 약속하신 대로 인생의 성공 비결을 가르쳐 주십시오."

왕은 청년이 들고 온 술잔을 들어 올리며 말했습니다.
"네가 지나온 거리는 축제가 한창이었는데,
너는 거리에서 무엇을 보았느냐?"

청년은 고개를 가로저으며 말했습니다.
"죄송하지만, 아무것도 보지 못했습니다."

왕은 청년에게 다시 물었습니다.
"재주를 넘는 광대도, 신기한 동물들도 보지 못한 것이냐?"

청년은 왕에게 대답했습니다.
"네, 오직 술잔에만 집중하느라 아무것도 보지 못했습니다."

그러자 왕이 껄껄 웃으며 청년에게 말했습니다.
"바로 그것이다. 그 집중이 성공에 꼭 필요한 비결이다.
그 술잔에 한 것처럼 앞으로 어떤 일이든 집중한다면
어떤 유혹에도 지지 않고 성공할 수 있다."

〈따뜻한 편지 中〉

4. 조별 발표

조별로 15분 내외의 영상으로 선정한 동영상을 시청하고

- 프레젠터의 스피치
- 프레젠터의 이미지
- 주제 및 핵심메시지 찾기
- 슬라이드 구성과 청중 호응방법을 토론해 본다.
  - 영상 선정 주제는 심리, 공부법, 프레젠테이션, 노트 필기, 철학
  - 에티켓, 면접법, 외국어 공부법, 자기 개발 등 자유로이 선정

 읽기자료 8

거울뉴런과 공감 능력

우리 뇌의 측두엽에는 공감을 주로 담당하는 거울 뉴런(mirror neuron)이 있다. 거울 뉴런은 내가 직접 행동하지 않더라도 '남들이 하는 것을 보기만 해도' 활동하는 신경세포다. 나아가서는 상대방의 심정을 마치 내가 겪은 것처럼 느끼게도 해준다. 이러한 거울뉴런 때문에, 인간의 뇌는 지신의 감정을 느낄 때와 다른 사람의 감정을 느낄 때 거의 똑같이 작동한다. 자신의 감정을 억압하지 않고 느끼고 표현하는 훈련은 공감 능력과 연관된 거울 뉴런을 발달시켜 감정이입 능력을 키운다. 이러한 거울뉴런은 다른 사람이 하는 행동을 흉내 내거나 상대로 하여금 자신이 일어나는 감정을 똑같이 느끼게 만들게 한다. 예를 들면, 어린 아이가 성인의 웃음이나 슬픔, 고통 등 기타 다른 행동을 모방하려는 행동을 하는 것은 거울뉴런이 작동하기 때문이다. 또한, 거울뉴런은 타인행동을 따라하게 하는 기제로서 사람들 사이의 공감을 가능하게 하는 기초가 될 수 있다.

발표평가시트

조 이름	발표시간	조 이름	발표시간	총 평	펜타플로우 가이드
발표자		발표자		Story	Story
Story					• 스토리텔링
					• 매직넘버3 (숫자활용)
					• 1슬라이드 1메시지
					• 오프닝, 클로징
Design				Design	Design
					• 이미지 활용
Speech					• 화면전환
					• 타이포(KISS & KILL, 글꼴)
					• 정체성
Image				Speech	Speech
					• 호흡, 발성, 발음
Audience	총점		총점		• 브릿지코멘트
					• 설득화법
조 이름	발표시간	조 이름	발표시간		• Pause
발표자		발표자			
Story				Image	Image
					• 기본자세
Design					• 발표자 착장과 연출
					• 공간언어
Speech					• 시선교환
Image				Audience	Audience
					• 청중교감
Audience	총점		총점		• 질의응답 테크닉
					• 소품이용
					• 인사

Quíz

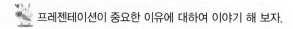
프레젠테이션이 중요한 이유에 대하여 이야기 해 보자.

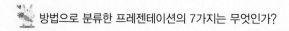
방법으로 분류한 프레젠테이션의 7가지는 무엇인가?

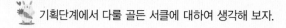
기획단계에서 다룰 골든 서클에 대하여 생각해 보자.

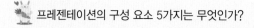
프레젠테이션의 구성 요소 5가지는 무엇인가?

프레젠테이션에서 고려되어야 할 6가지 항목은 무엇인가?

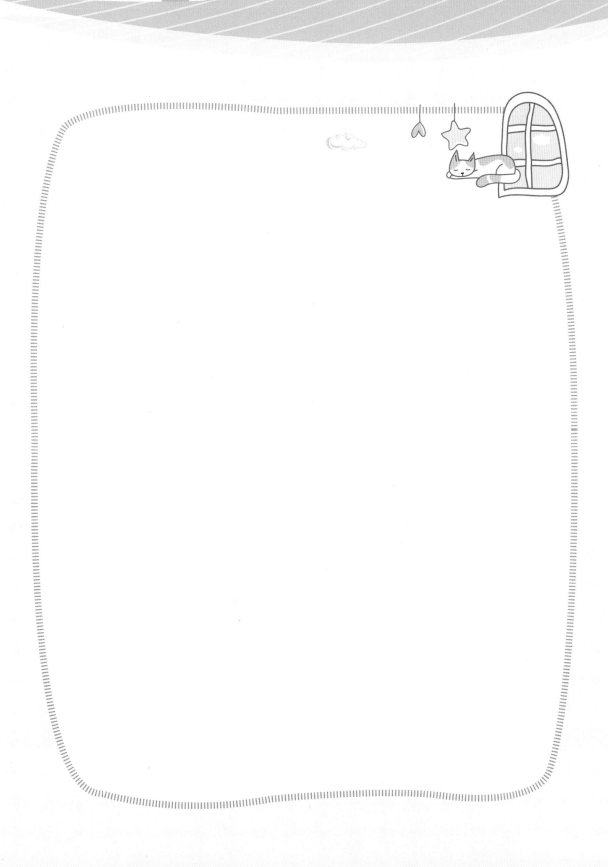

GLOBAL MANNER AND IMAGE MAKING_PRESENTATION

프레젠테이션의
기획과 전략

1. 프레젠테이션 기획의 중요성

1) 프레젠테이션 기획이란?

해당 프레젠테이션의 목표와 목적을 위해 가장 합리적이고 타당성 있는 방법을 찾는 것으로 이를 위한 자료의 조사, 분석, 연구 등의 과정이 포함된다. 프레젠테이션을 '왜?'하는지 '어떻게?'할 것인지, '무엇을 얻을 것인지?'를 중심으로 생각하고 토론하며 세부적 목표를 세우고 가장 체계적이고 합리적인 방법으로 실행에 옮길 수 있도록 전체적인 계획을 수립하는 것이다.

2) 기획의 필요성

단순히 슬라이드를 만들고 제목을 정하고 발표만 하는 것은 프레젠테이션을 할 때 생기는 다양한 실수에 대처하기 어렵다. 기획을 통해 마치 지도를 그리듯 세세하고 체계적인 준비가 바탕이 되어야 한다.

- 기획과정에서 팀원이나 준비요원들의 의견을 모으고 팀워크를 다진다.
- 프레젠테이션에 필요한 다양한 아이디어와 정보를 얻는다.
- 각각의 세부사항을 어떻게 준비하고 전개 할 것인지 예측하고 준비한다.
- 추진 일정을 통해 회의 날짜를 정하고 핵심 콘텐츠를 설정한다.
- 프레젠테이션의 시작과 끝을 더욱 완성도 있게 만든다.

2. 전략회의

기획을 했다면 전략회의를 통해 다양한 의견을 수렴하고 아이디어를 모아 본다. 해당 날짜 별로, 또는 과정 별로 무엇을 준비하고 진행할 것인지 고려한다.

브레인 스토밍을 통해 자유로운 분위기로 프레젠테이션에 필요한 아이디어를 모은다.

 브레인스토밍의 원리
〈알렉스 F. 오즈번(미국의 광고회사 부사장) **1941년 제창〉**

① 한 사람보다 다수인 쪽이 제기되는 아이디어가 많다.
② 아이디어 수가 많을수록 질적으로 우수한 아이디어가 나올 가능성이 많다.
③ 일반적으로 아이디어는 비판이 가해지지 않으면 많아진다.

등의 원칙에서 구할 수 있다. 그러므로 브레인스토밍에서는 어떠한 내용의 발언이라도 그에 대한 비판을 해서는 안 되며, 오히려 자유분방하고 엉뚱하기까지 한 의견을 출발점으로 해서 아이디어를 전개시켜 나가도록 하고 있다. 이를테면, 일종의 자유연상법이라고도 할 수 있다.

회의에는 리더를 두고, 구성원수는 10명 내외를 한도로 한다.

[네이버 지식백과] 브레인스토밍 [brainstorming] (두산백과)

 ## 3. 전략회의에서 고려할 사항

성공 프레젠테이션을 위한 지도를 만들고 발표를 위해 필요한 사항을 짚어보는 과정이다. 목적 달성부터 청중의 반응까지 꼼꼼하게 예측하고 준비한다.

1) 왜 프레젠테이션을 해야 하나? (Why)

① 목적과 목표는 무엇인가?

• 목적 : 무언가를 이루기 위한 가치, 근본적인 동기와 이유이다.

예 이 프레젠테이션을 '왜?'해야 하는가?

- 목표 : 행동으로 이루어 내는 최종 결과이다. 시간과 행동 설정

예 하루 한 시간씩 한 달 동안 운동하여 2kg 감량하기

② 키(Key)사와 키(Key)맨은 누구인가?

- 프레젠테이션을 하는 것은 누군가를 설득하기 위함이다.
- 광고 PT에서는 광고주가 경쟁 PT 현장에서는 심사위원장이 가장 큰 영향력을 발휘한다.
- 전략회의를 통해 키(Key)사는 어디이고, 키(Key)맨은 누구인지 고려하여 프레젠테이션에 활용한다.

③ 심사위원과 청중이 원하는 것은 무엇인가?

심사위원과 청중의 요구 사항을 정확히 판단하여 PT를 준비한다.

➡ 세종 대왕과 초정약수 축제에 대한 제안서 PT라면 다음 사항을 신경 써야 한다.

- 본 축제에서 '세종 대왕과 초정약수'의 이미지가 어떻게 표출 될 것인가?
- 축제 시작을 알리는 개막식의 축하 음악회는 어떻게 구성 할 것인가?
- 축제 기간 동안 요일과 시간별로 새로운 공연이나 전시는 어떻게 할 것인가?
- 홍보 방법은 어떻게 할 것인가? 방법과 규모는?
- 안전관리와 우천시 대처는 어떻게 할 것인가?

➡ 창업 자금을 지원 받기 위한 PT라면 다음사항을 고려해야 한다.

- 왜 창업해야 하는가?
- 창업 아이템은 무엇이며 어떤 장점이 있는가?
- 창업자금을 왜 지원받아야 하는가?
- 창업 자금을 받는다면 어떻게 활용할 것인가?

심사위원이 보기에 창업지원금을 지원해야만 될 아이템이라는 것을 진정성 있게 부각한다.

심사위원을 위해 고려할 점

• 심사위원은 해당분야 전문가이다.

　: 논리적이며 전문성에 기반이 된 프레젠테이션을 해야 한다.

• 심사위원은 같은 주제로 여러명의 프레젠터를 만나고 있다.

　: 15분 씩 발표를 해도 다섯 사람이면 1시간 15분을 듣고 있는 것이고 발표
　마다 질문을 한다고 생각해 보면 시간은 더 길어진다.

　심사위원이 쉽게 이해하고 공감하며 지루하지 않을 PT를 준비해야 한다.

• 심사위원도 사람이다. (자존감을 활용한다)

　: 예의 있게 발표하고 PT를 마친 후 감사의 인사를 한다.

　例 이것으로 제안서 발표를 마치겠습니다. 발표를 들어주신 위원님들께
　감사드립니다.

 ## 청중을 위해 고려할 점

• 청중의 시간은 귀하다.

　: 잡다한 이야기로 시간을 때우는 것은 금물이다.

• 청중은 정보와 새로운 사실을 좋아한다.

　: 몰랐던 정보와 새로운 사실을 접할 때 PT에 대한 관심도 높아진다.

• 청중은 휴대폰을 좋아 한다.

　: 휴대폰이 일반화 되어 있는 현실에서 조금만 지루해도 휴대폰으로 눈이
　간다.

　그렇다고 청중을 탓해서는 안 된다.

• 나이와 직업에 따라 호응의 차이가 있다.

　: 감성이 풍부한 주부나 여학생의 호응은 비교적 쉽게 이끌어 낸다.

　반면 공무원, 40대 이후 남성, 전문직의 경우 일반적인 내용으로 호응을
　얻기는 쉽지 않다. 공감하는 내용을 충분히 고려해야 한다.

• 점심시간 직 후 프레젠테이션은 졸음이 밀려 오는 시간이다.

　: 간단한 체조 또는 유머를 준비해도 좋다.

2) 어떻게 프레젠테이션을 할 것인가? (How)

① 제목 설정

- 프레젠테이션의 제목은 간결하면서도 주제를 연상 할 수 있어야 한다.
- PT를 요청한 쪽에서 제목을 정했다면 그대로 따르면 된다.

② 각각의 스토리 설정

전체 내용의 스토리 안에 슬라이드 별로 메시지를 담아 전체적인 스토리가 이어지도록 한다.

> **예** • 사람이 행복을 느낄 때 조건은?
>
> (자유, 인정, 관계입니다. 내가 자유를 선택 하고 누릴 수 있을 때, 누군가로부터 인정을 받을 때, 그리고 주위의 사람들과 관계가 탄탄할 때 입니다.)

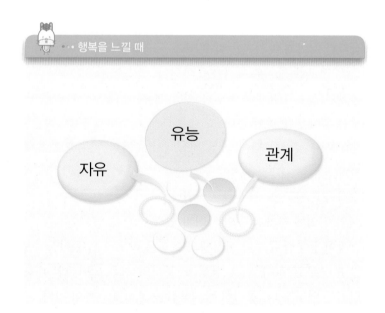

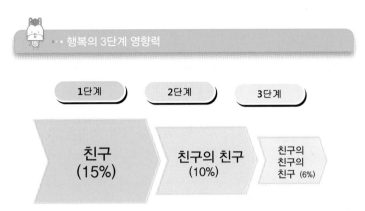

•• 행복의 3단계 영향력

- 그렇다면 행복은 전파 될 수 있을까요?

  (내 친구가 행복하면 15% 행복하고, 친구의 친구가 행복하면 10% 행복하고 내 친구의 친구의 친구가 행복하면 6% 행복해진다. 즉 '행복은 전파된다'가 맞는 것입니다.)

- 그럼 사람은 언제 행복감을 느끼게 될까요?

•• 행복해 지는 활동

걷기 ▶ 놀기 ▶ 말하기 ▶ 먹기 = 여행

(사람은 누구나 걸을 때, 놀 때, 말할 때, 먹을 때 행복해 집니다. 이 모든 것을 할 수 있는 것이 바로 여행이지요 그래서 여행은 늘 설레이고 우리를 행복하게 만들어 주는 것입니다.)

위 3개의 슬라이드에는 각각의 주제를 담아서 서로 연결성을 갖게 한 특징이 있습니다.

③ 데이터 및 자료수집

- 프레젠테이션에 필요한 동영상, 사진, 통계자료를 최대한 꼼꼼하게 수집한다.
- 내용과 주제에 맞는 데이터와 자료를 수집하여 찾기 쉽도록 정리한다.

④ 킬러 콘텐츠(killer contents) 설정

- 해마다 같은 행사를 한다고 해도 주제가 다르고 그에 따른 주요 콘텐츠가 달라진다. 축제의 경우라면 사람들이 흥미를 갖고 행사장을 찾게 할 매력적인 요소가 있어야 한다. 사람을 모으고 흥미를 갖도록 영향력을 행사하는 콘텐츠, 이를 킬러 콘텐츠(killer contents)라고 한다.

⑤ 슬라이드 구성

- 슬라이드는 기획과 전략회의의 모든 것을 보여주는 자료로 텍스트를 그대로 입력하기보다 다양하고 심플한 디자인을 통해 청중이 이해하기 쉽도록 한다.(글씨를 많이 쓰기보다 이미지나, 도표, 사진 등을 넣어 이해를 높인다)
- 슬라이드를 만드는데 모든 시간을 보내는 경우가 많은데 이는 결코 바람직하지 않으며 주제가 잘 드러나도록 이미지를 활용하면 좋다.
- 스토리 보드, 타임 컨트롤, 애니메이션, 컬러 활용, 레이아웃 컨트롤, 글자 디자인과 크기 적용 등 활용법을 익혀둔다.

⑥ 유인물 배포

- 슬라이드 제출 조항이 있는 경우

  : 경쟁 PT의 경우 사전 슬라이드 제출 조항이 있으며 이 경우 슬라이드를 제출해야 한다.

    예 올림픽 기획안, 월드컵 기획안, 평창 동계올림픽 기획안, 각종 지자체 축제 및 제안서 등 사전 심사가 필수적인 기획안과 제안서

- 슬라이드 제출 조항이 없는 경우

  : 강연 등에서 슬라이드를 미리 배포하면 청중이 자료만 보고 있는 경우가 있어 집중이 어려워진다. 이때는 필요한 몇 장의 슬라이드만을 배포한다. 예 강의 프레젠테이션

⑦ 분위기 전환을 위한 유머와 에피소드 준비

- 지루함을 방지하기 위해 유머와 PT 주제에 필요한 에피소드를 준비해 둔다.
- 유머의 사용은 자칫 어색한 분위기로 이어질 수도 있으므로 특히 심사가 이루어지고 있는 경쟁 PT에서는 사용에 각별히 신중을 기해야 한다.

⑧ 질문과 답변

- PT를 마친 후 이어질 질문을 예측하고 답변을 준비한다.
- 질문에 대한 답변도 논리적이며 타당성을 갖추어 답변할 수 있도록 한다.

⑨ 메모 카드(Q-Card) 준비

- PT도중 준비한 내용을 잊었을 경우를 대비한 메모리 카드를 준비한다.
- A4 용지 반장 크기로 준비하며 갑자기 보아도 쉽게 찾을 수 있도록 내용을 준비하고 순서를 숙지한다.
- 메모리 카드는 유사시 사용하는 것이다. 아예 사용하지 않고 전체 내용을 이해하는 프레젠테이션이 훨씬 좋은 프레젠테이션이다.
- 메모리 카드에 시선이 가기보다 청중을 한번이라도 더 응시하도록 한다.

3) 무엇을 얻을 것인가? (What)

① 심사위원 청중의 반응

- 주제에 맞는 프레젠테이션을 하면 심사위원과 청중의 반응은 저절로 따라온다. 심사위원과 청중의 니즈(needs)를 통해 호응을 얻는다.

② 신뢰

- 진정성 있는 프레젠테이션을 통해 신뢰와 믿음을 얻는다.

③ 목표와 목적 달성

- 기획에서부터 목표로 한 최상의 성과를 얻도록 한다.

  예 창업자금, 면접을 통한 입사, 각종 행사대행, 승진, 각종 인센티브 등

 골든 서클(Golden Circle)

〈나는 왜 이 일을 하는가〉의 저자 사이먼 사이넥 (Simon sinek)이 TED에서 강연한 내용이다. 성공한 사람과 기업은 그 물건이나 기업이 존재하는 가치와 신념을 먼저 생각하고 믿음, 목적, 존재 이유를 'Why'통해 설명한다. 그리고 어떻게 행동에 옮길 것인지(How)를 결정한다. 그 후 행동에 따라 만들어지는 생산물 또는 결과물(What)이 제품과 서비스이다.

일반적인 사람들은 무엇을 만들 것이지를 먼저 생각하지만 위대한 결과물을 만들어낸 사람들의 공통점은 '왜?'를 먼저 생각하고 행동으로 옮긴다는 것이다. 아래 그림을 통해 보면 안쪽의 원에서 바깥쪽으로 나가는 방법이다.

비행기를 만든 라이트 형제, I have dream을 연설한 마틴 루터 킹(Martin Luther King) 목사, 아이폰을 만든 스티브 잡스(Steve Jobs)도 신념과 믿음, 목적을 먼저 생각하고 일하였으며 대중은 이 신념과 존재이유, 가치, 목적에 믿음을 갖고 자연스럽게 동참하고 열광한 것이다.

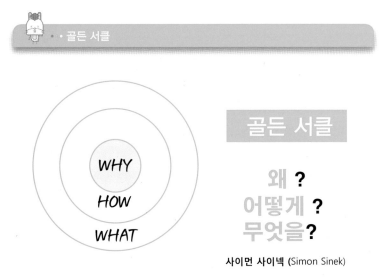

골든 서클

왜 ?
어떻게 ?
무엇을 ?

사이먼 사이넥 (Simon Sinek)

사이먼 사이넥의 골든 서클 프레젠테이션은 TED 강의에서도 유명한 강의로 알려지고 있다.

프레젠테이션을 통해 얻을 수 있는 결과물

프레젠테이션을 통해 얻을 수 있는 결과물은 다양한 점수와 기업의 매출과 성장, 개인의 연봉으로 연결된다.

최근에는 기업 경영의 성과를 높이고 프레젠테이션의 성공률을 올리기 위하여 전문 프레젠터가 활동하고 있으며 직업적으로 각광받고 있다.

프레젠테이션 능력을 갖춰 놓는 것은 나의 이미지를 높이는 것은 물론 나의 연봉과도 관련이 깊다.

평소 다양한 생각과 논리적으로 사안을 바라보고 정리하는 습관, 메모하기, 스피치 연습 등을 통해 프레젠테이션 능력을 높이도록 한다.

오늘의 발표

1. 자신의 장점 7가지를 적어 발표해 본다.

발표 내용이 맞다고 생각하면 듣는 사람이 박수를 쳐 준다.

발표순서는 발표를 마친 사람이 직접 추천하는 형식으로 진행한다.
이는 사회보기을 적용한 것으로
"오늘 생일인 경철이를 추천합니다."혹은 "오늘 점심을 함께 한 은희를 추천합니다."하고 자유롭게 그 추천 이유를 말한다.

평소 무대에 서 보는 연습으로 작은 성공을 통해 큰 무대에서 자신감을 갖는다.

2. 읽기 예문

발음과 발성 훈련을 위한 것으로 한 사람이 두, 세줄씩 돌아가면서 읽는다.
아/에/이/오/우 발음이 잘 되도록 소리 내어 읽는다.

황금팔을 가진 사나이

1951년 호주의 한 병원에서 14살 소년이 대수술을 받았습니다.
하지만 13ℓ에 달하는 대량의 수혈이 필요한 상황이었고
소년의 혈액형은 아주 희귀한 RH-A형이었습니다.

수술을 받지 못한 소년에게서 희망이 점점 사라져갈 때
의료진은 거의 기적적으로 필요한 혈액을 모을 수 있었고
무사히 수술을 받아 건강을 되찾을 수 있었습니다.

그렇게 목숨을 건진 소년은 결심했습니다.
얼굴도 모르는 수많은 사람이 조금씩 피를 모아 살려준 인생이니,
나 역시 다른 사람들을 위해서 살아야겠다고 말입니다.

건강을 회복한 소년은 결심한 바를 실천하기 위해 헌혈을 했습니다.
그런데 헌혈한 소년의 피는 희귀한 RH-A형이 아니라
RH+A형으로 바뀌어 있는 것이 아니겠습니까?

지난 수술에서 의료진의 실수로 소년에게 RH+A형의 피가 수혈되었고
그 결과 소년의 혈액형이 바뀌어 버린 것이었습니다.

보통 이런 수혈을 하면 사람은 사망합니다.

그런데 이 소년은 피에서 발견된 특이한 항체 덕분에 살아남았습니다.
바로 레소스병 (RH병)을 치료할 수 있는 항체였습니다.

레소스병은 임신한 엄마와 아이의 혈액형의 RH가 다를 경우
태아의 세포가 파괴되는 병으로 100명의 아이 중
17명의 목숨을 앗아가는 무서운 병이었습니다.

자신의 피로 아기들의 생명을 살릴 수 있다는 것을 알게 된 소년은
그 후로 반세기 넘는 동안 1,000번이 넘는 헌혈을 했습니다.

이를 기념해서 호주 시민들은 그에게 명예 훈장을 수여하고,
'황금팔을 가진 사나이'라는 칭호를 주었습니다.

이제는 80세 노인이 된 소년의 이름은 제임스 해리슨입니다.
그 덕분에 240만 명의 아기가 목숨을 건졌습니다.

지금도 쓰이고 있는 Anti-RhD 백신은 모두 호주산이며
제임스의 피에서 만들어졌다고 합니다.

보이지 않는 어딘가에, 당신이 가진 무언가가
어려운 이웃을 돕고 살릴 수 있는
능력일지도 모릅니다.

〈따뜻한 편지 中〉

3. 조별 발표

조별로 15분 내외의 영상으로 선정한 동영상을 시청하고

• 프레젠터의 스피치

• 프레젠터의 이미지

• 주제 및 핵심메시지 찾기

• 슬라이드 구성과 청중 호응방법을 토론해 본다.

   – 영상 선정 주제는 심리, 공부법, 프레젠테이션, 노트 필기, 철학

   – 에티켓, 면접법, 외국어 공부법, 자기 개발 등 자유로이 선정

읽기자료 9

우뇌 계발 방법

인간은 뇌의 역량 중 3~5%만 쓰고 있다. 나머지 95%는 우뇌계발을 통해 발달될 수 있다. 지금의 학교 교육은 우뇌발달 교육을 무시한 채 지식에만 치중하지만 우뇌가 발달되면 기억력이 향상되고 두뇌 활성도가 높아질 수 있다.

우뇌 계발을 위한 방법은 명상, 호흡, 이미지 트레이닝 등이다. 우뇌는 이미지를 상상하는 뇌, 좌뇌는 현실을 인지하는 뇌이다. 이미지 트레이닝을 하는 방법은 먼저 눈을 감고 마음을 안정시키며 '명상'을 10초간 실시한다. 10초가 지나면 '호흡'에 들어간다. 일반인들은 1분에 16회 정도 얕은 호흡을 하지만 1분에 3~4회로 깊은 호흡을 한다. 깊은 호흡을 하면 단전에 힘이 생기며 몸 전체에 영향을 주기 때문이다. 7~8초 동안 내쉬고, 7~8초 동안 들이쉬는 것을 45~50초 정도 반복한다. 이렇게 명상과 호흡을 합쳐 1분 안에 끝낸다. 그러면 1분 만에 두뇌활동이 좌뇌에서 우뇌로 옮겨오게 됩니다. 이제 '이미지 트레이닝(상상)'을 시작한다. 이렇게 상상 속 이미지 트레이닝을 하면 기억이 몸에 익숙해지게 됩니다.

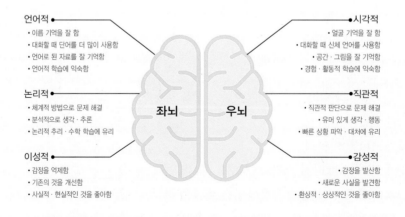

발표평가시트

조 이름	발표시간	조 이름	발표시간	총 평	펜타플로우 가이드
발표자		발표자		Story	Story
Story					• 스토리텔링
					• 매직넘버3 (숫자활용)
					• 1슬라이드 1메시지
Design					• 오프닝, 클로징
				Design	
Speech					Design
					• 이미지 활용
					• 화면전환
Image					• 타이포(KISS & KILL, 글꼴)
				Speech	• 정체성
Audience	총점		총점		Speech
					• 호흡, 발성. 발음
조 이름	발표시간	조 이름	발표시간		• 브릿지코멘트
발표자		발표자			• 설득화법
Story				Image	• Pause
					Image
Design					• 기본자세
					• 발표자 착장과 연출
Speech					• 공간언어
					• 시선교환
Image				Audience	Audience
					• 청중교감
Audience	총점		총점		• 질의응답 테크닉
					• 소품이용
					• 인사

Quiz

 프레젠테이션에서 기획단계는 무엇인가?

 전략회의에서 고려해야 할 사항은 무엇인지 골든서클에 기반하여 살펴 보자.

 브레인스토밍이란 무엇인가?

 킬러 컨텐츠란 무엇인가? 지자체 축제를 중심으로 킬러 콘텐츠를 찾아 보자.

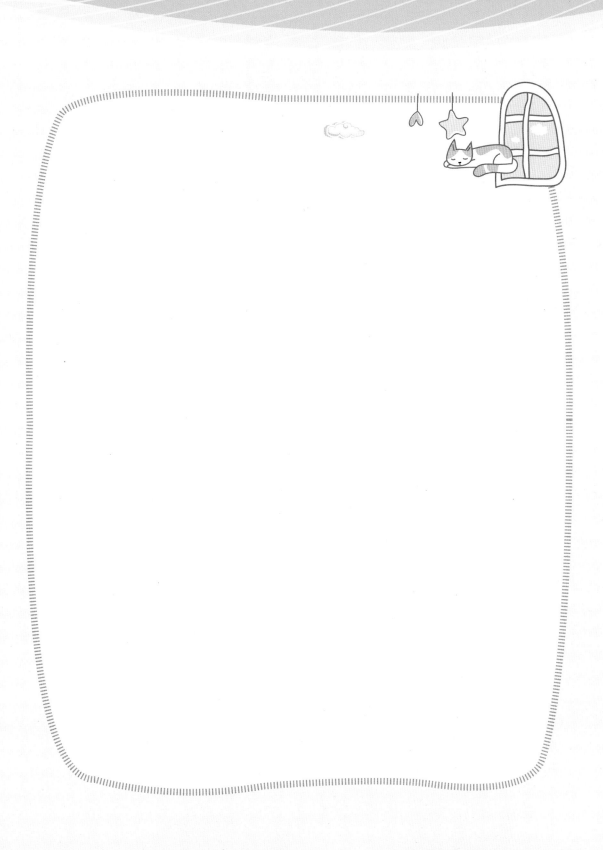

GLOBAL MANNER AND IMAGE MAKING_PRESENTATION

CHAPTER 10

팬타 플로우(Penta-Flow)
스토리, 디자인

막연히 프레젠테이션을 잘 하기 위해 이런 저런 방법을 터득하려 하기보다 5가지 플로우를 중심으로 꼭 필요한 내용을 정리하고 적용하면 훨씬 편안하게 프레젠테이션을 할 수 있다. 이번 장에서는 스토리, 디자인, 스피치, 이미지, 청중 가운데 스토리 플로우와 디자인 플로우를 살펴본다.

1. 스토리 플로우 (Story flow)

프레젠테이션에서 가장 중요한 것은 논리를 바탕으로 한 내용전개이다. 그 다음 중요한 것은 이 논리를 청중에게 쉽고 재미있게 전달하는 것이다. 이를 위해 활용되는 스토리텔링과 스토리보드 작성, 슬라이드 가감승제 등 다양한 기법을 살펴본다.

1) 스토리텔링(storytelling)

스토리텔링은 말 그대로 스토리(story)+텔링(telling)의 뜻으로 '이야기'와 '말하기'의 결합이다. 재미없고 딱딱한 내용도 스토리로 전개되면 이해하기 쉽고 재미를 동반하여 끝까지 궁금증을 유발한다.

(1) 스토리텔링의 장점

- 주제를 전달함에 있어 딱딱하거나 지루하지 않다.
- 다양한 감성 메시지로 기억에 오래 남는다.
- 언어, 음성, 신체 움직임과 제스처를 활용한다.
- 청중과 발표자의 공감대가 쉽게 형성된다.
- 이야기전개의 특성상 시작부터 끝까지 관심을 갖고 듣는다.

아라비안나이트

6세기 경 인도와 중국까지 통치한 사산왕조의 샤푸리 야르왕은 아내에게 배신당한 후 세상의 모든 여성을 증오한다. 이에 대한 복수로 그는 신부를 맞이하여 결혼한 다음 날 아침에 신부를 죽여 버린다. 모든 여성이 떨고 있을 때 한 대신에게 세헤라자데라는 어질고 착한 딸이 있었는데 그녀는 자진해서 왕을 섬기게 되었고 매일 밤 재미있는 이야기를 왕에게 들려준다. 왕은 어느새 그 이야기에 빠져 계속 듣고 싶은 나머지 그녀를 죽이지 않는데 이야기는 1천 1밤 계속된다. 드디어 왕은 종래의 생각을 버리게 되고 세헤라자데와 함께 행복한 여생을 보낸다. 〈아라비안나이트 탄생〉의 설화로 전해지는 이 내용은 스토리텔링을 시작하면 끝까지 듣고 싶어진다는 사실을 보여준다.

[네이버 지식백과] 천일야화 [Alf laylah wa laylah, 千一夜話]

(2) 스토리텔링을 활용한 마케팅 성공 사례

생수업체 에비앙

1789년 한 귀족이 에비앙이라는 알프스의 작은 마을에서 지하수를 먹고 병을 고쳤다. 궁금하여 그 물의 성분을 분석하여 보니 물속에는 미네랄 등 인체에 도움이 되는 성분이 다량으로 함유되어 있다는 것을 알아냈다. 이후 마을사람들은 이 물을 에비앙이라는 생수로 판매하기 시작하였고 에비앙은 단순한 물이 아닌 약이라는 브랜드 스토리로 소비자에게 다가가고 있다.

초코파이 '情'

1974년 출시되어 국민간식으로 자리 잡은 초코파이는 해태, 롯데, 오리온에서 출시된다. 그 가운데 오리온 초코파이의 매출이 가장 높은 것으로 알려지고 있으며 그 배경에는 '정(情)'마케팅이 한 몫을 했다.

오리온은 한국인의 정서에 '정(情)'의 정서가 자리 잡고 있다는 것을 활용하여 오리온 초코파이를 사면 '정(情)'을 산 것이며 이를 선물하면 '정(情)'을 선물한 것이라는 스토리텔링을 만들었다.

🌿 세종대왕과 초정약수 축제

1444년 오랜 독서와 공부로 눈이 많이 약해진 세종대왕이 충청북도의 작은 마을 내수읍을 찾는다. 여기에는 알싸하면서도 톡톡 쏘는 맛의 신비의 명물 '초정약수'가 있었기 때문이었다. 세종대왕은 내수읍에 머무르며 60일 동안 눈병을 치료했다는 이야기가 전해지는데 초정약수는 류머티즘, 관절염, 피부병, 소화 불량등 위장병에 효능이 있다고 알려지고 있으며 미국의 샤스타 광천, 영국의 나포라나스 광천과 함께 세계 3대 광천수로 알려지고 있다. 실제 내수읍에서는 세종대왕과 초정약수를 스토리텔링 하여 해마다 5월에 〈세종대왕과 초정약수 축제〉를 개최하고 있다.

2) 창조적 스토리텔링(storytelling) 기법

스토리텔링은 각각의 구성 요소를 하나의 이야기로 엮어 전하고자 하는 주제를 전하는 방식이다. 예를 들어 공주와 사과, 난쟁이, 왕자, 왕비가 있다고 할 때 큰 주제를 정하고 각각의 요소를 이야기로 엮는다.

우리가 아는 동화 〈백설 공주〉는 '권선징악'의 주제를 바탕으로 한다.

성에서 쫓겨 난 착한 백설 공주는 난장이들의 도움을 받으며 생활하다 사과장수로 변한 왕비가 건넨 독이든 사과를 먹고 마법에 빠진다. 깨어날 방법이 없던 백설공주는 때마침 숲을 지나던 왕자의 키스로 깊은 잠에서 깨어나고 두 사람은 결혼을 한다. 나쁜 마음을 먹은 왕비는 평생 벌을 받으며 살아간다.

각각의 요소는 '착하게 살면 복을 받는다'는 주제의 큰 틀 속에서 엮어진다.

예를 들어 자기소개 스토리텔링을 한다고 할 때 자신의 성격, 자격증 취득 여부, 경험담, 미래 비전 등 각각의 스토리를 하나의 필연적 스토리로 연결하여 반드시 이 회사에 입사해야 할 이유를 만들 수 있다. 이러한 스토리텔링은 면접관의 기억에 오래도록 남는다.

3) 스토리텔링은 좌뇌와 우뇌를 활용한다.

(1) 뇌는 논리와 감성을 고루 좋아한다.

우리의 뇌는 좌뇌와 우뇌로 구성되어 있다. 좌뇌의 기능은 논리적 사고와 이론적 사고, 규범적 행동을 담당하고 언어와 기호 등을 분석한다. 반면 우뇌의 기능은 감성적, 경험적, 시각적 사고를 담당하고 창조적 활동과 그림, 음악 등을 분석하는데 작용한다. 스토리텔링은 우리의 우뇌를 활성화 시키는 것이다.

(2) 뇌의 특징으로 본 프레젠테이션 구성

🌿 좌뇌형 프레젠테이션

논리적 사고만을 강조한 프레젠테이션은 좌뇌의 기능만을 고려한 것이다. 좌뇌의 기능이 활성화 되고 우뇌의 기능이 필요 없는 상황이라면 우리는 이런 프레젠테이션을 재미없고 지루하며 딱딱한 프레젠테이션이라고 인지하게 된다. 당연히 청중의 몰입도가 떨어지고 프레젠테이션의 주제와 다른 생각을 하게 된다.

🌿 우뇌형 프레젠테이션

논리적 구조 없이 유머와 재미만을 추구하는 프레젠테이션은 우뇌를 활성화 시켜 시간을 잘 가게 하는 것처럼 느끼게 한다. 그러나 프레젠테이션을 마쳤을 때 머릿속에 남는 것이 없고 허전하거나 공허함을 느끼게 한다. 좌뇌의 기쁨이 없는 프레젠테이션이 된 것이다.

🌿 좌뇌와 우뇌를 고루 활용한 프레젠테이션

논리적 구조와 각종 수치를 활용한 타당성을 바탕으로 좌뇌를 활성화 시키고 스토리텔링과 프레젠터를 통해 보여지는 외모, 제스처, 자세, 표정, 억양 등을 활용해 우뇌를 활성화 하면 논리적 사고와 재미를 고루 느낄 수 있는 프레젠테이션이 되어 청중의 몰입을 이끌어 낸다.

4) 스토리보드 (storyboard) **작성**

(1) 스토리보드란?

기획단계에서 슬라이드를 작성하기 전에 사용 할 내용에 대한 주요 텍스트, 그래프, 표, 다이어그램, 차트, 사진, 동영상 등을 스토리에 부합하도록 일종의 보드에 그려놓은 밑그림 같은 것이다.

(2) 스토리보드의 필요성

- 갑자기 떠오른 아이디어를 시각적으로 구성하여 모양을 잡아 놓는다.
- 아이디어를 시각화함으로써 구척적인 이야기 전개와 설명이 용이해진다.

- 슬라이드 제작과정에서 생기는 불필요한 슬라이드를 만들지 않아도 된다.
- 결재권자의 승인을 받고 일을 시작 할 수 있으며 이미 만들어진 슬라이드를 다시 바꾸는 오류를 줄일 수 있다.
- 상상의 나래를 펴며 마음껏 작성하고 특히 수정이 용이하다.

(3) 콘셉트(concept)

어떤 작품이나 제품, 행사 따위에서 드러내려고 하는 주된 생각으로 '개념'으로 순화되었다. 프레젠테이션에서 스토리텔링에 적용할 수 있다. (표준국어대사전)

- 콘셉트 도출을 위한 3요소 : 의미, 흥미, 비주얼
- 콘셉트 활용의 예 : 내용구성 → 흥미유발 내용 전개 → 비주얼 정리
- 제안 PPT를 작성하기 전 과업 지시서에 있는 내용을 잘 파악하여 지시한 내용을 반드시 콘셉트화 하여야 한다.

  예 과업 지시서 '영동 와인 축제 분위기를 이끌 개막식 무대 구성을 제안 하시오.'

- ▶ **콘셉트 설정**
  - 영동 와인을 상징하는 잘 익은 포도와 와인병, 와인잔의 이미지를 무대에 형상화 한다.

① 콘셉트 도출 요소 (의미)

〈목차〉

1. 든든한 사업자
- 안정+성장을 모두 갖춘 퇴직연금 사업자
- 오랜 시간 신뢰하고 맡길 수 있는가?

2. 똑똑한 운용 능력
- 우수한 상품을 제공할 수 있는가?
- 최적의 자산운용 전략을 보유하고 있는가?
- 왜 증권회사를 선택해야 하는가?

3. 최고의 인프라
- 전문성과 노하우를 모두 갖춘 사업자
- 우수한 수익률 및 철저한 리스크 관리
- 다양하고 알찬 교육서비스

4. 편리한 시스템
- 고객중심 다양하고 편리한 시스템
- 금융권 최고의 고객만족서비스 제공

5. 부가서비스
- 퇴직연금 가입고객 우대대출 서비스
- 최적의 연금계리 서비스 역량 보유

- 인기가수의 공연과 전국 최고의 소믈리에가 펼치는 와인 감별법 시연 무대를 만든다.
- 개막 축하 음악회 뒤에는 불꽃놀이를 펼친다.
- 콘셉트 도출과 스토리 장표의 가감승제 시 발표자인 프레젠터도 반드시 함께 이 모든 과정을 지켜보고 참여하면서 전 과정을 이해해야 자연스럽고 진정성 있는 PT를 할 수 있다.

 ··· ② 콘셉트 도출 (흥미)

어느 날 누군가가 '꿈의 리스트'를 묻는다면 은퇴 후, 꼭 이루고 싶은 자신과의 약속 **'버킷리스트'**가 있습니까?	당신의 은퇴 이후에 두 가지 중요한 Answer of it! 버킷리스트 와 ☐

 ··· ③ 컨셉트 도출 (비주얼)

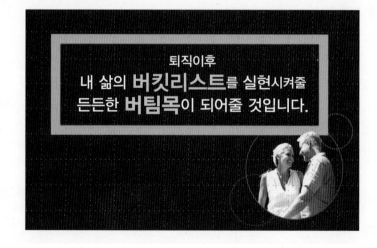

(4) 슬라이드 장표 순서 바꾸기와 슬라이드 가감승제

각각의 스토리와 콘셉트를 기반으로 슬라이드를 작성하고 난 후에는 전체 슬라이드 를 책상에 펼쳐 놓고 최종 순서를 정해야 한다.

① 슬라이드 장표 순서 바꾸기와 슬라이드 가감승제

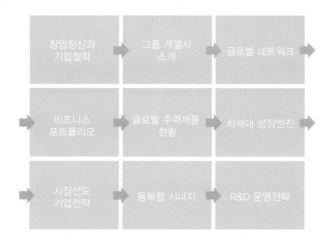

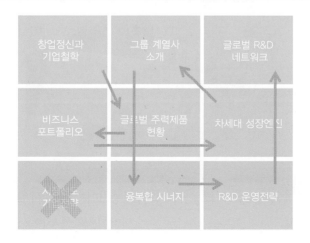

② 슬라이드 장표 순서 바꾸기와 슬라이드 가감승제

- 슬라이드의 순서를 바꾸어 스토리의 짜임새를 높인다.
- 전체적인 내용을 숙지하므로 발표에 흥미를 높인다.
- 필요한 슬라이드는 더하고 필요 없는 슬라이드를 제거한다. 필요에 따라 슬라이드의 내용을 둘로 나누기도 하고 두 배로 만들기도 한다.(가감승제)
- 슬라이드의 순서 바꾸기와 가감승제를 꼭 실시한다.

5) 스토리텔링에 이용하면 좋은 7가지 기법

① 원 슬라이드 원 메시지

하나의 슬라이드에는 하나의 메시지를 담는다.

예 1971년 고 정주영 현대그룹 회장은 영국굴지의 은행으로부터 조선소 건

지폐로 영국 투자자의 마음을 설득한
故정주영 회장

설에 필요한 자금을 지원 받습니다. 당시 500원짜리 지폐에 찍힌 거북선을 보이고 조선시대부터 배를 만들었다고 한 것이죠. 도전정신이 빛을 발한 것이었습니다. (환경에 굴하지 않는 도전정신을 하나의 메시지로 담았다)

② 마법의 숫자 1, 2, 3 정리법

한국인이 가장 좋아는 숫자 3을 활용한다. 1, 2, 3 정리법은 기억에 오래남고 내용을 이해하기에도 좋다.

마법의 1, 2, 3 정리법

2개는 부족하다, 4개는 복잡하다!

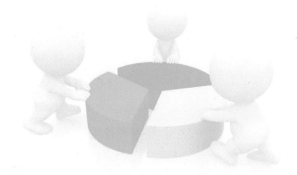

예 오늘의 주제는 세 가지입니다.
첫째,
둘째,
셋째,

• 마법의 1, 2, 3 정리법을 활용한 서론, 본론, 결론

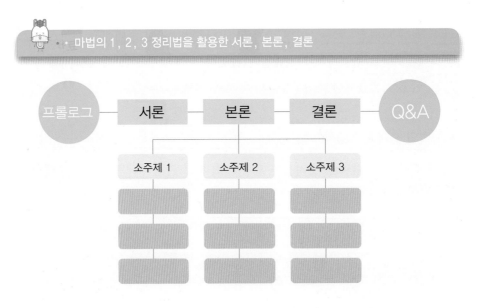

③ So What / Why So 기법

● So What (그래서 뭐)

: 항목을 논리적으로 정리한 후 내용을 덩어리 짓는다.

• SO WHAT / WHY SO 기법

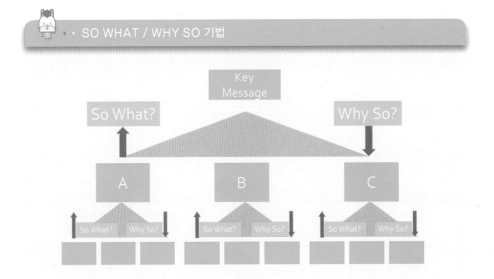

예 볼펜, 연필, 사인펜은 모두 필기도구입니다.

- Why So (왜 그런가?)

  : 하나의 항목을 계열화 한다.

    예 필기도구의 종류로는 볼펜, 연필, 사인펜이 있습니다.

④ 프레젠테이션의 클라이맥스

영화나 드라마의 클라이맥스는 전체 스토리의 절정에 위치하지만 프레젠테이션 의 클라이맥스는 매 슬라이드마다 숨어 있어야 한다. 이는 한 슬라이드에 하나의 메시지를 담는 것과 일맥상통하는 것으로 슬라이드마다의 이유와 재미가 있어야 한다.

프레젠테이션 스토리텔링

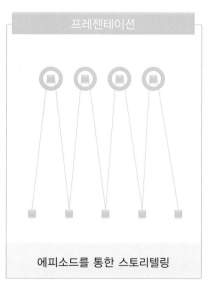

⑤ 숫자를 통해 이해를 넓힌다.

수치의 많고 적음을 나열하기보다 달라진 내용이 기준점 내용보다 어느 정도 성 장하고 변화했는지 숫자로 쉽게 알 수 있도록 한다.

예 올해 우리 기업 매출이 200억을 넘어섰습니다.
→ 올해 우리 기업 매출은 지난해 대비 3배가 늘었습니다.

⑥ 공통점과 차이점을 활용한다.

둘 또는 그 이상의 사물이나 현상을 견주어 서로간의 유사점, 공통점, 차이점 등 을 밝힌다. 청중의 이해를 쉽게 하는데 활용된다.

• 공통점과 차이점을 활용한다.

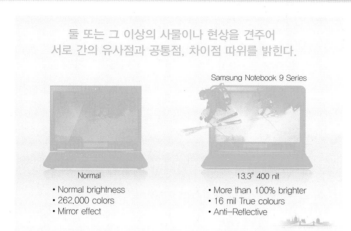

둘 또는 그 이상의 사물이나 현상을 견주어
서로 간의 유사점과 공통점, 차이점 따위를 밝힌다.

Samsung Notebook 9 Series

Normal
• Normal brightness
• 262,000 colors
• Mirror effect

13.3" 400 nit
• More than 100% brighter
• 16 mil True colours
• Anti-Reflective

⑦ 표를 통해 이해를 넓힌다.

둘 또는 그 이상의 사물이나 현상을 비교 할 때 표를 만들어 활용하면 비교되
는 내용을 쉽게 이해할 수 있다.

• 표를 통해 이해를 넓힌다.

공통점
1000CC 경차

KIA 모닝	기준	쉐보레 스파크
82마력	마력	70마력
19km/L	연비	17km/L
6개	에어백	4개

2. 디자인 Flow

프레젠테이션에서 가장 많이 사용하는 PPT를 중심으로 어떻게 화면을 구성하고 어떤효과를 나타낼 수 있는지 PPT의 기능을 살펴보고 디자인의 중요성을 알아본다.

1) PPT 디자인의 필요성

- PPT의 슬라이드는 논리적 설명과 감성적 설명에 대한 공감을 쉽게 한다.
- 슬라이드의 다양한 색상과 글자는 설명의 지루함을 덜어준다.
- 프레젠테이션을 시각화 했을 때 시각화 하지 않은 내용에 비해 설득력은 43% 증가 기억력 5배 증가, 설명시간은 28% 단축된다.

2) 슬라이드를 준비할 때 고려해야 할 점

(1) 새로운 주제의 슬라이드는 발표자 스스로 새롭게 제작한다.

누군가로부터 얻은 슬라이드는 창조적이지 못하고 차별화되기도 어렵다.

(2) 슬라이드는 프레젠테이션의 보조 자료일 뿐이다.

슬라이드를 화려하게 제작하느라 일정의 대부분을 쓰는 것이 현실이다.

그러나 화려하기만 한 슬라이드는 프레젠터로부터 시선을 분산시키는 결과를 가져온다. 프레젠테이션의 주인공은 발표를 하는 프레젠터임을 명심하자.

(3) 슬라이드는 최대한 쉽고, 간결하고 명료하게 제작한다.

스티브 잡스의 프레젠테이션은 이미지를 중심으로 매우 심플한 슬라이드를 제작하였다. 시선을 모으고 하나의 슬라이드에 하나의 메시지를 전하기에 손색이 없으나 발표내용에 따라 모든 슬라이드를 이미지만으로 작성하기에는 무리가 따른다. 슬라이드는 복잡하기보다 최대한 간결하고 쉽게, 명료하게 제작한다.

(4) 슬라이드를 꽉 채우기보다 여백의 미를 살려 제작한다.

청중은 슬라이드를 보자마자 슬라이드를 읽고자 하는 습성을 지닌다. 발표자의 설명을 듣기보다 꽉 차 있는 슬라이드를 보면서 발표자에게 관심을 두지 않는 결과로 이어진다면 잘 된 슬라이드라고 볼 수 없다.

이미지와 적당한 내용, 표 등을 활용 할 때는 슬라이드를 꽉 채우기보다 전할 내용을 중심으로 약 80% 만 채움으로서 청중이 생각할 여유를 갖도록 하고 프레젠터의 설명을 귀담아 들을 수 있도록 하는 것이 필요하다.

(5) 지나친 전문용어 또는 약어의 사용을 피한다.

특히 듣는 사람이 전문용어와 약어를 이해하지 못한다면 이것은 마치 내가 이해하지 못하는 외국어를 듣는 기분이 될 것이다. 누구나 알 수 있는 용어와 꼭 써야 하는 전문용어라면 청중이 쉽게 이해 할 수 있도록 설명을 덧붙인다.

2) 디자인 전략

다양한 PPT(PowerPoint Presentation)기능을 활용하여 프레젠테이션의 인지효과를 높이는 PPT 디자인의 활용과 다양한 효과에 대해 살펴본다.

① 색상 구성

PPT 슬라이드에 사용하는 주된 색상을 무엇으로 할 것인가는 기업의 C.I(Corporate Identity), B.I(Brand Identity), 또는 메시지에서 찾으면 된다. 기업이나 기관이 사용하고 있는 색상은 기업과 브랜드의 가치, 비전을 나타내는 것으로 슬라이드를 만들 때 활용하며 메시지가 활기참을 강조하는지, 차분함을 나타내는지에 따라 색상과 채도도 달라진다.

• 배경색과 글씨는 잘 구분되고 눈에 띄는 색상을 활용하여 명료함을 더한다.

숫자를 통해 이해를 넓힌다.

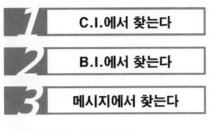

1 C.I.에서 찾는다

2 B.I.에서 찾는다

3 메시지에서 찾는다

▲ 정체성을 상징하는 색상 ①

▲ 정체성을 상징하는 색상 ②

▲ 정체성을 상징하는 색상 ③

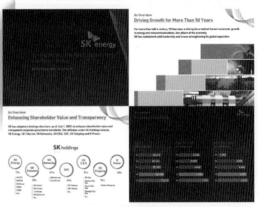

▲ 정체성을 상징하는 색상 ④

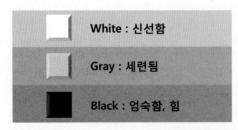

White : 신선함

Gray : 세련됨

Black : 엄숙함, 힘

▲ 색상에 대한 갈증을 느낄 때 무채색을 활용한다

② 황금비율을 활용한다.

　그리스 파르테논 신전의 구성 비율인 1 : 1.618 비율을 활용하여 보다 안정감 있는 비율로 도형이나 사진의 표를 구성한다.

  • 디자인의 기본, 황금비를 활용한다

황금비 (1:1.618)

금강비 (1:1.414)

• 디자인에 숨어있는 황금비율

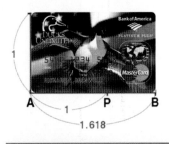

황금비

한 선분을 두 부분으로 나눌 때에, 전체에 대한 큰 부분의 비와 큰 부분에 대한 작은 부분의 비가 같게 한 비, 가장 조화로운 비율이다.

얘를 들어 레오나르도 다빈치의 〈최후의 만찬〉은 그림 한가운데 자리잡은 예수의 몸이 삼각형을 이루고, 전체적으로는 정확한 원근법으로 짜여진 황금비를 보이고 있는 명작으로 꼽힌다.

[네이버 지식백과]

③ 화면전환 효과

PPT 기능에서 활용할 수 있는 효과로 회전, 창문, 궤도, 날기 등의 효과를 통해 슬라이드 전환 및 강조효과를 누릴 수 있다. 프레젠테이션의 다양화를 위해 화면 전환 효과를 적절히 활용한다.

화면전환 효과 ①

• 화면전환 효과 ②

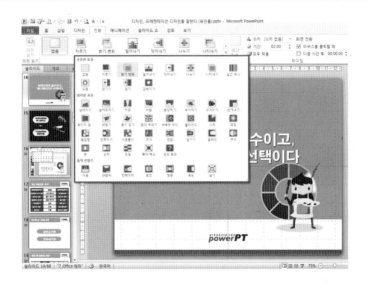

• 화면전환 효과의 연결, 전환, 강조

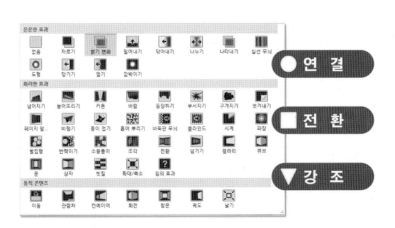

④ 애니메이션 효과

PPT 애니메이션 기능에서 활용할 수 있다. 애니메이션 효과는 밝기변화와 색상의 변화를 주고 모양을 확대하거나 축소하는 기능에 활용한다. 애니메이션 효과를 잘 활용하면 프레젠테이션의 다양화에 도움이 되지만 애니메이션을 많이 활용하면 프레젠터보다 화면에 시선이 가고 프레젠테이션을 할 때 시간을 못 맞추는 문제를 지닌다. 전문가들은 애니메이션 기능을 많이 활용하지 않을 것을 조언한다.

⑤ 글자체

컴퓨터에서 제공하는 글자체를 사용 할 수 있으며 각각의 특징을 살려 원하는 글자체를 사용하면 된다. PPT를 만들 때 보통은 한글의 경우 HY 견고딕체를 많이 사용하고 영어의 경우 Arial을 많이 사용한다. 특히 경쟁 피티를 준비 할 때 글자체를 따로 구매하여 사용하는 경우 해당 컴퓨터에 글자체가 없어 낭패를 보는

한글 글꼴 vs 영문 글꼴

경우도 있으므로 글자체를 선택 할 때는 공용의 글자체 또는 구매를 한 글자체라면 글자체를 미리 해당 기관이나 업체에 전송하여 PPT를 실행하는데 어려움이 없도록 한다.

 • 프레젠테이션에 활용되는 주요 글꼴

산돌고딕 M	파란경영실천을 통한 경쟁력 확보
산돌명조 B	파란경영실천을 통한 경쟁력 확보
윤고딕 330	파란경영실천을 통한 경쟁력 확보
윤고딕 540	파란경영실천을 통한 경쟁력 확보
Helvetica	I. Strategy Creative Presentation Design
DIN Bol	I. Strategy Creative Presentation Design

 • 프레젠테이션에 활용되는 주요 Font

HY견명조체	I. 파란경영실천을 통한 경쟁력 확보 12345
HY견명조체	I. 파란경영실천을 통한 경쟁력 확보 12345
HY견명조체	I. 파란경영실천을 통한 경쟁력 확보 12345
Times New Roman	I. Strategy Creative Presentation Design 12345
Times New Roman	I. Strategy Creative Presentation Design 12345
Times New Roman	I. Strategy Creative Presentation Design 12345

··· 픽토그램

⑥ 픽토그램

사물, 시설, 행위, 개념 등을 쉽게 알아볼 수 있도록 상징적인 그림으로 나타낸 일종의 그림 문자를 가리킨다. 픽토그램을 활용하면 세계 공통언어의 성격을 지니며 픽토그램 표현하는 대상의 이해를 더욱 쉽게 한다.

⑦ PIE 차트, FEVER 차트, BAR 차트

··· Pie Chart

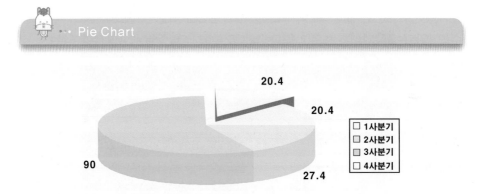

프레젠테이션에서 PIE, FEVER, BAR 차트를 활용하면 시각적으로 한 눈에 알아볼 수 있게 정리가 되어 이해의 폭이 커지고 복잡한 수치도 한 눈에 알아본다.

Fever Chart

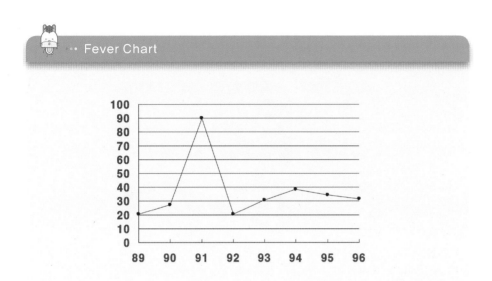

Bar Chart

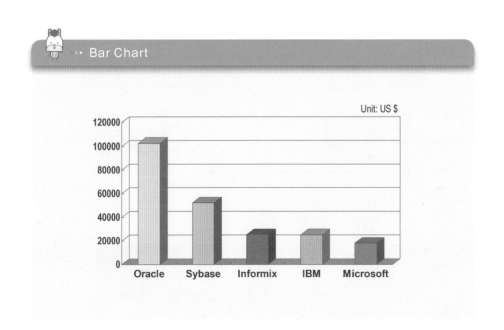

⑧ 데이터를 나타내는 숫자는 보다 크게 표시 한다.

한 눈에 알아 볼 수 있도록 숫사의 크기를 조절하고 색상도 조절한다.

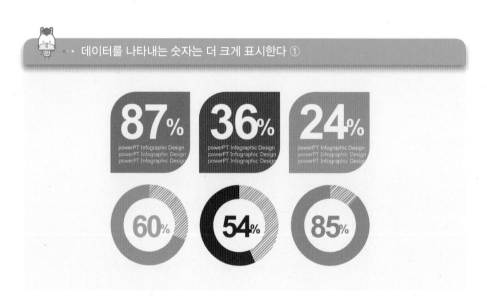

⑨ 캡션

반투명 도형, 글자 테두리, 그림자 효과에 사용한다.

··· 캡션 ①

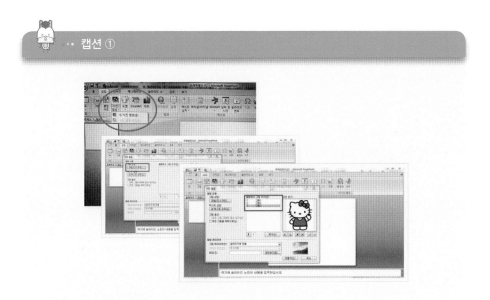

··· 캡션 ②

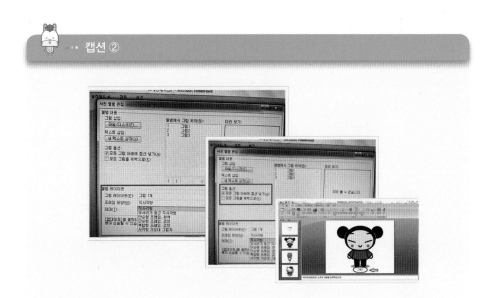

⑩ 이미지 도해화

어떤 내용을 그림이나 도식으로 설명하는 것을 가리킨다. 도해화를 적용하면 복잡한 내용을 쉽게 이해하는데 도움이 된다.

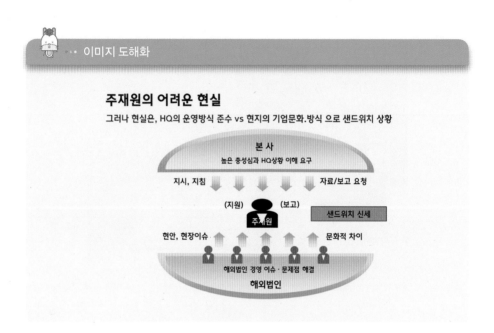

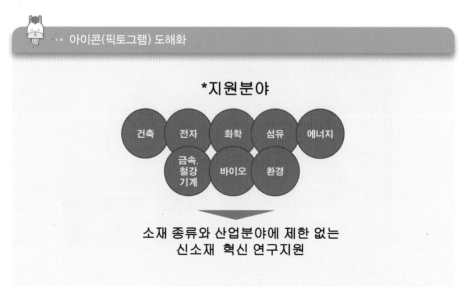

⑪ 인포그래픽

'information'과 'graphic'의 합성어이다. 많은 양의 정보를 지도, 다이어그램, 차트, 로고, 일러스트레이션 등을 통해 보다 쉽게, 빠르게, 정확하게 전달할 수 있도록 디자인 하는 것을 가리킨다.

 인포그래픽 ①

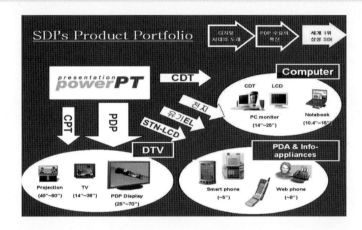

 인포그래픽 ②

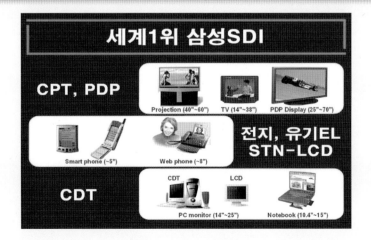

⑫ 그리드 시스템(Grid system)

보이지 않는 가이드라인으로 이해 할 수 있으며 가상 구역을 나누어 놓은 것이다.

그리드 시스템을 잘 활용하면 시각적으로 구역의 구분이 용이해 진다.

⑬ 시선의 흐름에 따른 데이터 배열

시선의 흐름이 편안하기 위해서는 좌측에서 우측으로, 동그라미의 경우 시계 방향으로 돌아가는 것이 청중의 시선을 편안하게 한다.

●●● 시선의 흐름에 따른 데이터 배열 ①

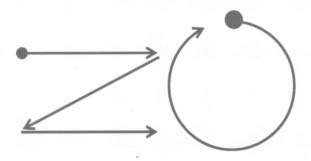

 ●●● 시선의 흐름에 따른 데이터 배열 ②

⋯ 시선의 흐름에 따른 데이터 배열 ③

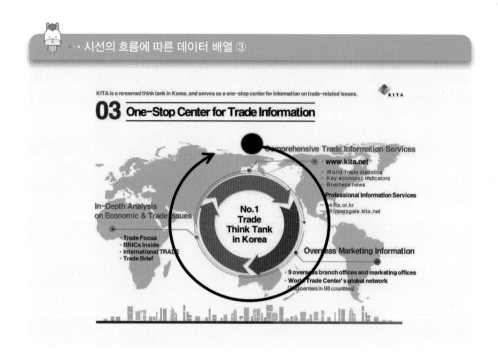

⑭ 다양한 색상의 특징을 살펴 제작한다.

프레젠테이션을 위한 슬라이드 작성은 청중의 이해를 돕기 위함이다. 색상의 특징을 살펴두면 보다 선명하고 산뜻한 슬라이드를 제작하는데 도움이 된다.

⋯ 색상

⋯ 계통색

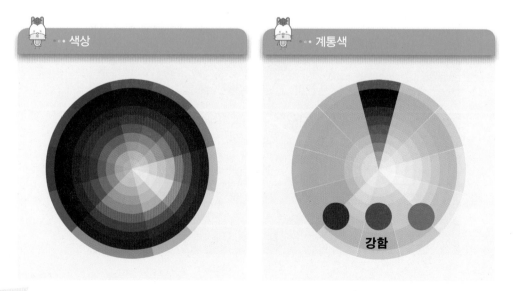

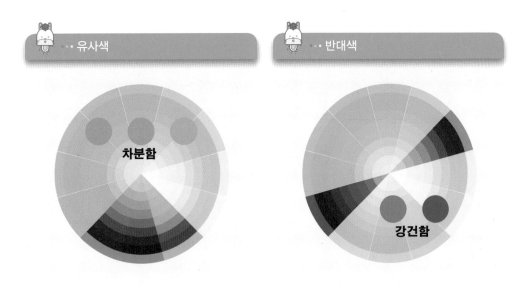

⑮ 모든 작업이 끝났다면 마지막으로 전체 슬라이드의 글꼴을 정리한다.

각각의 슬라이드를 따로 수정하지 않고 일괄적으로 정리하는 방법이다.

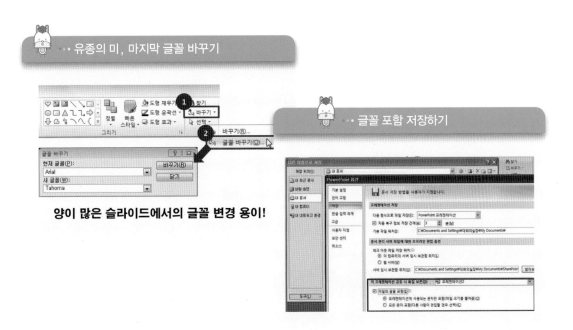

오늘의 발표

1. 조별과제를 통해 만든 슬라이드의 스토리와 디자인에 관하여 설명한다.

2. 조별 발표

조별로 15분 내외의 영상으로 선정한 동영상을 시청하고
- 프레젠터의 스토리
- 프레젠터의 디자인
- 15분 내외의 프레젠테이션 영상을 선정하여 시청 한다.

스토리, 디자인 플로우에 대여여 토의 한다.

다음은 2011년 7월 7일 남아프리카 공화국 더반에서 결정된 평창 동계올림픽 한국개회와 관련하여 당시 프레젠테이션을 맡았던 나승연 평창동계올림픽 추진위원회 대변인의 인터뷰 내용이다.

기자 : 평창 프레젠테이션에 대해 알고 싶은 것이 많습니다. 어떤 과정을 거쳐 평창동계올림픽 유치위원회 대변인으로 선정되셨는지요.

2010년 초에 당시 유치위원회 장재룡 사무총장의 전화를 받았습니다. 다음 날에는 아리랑TV의 PD에게서 전화를 받았고요. 유치위에서 대변인 할 사람을 추천해 달라고 했답니다. 그렇게 두 곳에서 연락을 받고 유치위 관계자들과 인터뷰한 뒤 2010 밴쿠버동계올림픽부터 일을 시작하였습니다.

기자 : 8인의 릴레이 발표 준비 중 특별히 기억에 남는 이야기가 있나요?

1년 6개월의 유치과정 중 더반에서의 프레젠테이션은 아홉 번째였습니다. 2010년 10월, 멕시코에서 처음으로 2018 동계올림픽 유치과정의 공식 프레젠테이션을 했는데, 당시에는 경쟁 도시인 뮌헨이 평창이나 프랑스 안시보다 잘했다는 평가를 받았습니다. 그래서 우리는 어떠한 점을 보완해야 하며, 어떠한 프레젠터를 선정해야 청중인 IOC위원들에게 잘 어필할 수 있는지, 그들은 어떠한 메시지를 듣고 싶어하는지를 치밀하게 연구·개발하면서 마지막 프레젠테이션에 이르게 되었습니다.

처음에는 독일에 뒤지고 있었지만, 가장 중요한 투표 전 발표에서는 우리가 상승세를 타고 있어서 IOC위원들에게 감동적인 프레젠테이션을 보일 수 있었습니다. 아홉 번의 프레젠테이션을 준비하며 우리는 거의 천 번의 연습과 리허설을 했기 때문에 그 내용을 잘 소화하고 설득력 있게 전달할 수 있었지요. 더반에서의 마지막 드레스 리허설이 생각납니다. 우리 여덟 명의 프레젠터와 백 명의 한국 대표단, 그리고 IOC직원들이 실제와 똑같은 행사장으로 들어가서 리허설을 했습니다. 그런데 제가 마무리 부분을 발표하다가 갑자기 울컥했어요. 동계올림픽을 향한 간절한 마음, 프레젠테이션의 부담감, 끝이 보이는 긴 여정, 좋은 결과에 대한 기대감 등 여러 감정에 복받쳐 저도 모르게 20여 초 동안 말문이 막혔지요. 그런데 청중과 IOC직원 여러 명도 같이 울컥했다고 하더군요. 우리 모두가 하나가 된 듯한 느낌이었지요.

기자 : 김연아 선수에 대한 얘기도 많았습니다.

맞습니다. 외신에서는 'Old versus New', 'Europe versus Asia'등의 수식어를 달면서 뮌헨유치위원회의 카타리나 비트 위원장과 김연아 선수가 정면으로 프레젠테이션에서 대결하면 누가 이길 것인가에 대해 관심이 많았습니다. 김연아 선수는 2011년 세계선수권대회 때문에 4월 말에 저희 팀에 합류했어요. 그리고 5월 로잔느 프레젠테이션에 처음으로 프레젠터로 나섰습니다. 조금 실수도 했지만, 한 외신기자의 말 대로 스무 살의 젊은 선수가 실수를 하니 오히려 더 귀엽고 사랑스럽게 보였습니다. 실제로 김연아 선수가 무대에 서면, IOC위원들과 청중들의 얼굴에 자연스럽게 미소가 번지더군요. 김연아 선수 덕분에 외신의 관심도 많이 받았어요. "외국에 있을 때 한국의 무엇이 가장 그립냐?"는 질문에 "김치"라고 대답하는 등의 솔직함에 외신들도 반했고요.

기자 : 원고가 매우 감동적이었는데, 직접 쓰셨습니까?

원고 초안은 PT 총괄을 맡았던 테렌스 번즈가 썼습니다. 그리고 나서 저와 같이 수정작업에 들어갔어요. 각 프레젠터와 같이 연습하면서, 그 사람에게 맞게 수정을 거듭했습니다. 테렌스의 스토리텔링 능력은 뛰어납니다. 청중인 IOC위원의 마음을 움직이는 방법을 누구보다도 잘 알고 있었죠. 6·25전쟁에 참전했던 아버지의 영향으로 우리나라에 대한 애정도 깊어 고민을 많이 해줬습니다. 하지만 외국인으로서 한국인의 정서나 한국인이 발음하기 어려운 단어와 문장들에 대해 잘 몰라 저를 비롯한 다른 유치위 관계자들과 함께 원고를 수정해야 했습니다. 각 프레젠터의 강점을 살리고, 감정을 터치할 수 있는 스토리로 구성하려 했습니다. 또 초안을 한 사람이 썼기에 여덟 명의 스토리가 연결되고 통일감이 있었습니다. 서로 다른 이야기를 하는 것이 아니라 하나의 메시지와 그림을 그렸기 때문에 감동을 줄 수 있었습니다.

기자 : 프레젠터를 번역하면 발표자인데, 무엇을 하는 사람입니까?

제가 생각하는 프레젠터는 소통을 도와주는 사람이에요. 기업이나 평창올림픽 같은 유치활동에서 전달하는 내용을 청중이 잘 이해하게 하고 그들을 설득하는 일을 하지요. 프레젠터는 자신이 전하는 메시지도 중요하지만, 그 내용을 전달하는 목소리와 몸짓도 내용과 일치하게 해서 이해력을 높여야 해요. 그래서 프레젠터는 전달 내용을 완벽하게 숙지해야 합니다. 또 청중의 특성을 파악하여 그들이 가장 쉽게 이해할 수 있는 알맞은 목소리·표정·몸짓 등의 전달방법도 연구해야 하지요. 프레젠테이션의 목적은 청중을 설득하는 것이기 때문에 프레젠터는 청중을 잘 배려해야 합니다.

기자 : 프레젠터가 된 계기는 무엇인가요?

프레젠터라는 직업이 따로 있는지는 모르겠습니다. 저는 아리랑TV에서 기자 생활을 하면서 기사 작성하기, 기사 전달하기 등의 기본 기술을 배웠는데 그것들이 지금 제가 하는 일로 연결되었습니다. 어릴 적 꿈이 여러 가지가 있었는데, 중학교 때부터 라디오 DJ에 대한 막연한 꿈을 갖기 시작했어요. 목소리가 좋다는 이야기를 들었고, 그 당시 살고 있던 영국의 라디오 방송을 무척 재밌고 인상 깊게 들었기 때문이에요. 그런데 한국에 와서는 한국어 발음, 외모 부족 등으로 방송의 꿈을 접었습니다. 그러다 영어로 방송하는 새로운 채널이 생긴다고 해서 단숨에 지원했어요. 아리랑TV 재직 시에는 영어 MC가 없었기 때문에 국제회의에서 영어 MC로 일할 기회가 자주 생겼어요. 방송국의 퀴즈쇼 MC를 하면서는 사람들 앞에서 실시간으로 소통하는 재미에 푹 빠지게 되었지요. 또 어린 시절부터 외국생활에 익숙해 외국에 나가서 프레젠테이션하는 일도 적극적으로 했습니다.

기자 : 사람의 마음을 사로잡는 발표 능력은 거저 주어지는 게 아닌 것 같습니다. 구체적으로 어떤 훈련이 필요한가요?

우선 전달하고자 하는 내용을 숙지하고 공감해야 합니다. 내가 잘 이해하지 못한 내용을 발표한다면 다른 사람의 마음을 잡을 수가 없겠죠. 내가 감동해야 남을 감동시킬 수 있습니다. 내가 감동하려면 내용을 숙지하고, 왜 이러한 발표를 하는지 목표의식을 가져야 해요. 그 이유를 항상 떠올리며 열심히 연습하면 발표 내용이 나의 것이 됩니다. 또 달달 외우는 것보다 그 내용을 계속 생각하며 스토리처럼 흐름을 머릿속으로 정리하면 논리적으로 정리되기도 하고 내용 외우기가 쉬워집니다. 내용에 맞는 목소리 톤과 표정·시선·몸짓도 같이 고민해야 합니다. 내용·목소리·몸짓의 3위일체가 이루어져야 효과적인 발표가 됩니다. 청중은 내용을 잘 기억하지 못하지만 그들이 봤던 시각적인 그림을 오래 기억합니다. 그런데 그보다도 더 오래 기억하는 것은 마음속에 느꼈던 감동입니다.

기자 : 훈련할 때 가장 중요하면서도 기본이 되는 것은 무엇인가요?

소리 내어 읽으세요. 그리고 녹음해보세요. 목소리가 생각보다 많이 단조롭고 감정 없이 들릴 것입니다. 읽을 때에도 우리가 대화하듯이 멈춤도 있고, 강조할 단어도 있고, 목소리의 고저·강약 등의 변화가 있어야 합니다. 그것을 원고에 표시하면서 연습하면 더 생기 있는 발표가 됩니다.

기자 : 하나의 프레젠테이션이 완성되기까지 어떤 과정을 거치나요?

먼저, 어떠한 메시지를 주고 싶은지 하나의 문장으로 요약해봐야 합니다. 그런 다음에는 그 메시지를 부각시켜줄 수 있는 세 개 정도의 포인트를 생각합니다. 그리고 초안을 씁니다. 초안은 청중이 어떠한 사람들인지, 그들이 사용하는 언어

(예를 들어 같은 업계 사람들이면 업계에서 사용하는 단어를 사용해도 되지만 일반인이면 풀어서 써야 함)가 어떠한지, 장소는 어딘지 등을 고려해서 씁니다. 그러고 나서 바로 소리 내어 읽기 시작하는 게 좋습니다. 어차피 소리 내어 발표를 해야 하니 어떻게 들리는지, 쉽게 단어들이 연결되는지 등을 파악합니다. 계속 소리 내어 읽다가 최종 원본이 결정되면 PPT 등의 다른 자료를 만들어 같이 연습합니다. 스크립팅을 하면서요. 스크립팅이란 숨 쉴 부분이나 강조할 단어, 어떻게 읽을 것인지 등을 원고에 표시하는 것을 말합니다. 그렇게 해서 백 번 정도 연습해야 온전히 내 것이 되는 것 같아요. 연습을 제대로 안하고 가면 청중에 대한 예의가 아니겠죠.

기자 : 프레젠테이션에 독서가 도움이 되나요? 특별히 즐겨 읽는 시가 있으신지요.

어떠한 책이든 다 도움이 되는데, 무엇이든 소리 내어 읽어봐야 합니다. 동화는 재미없게 읽을 수가 없으니 목소리에 색을 입히기에 좋고, 시는 감성을 자극하고 리듬감을 형성해주는 데 도움이 되며, 영화나 드라마의 대본을 소리 내어 읽으면 드라마틱한 목소리와 몸짓까지 배울 수 있겠죠. 인터넷에 연설이나 프레젠테이션의 대가들이 많이 있으니 그들의 동영상을 보면서 원고를 만들어 그들이 말하는 방법대로 스크립팅을 하고 따라하면 많은 도움이 됩니다.

기자 : '아 다르고 어 다른 것이 말'이라 쉽지는 않을 것 같아요. 스트레스는 없나요?

준비나 연습할 시간이 충분하지 않다든지, 준비한 PPT가 제대로 나오지 않는다든지, 시간이 갑자기 준다든지 등으로 프레젠터는 스트레스가 많습니다. 경우에 따라 반응이 없는 무표정한 청중을 볼 때도 긴장이 되지요. 하지만 그럴 때 도움이 되는 것은 '나'가 아닌 '청중'에 집중하는 것입니다. 약간의 실수가 있어도 여유를 가지고 유머스럽게 넘길 수 있으면 괜찮은 거고, 다른 청중은 무표정해도 내 말에 한두 명이라도 귀 기울이고 집중해준다면 그들을 위해 더 열심히 프레젠테이션에 임하면 됩니다.

기자 : 전문 프레젠터의 미래는 어떻다고 보십니까?

전문 프레젠터의 미래에 대해서는 솔직히 잘 모르겠습니다. 국제회의 등의 경우 전문 MC가 필요할 때도 있지만, 어떠한 유치활동의 일환으로는 관련된 직종의 사람이 프레젠터로 나서는 경우가 더 설득력 있다고 봅니다. 따라서 프레젠테이션만 전문으로 하는 사람보다, 자기만의 전문 분야를 가지면서 프레젠테이션 레슨을 받아 기술을 향상시키는 것이 더 좋지 않을까 생각합니다.

기자 : 외국의 경우는 어떻습니까? 선진국과 비교해 우리의 현실을 알고 싶습니다.

선진국의 경우 어릴 적부터 학교에서 발표하는 기회가 많습니다. 적어도 제가 캐나다·영국·덴마크 등의 나라에서 학교를 다닐 때는 그랬습니다. 그래서 남 앞에서 말하는 것이 그렇게 두렵거나 어색하게 느껴지지 않았어요. 그렇지만 얼마 전 영국 신문에서 학생들에게 효과적으로 말하는 방법을 가르칠 필요가 있다는 기사를 읽었습니다. 우리는 점점 서로와 대화하는 방법, 그리고 남의 얘기를 경청하는 방법을 잃고 있는 게 아닌가 싶습니다. 경청하는 방법, 생각을 효과적으로 표현하는 방법을 배우는 것은 살아가는 데 큰 도움이 될 것입니다.

기자 : 고인이 된 스티브 잡스의 프레젠테이션에 대해 평가하신다면?

자기만의 프레젠테이션 스타일이 있었어요. 특히 신제품 소개에서는 매우 드라마틱하게 프레젠테이션을 하여 청중을 열광시켰지요. 가장 큰 장점은 메시지가 뚜렷했다는 점입니다. 그가 전하고 싶은 메시지가 항상 하나의 문장으로 요약되었고, 그것을 계속 반복했기 때문에 듣는 사람이 쉽게 기억할 수 있었어요. 두 번째 장점은 비주얼이 무척 심플했어요. 메시지도 하나로 통일시켰고, 보여주는 PPT 등의 자료도 인상 깊은 그림으로 보여줘서 역시 기억하기 쉬웠습니다. 마지막으로 프레젠테이션을 여유 있게, 청중과 대화하는 식으로 매우 편안하게 했습니다. 그러기 위해 많은 시간 동안 연습했다는 사실을 대부분의 사람이 모르고 있지만요.

[출처] 더반의 여왕 나승연 프레젠터|작성자 프리덤월드

운동과 두뇌 계발

최근 뇌과학이 발달함에 따라 운동의 효과성을 단순히 육체적인 관점이나 정신적인 관점에서만 바라보지 않고 인지, 정서, 심리 등 복합적인 관점에서 바라보고 있다. 즉, 운동 또는 신체활동은 새로운 정보를 받아들일 수 있는 준비 상태를 만들 수 있을 뿐만 아니라, 기억력과 집중력을 향상시키는 촉진제 역할을 수행한다.

또한, 뇌의 상태를 바꾸는 확실하고도 기본적인 것이 바로 몸을 변화시키는 것이다. 인체 곳곳에 뻗어 있는 수많은 신경계는 뇌와 직접적으로 연결되어 있어, 몸에 변화를 주면 뇌는 금세 반응하게 되어 있다. 과거에는 운동하면 몸이 좋아진다는 표현을 썼으나, 이제는 뇌가 발달된다고 표현한다. 하버드 대학 정신과 의사 존 래티는 "운동은 집중력과 침착성은 높이고 충동성은 낮춰 우울증을 치료하는 효과가 있다고 주장하고 있다.

따라서, 운동 또는 신체활동을 통해서 신경가소성을 유발하는 호르몬 반응을 촉진하고, 뇌의 구조와 기능을 재조직하는 등 새로운 환경이나 학습 상황에서의 적응력을 높여주는 친뇌(brain friendly) 활동이 가능할 수 있다.

발표평가시트

조 이름	발표시간	조 이름	발표시간
발표자		발표자	

Story

Design

Speech

Image

Audience	총점		총점

조 이름	발표시간	조 이름	발표시간
발표자		발표자	

Story

Design

Speech

Image

Audience	총점		총점

총 평

Story

Design

Speech

Image

Audience

펜타플로우 가이드

Story
- 스토리텔링
- 매직넘버3 (숫자활용)
- 1슬라이드 1메시지
- 오프닝, 클로징

Design
- 이미지 활용
- 화면전환
- 타이포(KISS & KILL, 글꼴)
- 정체성

Speech
- 호흡, 발성, 발음
- 브릿지코멘트
- 설득화법
- Pause

Image
- 기본자세
- 발표자 착장과 연출
- 공간언어
- 시선교환

Audience
- 청중교감
- 질의응답 테크닉
- 소품이용
- 인사

 Quiz

 프레젠테이션에서 스토리의 중요성을 이야기 해 보자

 프레젠테이션에 스토리텔링이 필요한 이유는 무엇인가?

 자신의 스토리텔링을 1분 내외 분량으로 적어 본다.

 프레젠테이션에 활용되는 디자인의 예를 들어보고 특징을 알아 본다.

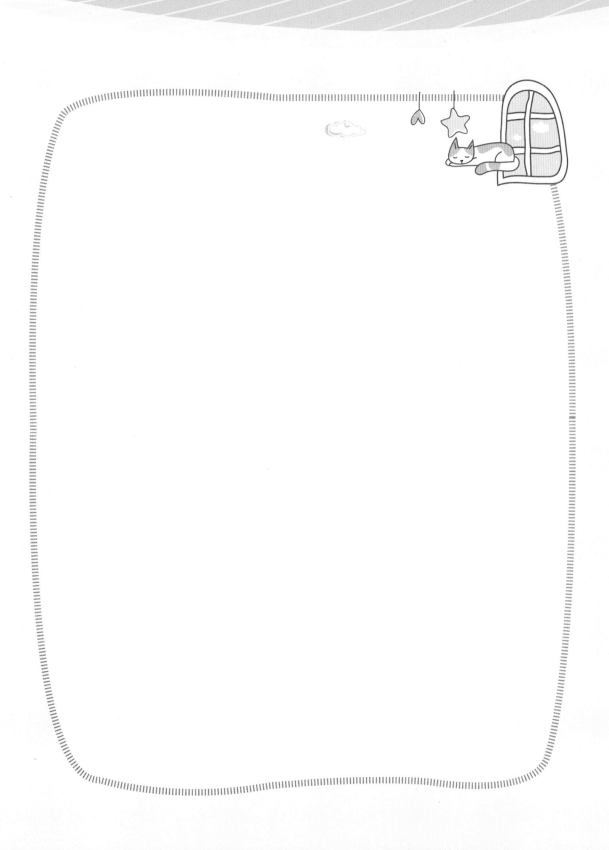

GLOBAL MANNER AND IMAGE MAKING_PRESENTATION

CHAPTER 11

스피치 플로우
(Speech Flow)

글로벌 매너와 **이미지 메이킹** 프레젠테이션

프레젠테이션 Penta - Flow 가운데 스피치를 살펴본다. 다양한 기법을 활용하여 프레젠테이션을 원활하게 한다.

1. 스피치 플로우(Speech Flow)

프레젠테이션을 잘 하기 위해서는 논리적이고 감성적인 주요 내용과 더불어 어떻게 전달하는가? 스피치의 역할이 매우 지대하다. 스피치의 기본은 상대에게 잘 들리게 말하는 것이다. 열심히 준비했다고 해도 들리지 않는다면 아무 소용이 없다.

1) 프레젠테이션과 스피치

스피치란 청중과 공감대를 형성하길 바라는 목적으로 자신의 의견을 조리 있게 말하는 것을 가리킨다. 특히 프레젠테이션에서는 상대를 설득시키는 과정이 포함된다.

어떻게 말할 것인가? 어떻게 전달할 것인가?

프레젠터는 꾸준한 스피치 연습을 통해 마치 무대 위에서 연기와 노래를 하듯 한편의 프레젠테이션 작품을 만들어야 한다.

2) 프레젠테이션 스피치를 위한 목소리 훈련법

(1) 좋은 목소리

① 좋은 목소리란?

꾸미지 않고 편안하게 상대에게 잘 들리는 목소리를 말한다.

　　예 과한 저음 : 억지스러우며 때로 느끼함을 느끼게 한다.

　　　과한 고음 : 호들갑스럽거나 진중하지 못하다는 생각을 갖게 한다.

② 좋은 목소리를 찾는 방법

• 자신의 목에 위치한 성대에 손을 대고 소리를 내 본다.

- 높은음의 소리를 내면 성대가 올라가고 낮은음의 소리를 내면 성대가 내려간다.
- 가장 좋은 목소리는 성대가 위나 아래로 움직이지 않는 상태의 목소리이다.

 노래방에서 노래를 부를 때 높음 음의 노래를 계속하면 목이 잠긴다.

이 소리를 가성(假聲)이라고 한다. 편안한 목상태의 목소리가 가성을 지나치게 사용하면 목이 잠기고 목에 통증이 오기도 한다.

이런 발성은 목소리 관리를 위해 최대한 자제해야 한다.

(2) 좋은 목소리를 구성하는 3요소

① 호흡 : 숨을 내쉬거나 들이 쉬는 것이다. 문장을 길게 말하는 토대이다.
② 발성 : 성대를 진동시켜 음성을 만들어 낸다.
③ 발음 ; 자음과 모음을 강세나 억양, 성조에 실어 음성으로 내는 말소리이다.

 • 좋은 목소리의 3요소

호흡	발성	발음
	(공명음)	

3가지 요소가 조화를 이루었을 때,
맑고 힘있고, 전달력 있는 음성 연출이 가능

(3) 호흡, 발성, 발음 훈련법

① 호흡

- 평소 호흡을 길게 유지하면 연설이나 프레젠테이션에서 말이 끊기지 않고 부드럽게 이어지는 효과를 얻는다.
- 복식 호흡 : 온 몸이 마치 드럼통이 된 듯 숨이 크게 들이마시고 내쉰다.
- 한 숨 활용법 : 온 몸에 숨을 들이마신 후 잠깐 참았다가 아~ 하고 내 쉰다. 5번에서 10번 정도 반복한다. / 길게 들이쉬고 길게 내 쉴수록 좋다

  > **예** '날씨가 맑아서 걷기에는 정말 좋은 시간입니다.'라는 문장을
  > 호흡이 긴 사람은 한 호흡에 쉬지 않고 편하게 읽겠지만
  > 호흡이 길지 않으면 단어마다 끊어 읽게 뜻이 원활히 전달되지 않는다.
  > 마치 계단을 올라와 숨이 차서 말하는 것과 같다.
  > 평소 긴 호흡을 연습해 둔다.

- 방법→ 코로 숨을 한 번에 들이 쉬고, 입으로 내 쉬는 연습을 천천히 한다. 호흡을 여유 있게 조절 하면 말의 속도에도 여유가 생긴다.

② 발성

- 숨을 들이 마시고 내 쉬며 배에서부터 울려나오는 '아'소리를 다듬어 낸다.
- 마치 드럼통을 꽉 채운 듯 흔들림이 없이 일정하게 소리낸다.
- 충분히 연습하면 소리가 멀리가고 시원하며 목소리가 잠기거나 하지 않는다.
- 일어선 상태에서 한쪽 다리를 들로 말하면 소리에 더욱 힘이 실린다.

'안녕하세요? 오늘 만나 뵙게 되어 무척 반갑습니다.'하고 말하기 연습을 할 때 일어서서 다리를 한쪽 들고 누군가 옆에서 들고 있는 다리를 내리려고 하면 말하는 사람은 반사적으로 다리를 내리지 않기 위해 온 힘을 다해 소리 내는데 이것이 복식호흡을 이용한 발성이다.

(김창옥 소통강사의 복식호흡 활용법)

- 아/에/이/오/우를 배에 힘을 주고 큰 소리로 말해 본다.

  마치 기압 소리처럼 복식호흡을 통해 내면 좋다. 평소 이 연습을 많이 하면 프레젠테이션을 할 때 힘이 생긴다. 몸과 귀, 입을 적응하게 한다.

③ 발음

- 발음을 잘 하기 위한 방법은 자음과 모음이 잘 들리게 소리 내는 것이다.

  예를 들어 '엄마'라는 단어를 소리 낼 때 '어'와 'ㅁ' 'ㅁ'과 'ㅏ'의 음가를 또박 또박 들리게 소리 내야한다. 되도록 입모양을 크고 발음한다.

- 발음을 잘 하기 위해 소리 단위별로 떼어서 연습한다.

  > [예] '누구나 자유로울 때 행복을 느낍니다.'라는 문장은
  > 다음과 같이 1, 2, 3차로 나누어 연습하면 효과적이다.

  ☛ 1차, 음절 발음 연습

  누 / 구 / 나 / 자 / 유 / 로 / 울 / 때 / 행 / 복 / 을 / 느 / 낍 / 니 / 다
  (모든 음절을 떼어서 각각 발음한다.)

  ☛ 2차 단어 발음 연습

  누구나 / 자유로울 때 / 행복을 / 느낍니다(단어를 떼어 발음한다.)

  ☛ 3차 문장 발음 연습

  누구나 자유로울 때 행복을 느낍니다(한 호흡에 전체 문장을 발음한다.)

  ☛ 이런 과정을 통해 연습하면 발음이 정확해진다.

  흔히 알고 있는 볼펜을 입에 물고 소리 내는 것 보다 효과적이다. 평소 이 방법으로 연습해 두면 어떤 문장을 읽어도 정확한 발음으로 읽게 된다.

  한국어 문장은 자음 19개와 모음 21개 안에서 이루어지므로 일정한 문장을 두, 세개 정해서 연습해 두면 모든 문장에 적용된다.

기초발음 연습 1 (가로 세로로 음절에 힘을 주어 읽어 본다.)

 ···• 기초 발음 연습 (복모음)

가 갸 거 겨 고 교 구 규 그 기
나 냐 너 녀 노 뇨 누 뉴 느 니
다 댜 더 뎌 도 됴 두 듀 드 디
라 랴 러 려 로 료 루 류 르 리
마 먀 머 며 모 묘 무 뮤 므 미
바 뱌 버 벼 보 뵤 부 뷰 브 비
사 샤 서 셔 소 쇼 수 슈 스 시

 기초발음 연습 2 (배에 힘을 주고 마치 기압소리를 내 듯 발음한다.)

 ···• 기초 발음 연습 (복모음)

아 야 어 여 오 요 우 유 으 이
자 쟈 저 져 조 죠 주 쥬 즈 지
차 챠 처 쳐 초 쵸 추 츄 츠 치
카 캬 커 켜 코 쿄 쿠 큐 크 키
타 탸 터 텨 토 툐 투 튜 트 티
파 퍄 퍼 펴 포 표 푸 퓨 프 피
하 햐 허 혀 호 효 후 휴 흐 히

발성과 발음을 함께 속성으로 연습하는 방법

라 라 라 라 라 라 (혀를 이와 입천장 끝부분에 튕기듯 소리낸다.)

바 바 바 바 바 바 (입을 크게 하고 배에서 울리 듯 소리낸다.)

푸 르 르 르 르 르 (입술을 푸- 하면서 풀어준다, 합창 연습에도 많이 활용한다.)

으 르 르 르 르 르 (입안에서 혀를 천장에 대로 진동시킨다.)

우 오 우 오 우 오 ('우'는 높은음, '오'는 낮은음으로 한다. '오'발음 입모양 연습)

- 모든 발음과 발성은 시원한 목소리로 힘 있게 실시한다.
  실제 스피치와 프레젠테이션에서 말이 꼬이는 문제로부터 자유로워진다.
- 휴대폰의 녹음 기능을 활용하면 자신의 목소리와 발음, 스피치 속도를 알
  수 있다.

 ## 목소리의 영향력은 몇 %일까?

UCLA 대학의 머라비언(Albert Mehrabian) 교수는 '연사의 신뢰성에 영향을 미치는 요인 연구결과'에서 이미지 55%, 언어적인 요소 7%, 목소리의 영향력을 38%로 분석했다. 이미지는 외모, 표정, 제스처 등이, 목소리는 소리의 크기, 발음, 리듬 감 등을 포함한다. 또한 언어적 요소로 말의 내용은 겨우 7%의 영향력이 있다는 결과를 얻었다. 목소리가 38%의 영향력을 발휘 한다는 것을 염두에 두고 좋은 목소리, 기분 좋은 목소리로 들릴 수 있도록 평소 웃는 표정으로 말하는 연습을 한다.

실제 무뚝뚝한 표정으로 말하기보다 웃는 표정으로 말하면 목소리의 음색도 웃는 표정을 연상케 한다.

메라비언의 법칙

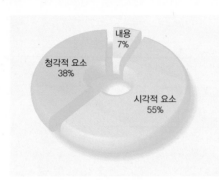

Albert Mehrabian
UCLA대학 명예교수.행동심리학자

3) 힘 있는 스피치에 필요한 문장 활용법

목소리에 힘이 있으면 프레젠테이션 내용을 잘 알고 있다는 신뢰를 준다.
다음 방법을 통하여 연습해 본다.

(1) 단어에 생명력을 넣는 법

- 단어와 문장이 살아 있는 듯 생기를 불어 넣어 발음한다.
- 같은 단어도 느낌을 살려 발음하면 다르게 들린다.

☞ 아래 단어에 생기를 불어넣어 읽어 본다.
→ 얼음 물 / 레몬 / 걸쭉한 반죽 / 딱딱한 시멘트

(2) 문장을 더 힘 있게 하는 높임 강조 법

- 높임강조
  강조하고 싶은 부분에 확실하게 힘을 주어 말하는 방법

 • 높임강조

강조하고 싶은 부분에 확실하게 힘을 주어 말함

우리는 밝은 내일을 힘차게 응원합니다

우리는 밝은 내일을 힘차게 응원합니다

우리는 밝은 내일을 힘차게 응원합니다

➡ 우리는 밝은 내일을 힘차게 응원합니다.

    ①   ②   ③

사람에 따라 ①②③번 중에 강조부분이 다르다.

(3) 주위를 집중시키는 Pause 기법

➡ **Pause란?**

- 멈춤, 휴식, 중단의 뜻을 나타낸다.
- 스피치에서 활용하면 강조와 문장전환의 효과를 얻는다.

➡ **Pause는 언어적 포즈와 비언어적 포즈로 나눌 수 있다.**

- 언어적 포즈

: 말을 잠시 멈추면 주위가 조용해지고 사람들이 집중하는 효과가 있다.

(강조 / 전환/ 충분히 끊어 읽기)

예 오늘 저는 (멈춤) 여러분을 위해 두 가지 결심을 했습니다.

오늘 저는 저의 미래를 위해 **(멈춤…)** 두 가지 결심을 했습니다.

- 비언어적 포즈

🪴 시각적 포즈

강의 등을 할 때 프레젠터에게 집중 하도록 하는 기법으로 슬라이드를 잠시 끈다. 이 기법은 프레젠터의 기계조작 실력이 매우 능숙해야 한다.

(4) 3을 활용한 정리법

내용을 전달하면서 길게 말하기보다 1, 2, 3으로 정리해 말하면 듣는 사람의 이해가 쉽고 기억하기 쉽다.

> 예 ➡ 오늘 말씀드린 내용을 3가지로 정리해 보겠습니다.
> ➡ 우리는 오늘의 주요 내용을 3가지로 선정하였습니다.
> ➡ 저의 성격은 3가지로 요약할 수 있습니다.
> 첫째, 저는 부지런합니다.
> 둘째, 저는 성실합니다.
> 셋째, 저는 꾸준합니다.

만약 10가지를 말해야 한다면 10가지를 모두 말로 하기보다 각각의 항목을 그룹화하여 정리할 수 있다.

> 예 이번 과제는 모두 10가지 키워드를 가지고 있습니다.
> 그 내용을 분류해 보면 크게 미래형, 현재형, 과거형으로 나눌 수 있고요
> 각각의 항목은 이렇습니다.

2. 프레젠테이션 위한 스피치 기법

스피치에 활용되는 다양한 기법을 살펴본다.
놀랍게도 어수선했던 스피치가 정돈되고 전개가 수월해진다.

1) KISS 법칙

K = Keep
I = It
S = Simple
S = Short

- 요점을 중심으로 쉽고 간결하게 말한다.
- 〈에- / 그러니까- / 이- / 그- / 저- 〉등 말하기 전에 붙는 불필요한 언어 습관을 없앤다.

2) EP (Example Point) 법

- 예를 들어 설명하는 방법이다.
- 스피치를 원활하게 하기 위해 평소 예를 들어 설명하는 방법을 연습해 둔다.

> **예** 화재에 대비해야 합니다. 예를 들어 얼마 전 제천에서 있었던 스포츠 센터 화재는 기준치를 무시하고 시공한 건물 외벽 물질이 급격히 타면서 지나치게 많은 유독가스를 내 뿜었고 미처 대피하지 못한 상황에서 29명의 사망자가 발생했습니다. 평소 화재에 대비하고 안전을 우선하는 건물 관리가 필요합니다.

예를 들어 설명하면 스토리를 통해 기억되고 문장은 간소화되는 장점이 있다.

3) 픽쳐 토크 (Picture Talk)

설명기법의 하나로 상대의 이해를 돕기 위해 마치 그림을 그리듯 말하는 방법이다.

〈우리 동네에 고양이가 한 마리 있는데 밥을 먹으러 옵니다.〉라고 말하기보다

➡️ 우리 동네에는 고양이가 한 마리 있는데요. 주인은 없지만 꼬리가 길고 하얀 털이 복슬복슬 한 것이 눈은 반짝반짝 빛나고 무척 귀엽습니다. 크기는 겨우 주먹 두 개 정도 되는 데요 살포시 다가와서 꼬리를 살짝 세우고 준비해 놓은 밥을 먹고 가는 것을 보면 어찌나 이쁘고 귀여운지 동네 사람들이 다 좋아합니다.

마치 그림을 그리듯 이야기 하는 기법으로 더 정확하게 상황을 공감하게 된다.

4) 비유법

표현하고자 하는 대상을 다른 대상에 비유하여 표현하는 수사법으로 말의 이해를 돕는다. '~처럼', '~같이'로 쓸 수 있다.

> 예 "저희는 오늘 프레젠테이션을 마치 물이 흐르는 것 같이 진행해 보고자 합니다."

5) 긍정 활용 표현법

긍정적인 표현을 활용하면 긍정의 이미지를 만들고 비난이나 불만 등 부정적 표현에 비해 상대의 설득을 이끌기 쉽다.

> 예 100만원짜리 화장품 세트가 있습니다. 아무리 봐도 값이 비싸죠? 이 때 이 화장품 세트를 팔고자 하는데 손님이
> "너무 비싸요"하고 말한다면 어떻게 대답하는 것이 좋을까?
> "비싸죠 근데요~ "라고 말하는 것 보다 손님의 행동을 이끌어 내기 위해
> "아! 비싸다고도 해요. 그리고 좋다고도 해요"하며 긍정적인 연결 단어를 사 용하면 긍정적 효과와 함께 매출을 올리는데 도움이 된다.

6) 맞장구와 동조법

대화나 스피치에서 '맞다'고 호응하며 밝은 표정으로 고개를 끄덕이는 것이다.

사람들은 누구나 자신이 인정받기를 원한다. 맞장구와 동조는 상대를 인정한다는 최고의 리액션이다.

7) 논리적 호소법

"정말 좋아요", "너무 좋아요"를 반복하며 프레젠테이션을 하기보다 왜? 그런지 타당한 이유를 들어 설명한다. 태도의 변화를 이끄는 이론으로 활용되는 정교화 가능성 모형은 주장하는 내용이 논리적일 때 사람들의 태도변화를 이끄는 것으로 나타나고 있다.

8) 시선 맞춤법

스피치나 프레젠테이션을 할 때 시선은 항상 상대의 눈을 중심으로 바라본다. 상대를 존중하는 보디랭귀지의 하나로 양쪽 눈썹과 입을 역삼각형으로 연결한 중심을 바라본다. 청중이 많을 때는 한 문장을 말할 때 한사람을 바라보아야 안정감이 생긴다.

9) 예의 활용법

심사가 이루어지는 긴장의 순간에도 유능한 프레젠터는 예의 있는 인사를 잊지 않는다.

"안녕하십니까? 귀하신 위원님들을 모시고 이번 발표를 하게 된 저는 ○○○입니다.

우선 예향의 고장 전주에서 이렇게 큰 행사가 열리는 것을 진심으로 축하드립니다. 그럼 지금부터 ○○을 시작하도록 하겠습니다."

크고 작은 장점을 잘 활용하는 것은 듣는 사람의 호감을 얻게 되어 심사현장에서 좋은 결과를 얻는데 도움이 된다. 평소 작은 것이라도 예의를 갖춰 칭찬하는 습관을 들이도록 한다.

"오늘 이 자리에 오신 우리 모두가 주인공이라고 생각합니다. 모두를 위해 힘찬 박수를 부탁드립니다."

"오늘 저의 발표를 들어주신 심사위원 여러분께 감사드립니다."

3. 설득을 위한 문장전개 기법

시작한 말을 매끄럽게 이어가지 못하고 원하는 대로 끝맺지 못하여 말하기가 어려운 경우 다음의 기준을 중심으로 문장을 전개하면 매끄러운 말하기를 할 수 있다.

1) PREP 화법

결론을 먼저 말하는 화법으로 이유와 예를 들어 설명하고 다시 결론으로 돌아오는 화법이다.

• 결론부터 전달하는 PREP화법

Point **R**eason **E**xample **P**oint
결론　　　　　이유　　　　　근거　　　　　결론

'왜냐하면, 예를 들어, 결론적으로'의
순서로 말하는 방법

P : Point

R : Reason

E : Example

P : Point

 장래 희망이 뭔가요?

'네 제 장래 희망은…' 이 때 PREP 화법을 이용하여 다음과 같이 전개할 수 있다.

 Point

저는 수학 선생님이 되고 싶습니다.

 Reason

왜냐하면 저는 가르치는 재능이 있다고 느끼기 때문입니다.

 Example

예를 들어 고등학교 때 제가 친구들에게 문제를 풀어주고 그 이유를 설명하면 친구들이 정말 쉽게 이해하고 좋아 했습니다. 저는 이런 모습을 보면서 제게 가르치 는 재능이 있다고 생각했고 의미 있는 일이라고 느꼈습니다.

 Point

결론적으로 저는 수학 선생님이 되어 수학을 어려워하는 학생들에게 쉽고 재미있게 그 원리를 가르쳐 주고 싶습니다.

2) EOB 화법

E : Example

O : Outline

B : Benefit

예를 들어 이야기 하고 핵심을 정리한 후 이익이나 시사점을 알리는 화법이다.

 Example

고등학교 때 저는 수학을 무척 좋아하고 친구들에게 가르쳐 주는 것도 좋아했습니다.

제가 문제를 풀어주면 친구들은 이해가 쉽다고 했어요.

 Outline

그 때 저는 장래희망으로 교사가 되는 꿈을 갖게 되었고 사범대에 진학하게 되었습니다.

 Benefit

이제 교사가 되면 인성과 재능까지도 골고루 챙기는 진정한 선생님이 되겠습니다.

 • • 예시를 활용하는 EOB화법

Example   **O**utline   **B**enefit

예시   핵심정리   이익/시사점

이야기로 재미있게
이해를 자연스럽게
동조를 이끌어 내는

{...}

3) 홀 - 파트 화법 (Whole - Part)

홀-파트 화법은 전체에서 부분으로 들어가는 화법으로 보고서 또는 공문작성, 방송에서 주요 뉴스를 전달 할 때도 사용한다.

Whole : 전체적인 내용
Part : 부분으로 나누어 설명

 Whole

이번 축제의 주제는 소통입니다. 소통이 어렵다고는 하지만 서로 마음을 연다면 그리 힘든 일도 아닐 텐데요. 이번 축제를 통해서 교우들의 소통공간을 만들어 보고자 합니다. 우리는 우선 3가지의 키워드를 주제로 이번 축제를 풀어가고자 합니다.

 Part

첫째 관심입니다. 교우들이 축제에 관심을 갖도록 유도하겠습니다.

 • 홀-파트화법 (Whole-Part)

둘째 참여입니다. 이번 축제에 적어도 한 번 쯤은 참여할 수 있도록 다양한 부스와 코너를 만들겠습니다.

셋째 나눔입니다. 사랑의 모금함을 만들어 어려운 학우에게 힘이 되도록 하겠습니다.

4) A – B – A' 화법

음악 작곡형식에서 쓰이는 기법으로 론도형식에서 따온 화법이다. 론도형식은 처음 제시한 선율부분이 일정한 형식으로 이어지는 형식을 가리킨다. 예를 들어 모차르트의 '작은별'의 한 부분을 살펴보면

'반짝반짝 작은 별 아름답게 비치네
동쪽하늘에서도 서쪽하늘에서도
반짝반짝 작은 별 아름답게 비치네'

어릴 때부터 듣던 동요인 이 '작은별'을 노랫말로 A – B – A'를 적용해 보면

반짝반짝 작은별 아름답게 비치네   – A

동쪽하늘에서도 서쪽하늘에서도   – B

반짝반짝 작은별 아름답게 비치네   – A'

위 노래를 적용해 스피치를 하며 A부분을 도입부로 하고 B부분을 중심 내용으로 A'를 결론으로 적용해 활용하면 안정감 있는 스피치가 된다.

• • • 설득 화법

A – B – A' (론도 형식)

[예] 우리는 치아 건강을 위해 이를 잘 닦아야 한다고 이야기 합니다.   – A

그렇다면 어떻게 닦아야 할까요?   – B
바로 333 법칙이 있습니다.
치아건강을 위해 어릴 때부터 꼭 지켜야 하는 습관인데요
하루에 3번, 식사 후 3분 이내로, 3분 동안 양치하는 것을 말합니다.

333법칙을 생활화 해 건강한 치아를 평생 유지하시기 바랍니다.   – A'

설득 화법을 중심으로 말하고 꾸준히 적용하면 스피치를 못한다고 생각했던 사람도 짜임새 있는 말하기를 할 수 있다. 위에 소개한 화법에 조금씩 내용을 덧붙이면 글쓰기에도 적용 할 수 있다.

스피치의 버려야 할 습관

스피치도 통하는 스피치가 있고, 대부분의 사람들이 싫어하는 스피치도 있다. 스피치에 있어 버려야 할 안 좋은 습관이 있다. 사람들은 험담, 비판, 부정, 불평, 변명, 과장, 독단의 스피치를 싫어한다.

• 버려야 할 7 가지 습관

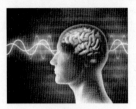

→ 험담하기 (Goosip)

→ 비판하기 (Judging)

→ 부정하기 (Negativity)

→ 불평하기 (Complaining)

→ 변명하기 (Excuses)

→ 과장하기 (Lying)

→ 독단주의 (Dogmatism)

 스피치에서 지녀야 할 습관

스피치에 활용하면 좋은 습관을 4가지로 정리하면 정직, 진정성, 도덕성, 사랑으로 귀결 할 수 있다. 이 가운데 사랑은 타인을 유익하게 하는 스피치를 가리킨다. 말 한마디라도 상대에게 도움이 될 수 있도록 노력해야 한다.

 • 지녀야 할 4 가지 습관

HAIL (인정, 환영 받다)

H → Honesty (정직)

A → Authenticity (진정성)

I → Integrity (도덕성)

L → Love (사랑)

4. 프레젠테이션의 오프닝과 클로징

1) 오프닝

호감을 갖게 하는 프레젠테이션의 최초 3분을 활용하여 집중도를 높인다.
프레젠터와 앞으로 전개 될 내용에 대한 관심과 호기심을 갖게 한다.

🐰 **강의라면 강사에 대한 소개를 조금 과하게 하여 후광효과를 누린다.**

청중은 정보를 얻을 수 있다고 판단되는 발표자, 호기심 나는 발표자, 유명한
발표자를 선호한다. 청중의 기대를 저버리는 발표자가 되어서는 안 된다.

🐰 **궁금증을 유발하는 화면을 구성하여 청중의 관심을 이끈다.**

다음은 어느 축제 경쟁 프레젠테이션에서의 첫 화면의 설명 예이다.

예 (낡은 티셔츠를 화면에 띄우고 질문한다.)
여기 이 티셔츠는 얼마일까요?
네, 명품을 만드는 ○○사의 제품으로 한 장에 45만원이었습니다.
이 티셔츠는 한정판으로 판매직후 3시간 만에 모두 팔렸는데요.
바로 브랜드의 가치에 대한 구매였습니다.

우리는 이번 축제를 그동안 쌓아온 축제 브랜드와 연결시키겠습니다.

2) 클로징

🐰 **슬라이드가 아닌 청중을 바라본다.**

너무 긴장한 나머지 슬라이드만을 바라보는 경우가 있다. 슬라이드는 프레젠

테이션을 잘 할 수 있도록 돕는 자료일 뿐 청중을 외면하는 자료로 활용하면 안 된다.

클로징은 항상 청중을 바라보고 눈을 맞추며 유종의 미와 감동을 남기도록 한다.

🌿 무대를 활용해 시선을 집중시킨다.

무대에서 프레젠터의 자리는 시선을 변화시키는 역할을 한다.

클로징을 무대 한 쪽 끝에서 하는 경우와 무대 중앙에서 하는 경우로 마지막 정리를 통해 상황을 환기시키고 부위기를 전환하는 경우이다.

만약 움직임이 용이하지 않는 경우는 목소리의 크기와 톤을 달리하여 분위기를 전환하고 끝인사의 여운을 준다.

🌿 슬라이드 마지막 화면도 전략이다.

마지막 슬라이드에 습관처럼 '고맙습니다'라고 쓰고 말하기보다 의미있는 문구나 영상을 통해 프레젠테이션을 오래도록 기억에 남거나 감흥이 있게 마무리한다. 다음은 마지막 슬라이드를 통한 끝인사의 예이다.

> **예** (쭉쭉 뻗은 대나무를 띄운 슬라이드를 보이며)
> 대나무는 여러 마디가 있지요.
> 계절이 바뀌고 해가 바뀔 때마다 이런 마디가 생긴다고 합니다.
> 굴하지 않는 꾸준함이 오늘의 이 큰 대나무를 만들었을 겁니다.
> 우리도 때로 힘들어도 꾸준히 나아갈 때 우리의 미래가 더 빛나게
> 될 것입니다. 오늘도 최선을 다하는 여러분을 응원합니다. 고맙습니다.

•• • 오프닝에서 챙길 말, 피할 말

	오프닝	주요 내용
1	오프닝이란?	프레젠테이션을 시작하는 인사말로 발표자의 첫인상 결정 발표자의 열정, 각오, 진정성이 담겨야 한다. 판에 박힌 말은 피한다.
2	결론부터 말한다.	주제를 언급하며 취지와 배경도 함께 설명한다. 결론을 먼저 말하여 관심, 호기심을 집중시킨다.
3	어색한 분위기 깨기	질문을 던지거나 청중을 향한 관심을 표현하여 처음 만난 자리의 어색함을 깬다. 청중이 궁금해 하는 쉬운 문제를 내는 것도 좋다. 청중이 프레젠터의 말에 귀 기울이게 하는 분위기를 만들면 가장 좋다.
4	목차를 말하지 않아도 된다.	오프닝에서 반드시 목차를 말할 필요는 없다. 목차를 열거하다 시간을 보내는 것을 피한다. 다만 잠깐 슬라이드를 보여주고 이런 내용을 담고자 한다고 언급 한다.
5	오프닝에서 피해야 할 말	저도 아는게 많이 없는데 이 자리에 서게 되었습니다. 준비를 많이 못했는데요. 참고해 주시기 바랍니다. 설명이 부족해도 잘 들어주시면 감사드립니다. 제가 언변이 약해서... 저의 부서원들이 준비해서 제가 잘 모르는 부분도 있는데 저기 저분 키가 좀 작으시네요 (지나친 겸손이나, 준비를 제대로 못한 듯한 인사말은 피한다. 또, 전문가가 아닌 인상을 주면 안되고 종교적, 또는 성적 유머나 인신관련 유머도 피해야 한다.)

5. 프레젠테이션에서 떨지 않는 법

1) 마음조절

① 스티브잡스 처럼 하려고 하기보다 조사한 내용을 '잘 알려 준다'고 생각하면 긴장감이 훨씬 덜해진다.

② 앞에 있는 청중을 친근하게 생각하거나 나를 좋아한다고 생각한다.

③ 나는 무리없이 프레젠테이션을 잘 할 수 있다고 되 뇌인다.(뇌 인지 기법)

2) 몸 조절

① 손과 몸을 주무르고 발을 꼬물락 거려 본다.

② 큰 숨을 쉬며 호흡을 통해 안정을 얻는다.

③ 전체적으로 목차를 다시 보면서 처음과 끝을 연결시킨다.

📡 오늘의 발표

1. 설득화법으로 자신 10년 후를 발표해 보자.

2. 조별 발표

조별로 15분 내외의 영상으로 선정한 동영상을 시청하고
– 프레젠터의 스토리, 스피치, 디자인을 중심으로 토의해 보자.

읽기자료 11

두뇌 생체 리듬과 수면

체온, 호흡, 소화, 호르몬 분비 등과 같은 우리 몸의 많은 기능들과 요소들은 매일 최고점과 최저점을 오가는 '24시간 주기 리듬'을 경험하는데 이러한 주기의 시간대는 두뇌의 햇빛 노출에 의해 결정된다. 이러한 '24시간 주기 리듬'은 학습할 의도를 가지고 들어오는 정보에 주의 집중하는 능력을 조절하는 '심리-인지적 주기'라고 부르는데 청소년 이전과 성인 시기는 리듬 주기가 유사하지만, 청소년 시기는 청소년 이전 및 성인 시기에 비해 리듬 주기가 1시간 정도 늦게 시작하고 저녁 늦게까지 자지 않고 오랫동안 집중력을 유지하고 있다. 이는 청소년들이 아침에 일찍 일어나지 못하고 늦잠을 자는 이유를 설명하는 동시에 저녁 늦게까지 잠들지 못하는 이유를 설명하는 뇌과학적인 근거가 될 수 있다.

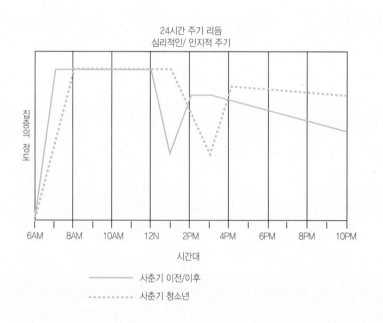

발표평가시트

조 이름		발표시간	조 이름		발표시간	총 평	펜타플로우 가이드
발표자			발표자			Story	**Story**
Story							• 스토리텔링
							• 매직넘버3 (숫자활용)
							• 1슬라이드 1메시지
							• 오프닝, 클로징
Design						Design	
							Design
Speech							• 이미지 활용
							• 화면전환
							• 타이포(KISS & KILL, 글꼴)
Image							• 정체성
Audience		총점			총점	Speech	**Speech**
							• 호흡, 발성, 발음
조 이름		발표시간	조 이름		발표시간		• 브릿지코멘트
발표자			발표자				• 설득화법
						Image	• Pause
Story							**Image**
							• 기본자세
Design							• 발표자 착장과 연출
							• 공간언어
Speech							• 시선교환
						Audience	**Audience**
Image							• 청중교감
							• 질의응답 테크닉
Audience		총점			총점		• 소품이용
							• 인사

Quiz

좋은 목소리의 3요소는 무엇인가?

다양한 스피치 기법에 대하여 살펴 보자.

PREP 화법은 무엇인가?

EOB 화법은 무엇인가?

Whole - part 화법은 무엇인가?

A-B-A' 화법은 무엇인가?

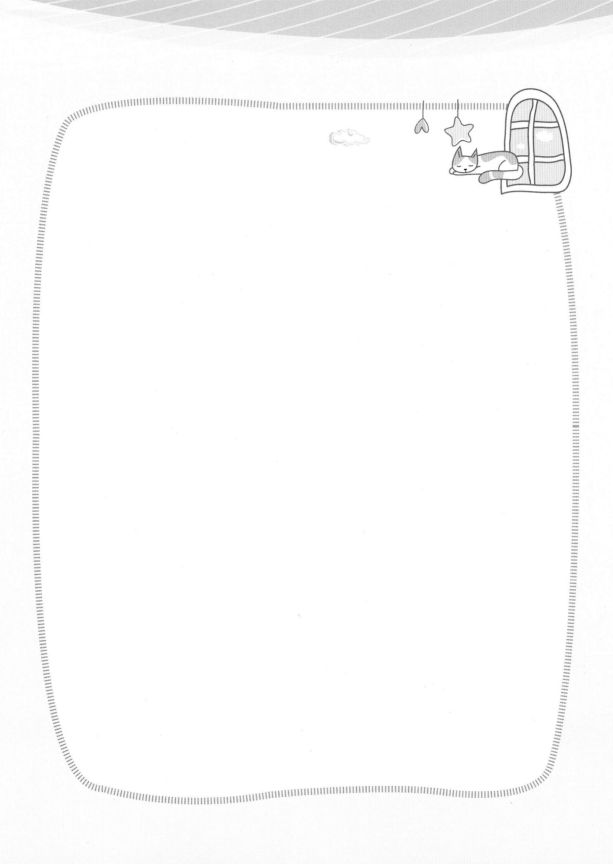

GLOBAL MANNER AND IMAGE MAKING_PRESENTATION

CHAPTER
12

이미지, 오디언스 플로우
(Image, Audience Flow)

이번 장에서는 프레젠테이션의 신뢰감과 몰입 효과를 주는 프레젠터의 이미지(Image)와 오디언스(Audience) 플로우를 중심으로 살펴본다.

1. 이미지 플로우 (Image - Flow)

프레젠테이션은 누가, 어떤 내용을, 어떻게 전하는가? 이다.

'누가(Who) 전할 것인가는 원활해지고 신뢰감을 갖게하는 프레젠터의 선정과 관련이 깊다.

1) 이미지란?

심상(心象), 영상(映像), 표상(表象) 등을 뜻하는 말로 인간의 마음속에 그려지는 사물의 감각적 영상을 가리킨다. 주로 시각적인 것을 말하지만 시각 이외의 감각적 심상도 이미지라고 한다. (Daum 백과사전)

마음속에 남아있는 상대한 대한 인식으로 좋은 이미지를 지녔는지 아닌지에 따라 나의 행동이 달라지고 상대가 주는 정보에 대한 신뢰도 달라진다.

① **내적인 이미지**

- 습관, 감정, 욕구, 심성, 감정 등 (심리적, 정신적 특성)

② **외적인 이미지**

- 표정, 헤어스타일, 메이크업, 매너, 언어적 커뮤니케이션 등

이미지는 20세기 후반으로 접어들면서 국가, 사회, 개인 모두에게 영향력이 확대되고 있다. 제품뿐만 아니라 사람에 대한 호감도 이미지에 의해 좌우된다.

2) 이미지 측면에서 바라 본 프레젠테이션

 ### 2018년 평창동계올림픽 선정 프레젠테이션

2011년 7월 7일 0시 20분(한국시간) 제 123차 IOC 총회가 열리고 있는 남아프리카 공화국 더반의 국제회의 장에서는 제23회 동계올림픽 개최지를 선정하는 프레젠테이션이 열렸다.

평창 동계 올림픽 유치에 힘써 왔지만 두 번의 고배를 마신 후 3번째 프레젠테이션 현장이다. 당시 프레젠테이션은 반드시 평창에서 올림픽을 개최해야 한다는 당위성과 열의가 넘쳤다.

프레젠테이션을 위한 프레젠터로는 벤쿠버 올림픽 피겨스케이팅 금메달리스트 김연아 선수, 평창 올림픽 유치위원회 나승연 대변인, 이명박 전 대통령 등 정부관료와 문대성 IOC위원이 참여했다.

김연아 선수와 나승연 대변인의 감성적인 호소와 더불어 정부 관료 및 문대성 IOC 위원은 평창이 준비한 운영전략과 경기장 등을 설명하였다.

 ### 2022년 월드컵을 향한 박지성 선수의 프레젠테이션

'나는 평발입니다. 프로 선수는 꿈에 불과했지요. 하지만 월드컵이 그것을 가능하게 만들었습니다.' 또박또박하고 유창한 영어로 2022년 한국 월드컵 개최에 대한 프레젠테이션을 한 박지성 선수의 프레젠테이션이다.

박지성은 자신을 키워준 히딩크, 아드보카트, 퍼거슨 감독을 열거 후 자신과 같은 어린이들이 꿈을 이룰 수 있도록 대한민국을 지지해 달라고 호소하였다.

2010년 12월1일(한국시간) 스위스 취리히에서 치러졌던 국제축구연맹(FIFA) 2022년 월드컵 축구대회 유치를 위한 프레젠테이션에는 당시 김황식 국무총리와 한승주 월드컵유치위원장, 이홍구 전 총리, 박지성(맨체스터 유나이티드) 선수 등이 나섰다

열정적인 프레젠테이션에도 불구하고 2022년 월드컵 개최지는 아쉽게도 중동의 '카타르'로 결정되었다.

앞의 두 프레젠테이션은 모두 영어로 이루어졌으며 프레젠터는 공신력 있는 스포츠 스타와 정부 관료, 조직위원회 인사였다.

프레젠터의 이미지를 적극 활용한 프레젠테이션이었다.

3) 아리스토텔레스가 말하는 설득의 요건 3가지

그리스의 철학자 아리스토 텔레스는 누군가를 설득하고자 할 때 다음의 3가지 요소가 필요하다고 했다.

① 에토스 (Ethos) : 말하는 사람의 전문성, 신뢰감, 경력, 호감 등이 작용한다.
② 로고스 (Logos) : 논리에 입각한 실증적 자료 등으로 상대의 신뢰를 얻는다.
③ 파토스 (Pathos) : 감성적인 부분에 작용하는 것으로 감정과 감동이 포함된다.

● 아리스토텔레스 설득의 3요소

	에토스 Ethos
	로고스 Logos
	파토스/페이소스 Pathos

4) 프레젠테이션과 심리작용

프레젠테이션은 인간의 심리와 깊은 연관을 갖는다. 청중이 오늘 기분 좋은 일이 있다면 프레젠테이션의 내용에 더 몰입하게 되고 이해도 빠를 것이다. 발표를 하는 발표자의 비언어적 사회적 지각이 청중에게 어떤 이미지를 형성하는지 살펴보고, 보다 영향력 있는 발표를 위해 필요한 심리 법칙들을 살펴본다.

(1) 호감의 법칙

　로버트 치알디니의 설득의 심리학 가운데 하나인 호감의 법칙은 호감을 주는 상대가 그렇지 않은 상대에 비하여 'OK'얻어 낼 확률이 높다는 연구결과이다. 누구나 내가 좋아하는 것을 선택 할 가능성이 높으며 법정에서 조차 잘 생긴 피의자가 형량을 더 적게 받을 가능성이 있다고 말한다. 내가 좋아하는 사람에게 더 잘 대해 주고 나와 취미와 성격이 닮은 사람에 대해 끌리는 것도 호감의 법칙이 작용하기 때문이다.

　호감을 주는 외모와 자세, 표정, 진실성, 목소리, 말투 등을 프레젠테이션에 활용한다.

(2) 초두 효과 (Primacy Effect)

　두 가지의 상반된 정보가 있을 때 처음 접한 정보가 후에 접한 정보에 비하여 더 중요하게 작용하는 것을 말한다.

　잠시 후 미팅을 하는데 미팅상대인 A와 B에 대한 사전 정보는 다음과 같다.

A : 똑똑하다. 근면하다. 충동적이다. 비판적이다. 고집이 세다. 비판적이다.
B : 비판적이다. 고집이 세다. 비판적이다. 충동적이다. 근면하다. 성실하다.

사전 정보를 보고 A와 B 중 누가 더 호감 있게 다가올까?

　심리학자 애쉬 설문조사 결과 같은 두 사람은 성격을 지니고 있었음에도 사전 정보에서 긍정적인 성격의 단어부터 제시된 A에 대한 호감도가 B에 비하여 높은 것으로 나타났다.

　A는 앞에 제시된 똑똑하다, 근면하다는 정보가 첫인상을 만드는 중요한 역할을 했던 반면 B는 똑똑하고 근면한 성격이 있었음에도 비판적이고 고집이 센 성격이 먼저 부각됨으로써 첫인상의 호감정도가 낮아졌다.

(3) 대인지각 이론

고든 앨포트(Gorden Allport)의 이론으로 30초 동안에 처음 만난 상대의 성별, 나이, 체격, 직업, 성격, 깔끔함, 신뢰감, 성실감 등을 어느 정도 평가할 수 있다.

(4) 후광효과

- 발표자의 직업, 사회적 지위, 다양한 경험 등의 영향을 받는다.
- 인상 좋은 발표자가 그렇지 않은 사람에 비해 적극성, 성실성, 지적 능력 등에서 유리한 평가를 받는다.

5) 슬라이드와 프레젠터의 위치

- 프레젠터의 위치는 슬라이드의 끝 면과 발표자의 어깨가 살짝 맞닿는 위치가 바람직하다.
- 왼쪽, 오른쪽 상관은 없으나 청중이 바라봤을 때 오른쪽에 서는 것이 포인터

 •• • 몸짓언어의 구분

스크린의 정보를 공유할 때 　　발표자의 메시지를 표현할 때

를 활용하기 편리하다. 왼쪽 손을 주로 사용하면 왼쪽도 무방하다.

- 빔 프로젝트를 활용시 정 중앙에 서는 것은 글씨가 얼굴을 가릴 수 있어 피한다.
- 슬라이드만을 보고 정작 청중에게 등을 보이는 것은 바람하지 않다. 항상 청중을 주시한다.

6) 프레젠테이션을 위한 5가지 비언어적 요소

말하지 않아도 메시지를 전달하는 방법이 있다. 프레젠테이션에 적용하면 좋은 5가지 비언어적 요소를 살펴 본다.

(1) 기본 자세

- 손의 위치 : 큐카드를 들고 있을 때 또는 무언가를 설명하며 손을 들어 올릴 때
- 손의 위치는 턱 아래에서 배꼽 사이 공간에서 움직이도록 한다.
- 손이 턱 위로 올라가게 되면 시선이 얼굴을 가려 답답하다.

 • 손의 기본 위치

손의 기본 위치와 높이는
명치와 배꼽 사이가 적당

글로벌 매너와 **이미지 메이킹 프레젠테이션**

• 장비 : 프레젠테이션을 위한 슬라이드와 포인터 등 PPT 장비가 잘 갖춰졌는지 살펴둔다. 컴퓨터의 작동이나 동영상 활용이 용이한지도 살핀다.

(2) 공간 언어, 발표자의 삼각형

• 전환 : 무엇인가 분위기 전환이 필요할 때는 스크린 앞을 좌측에서 우측으로 또는 우측에서 좌측으로 가로 질러 간다. 예를 들어 청중이 졸려하거나, 분위기를 집중 시킬 때 활용한다.

• 강조 : 스크린 앞에서 청중 쪽으로 걸어 나가는 방법으로 내용을 강조 할 때 활용한다.

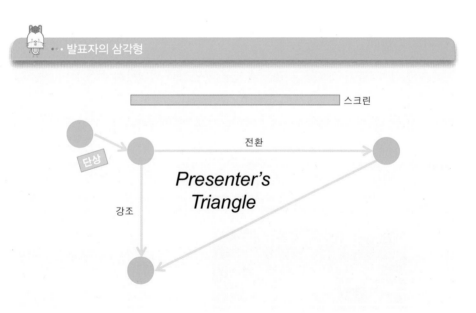

• • • 발표자의 삼각형

(3) 몸짓언어, 말하지 않고 행동표현한다.

• 증가 : 손을 위 아래로 움직여 증가의 표시를 전한다.
• 경쟁 : 양 손을 주먹으로 졌을 때 주먹이 마주 보도록 표시한다.
• 확장 : 양 쪽 손이 가슴 앞에서 점점 확장하듯 커진다.
• 중단 : 한족 손을 받치고 그 손위에 다른 손으로 받친 손을 가르 듯 표시한다.

••• 몸짓 언어의 활용 예

✔ 점차 증가하고 있다

저희 회사 매출액이 점차 증가하고 있습니다

✔ 경쟁상황 ✔ 확장하다 ✔ 중단되다

경쟁이 치열해지든 시장상황을 볼 때, 사업을 확장
하기보다는 기존 사업을 중단하는 것이 좋겠습니다

✔ 최고 ✔ 최저

저희 회사의 주가가 최고치에서 최저치로 떨어졌습니다

✔ 함께, 다같이 ✔ 감사, 소망 ✔ 열정, 의지

저희와 함께하시기를 진심으로 바라며,
열정으로 보답하겠습니다

- 최고 : 손을 허리부터 시작해 턱 아래까지 올라오게 표시한다.
- 최저 : 최고 표시와 반대로 손이 허리 아래쪽으로 내려가듯 표시한다.
- 다같이, 함께 : 양 손을 가슴 앞에서 적당한 거리로 펴 함께의 뜻을 표시한다.
- 감사, 소망 : 가슴 앞에서 양손을 잡아보며 감사의 마음을 표시한다.
- 열정, 의지 : 파이팅을 하듯 주먹을 쥐면서 팔을 들어 올린다.

 몸짓 언어의 기본 원칙

- 손 전체를 사용한다.
- 격과 내용에 알맞게 사용한다. (지나친 사용은 번잡스럽다)
- 시선방향과 일치시킨다.
- 몸짓언어는 크고 확실하게 한다.
- 얼굴 표정도 함께 신경쓴다.

•••• 몸짓 언어

• 몸짓언어의 순서와 긍정적 반응

- **몸짓언어의 순서 :** Point 〉 Turn 〉 Speak

- **손바닥 제스처의 긍정적 반응**

84%   52%   28%

 손바닥 제스처의 긍정적 활용

- 손바닥을 위로 하여 펼칠 때 84%
- 손 등이 보이게 펼칠 때 52%
- 주먹을 쥔 상태에서 검지 손가락만 펴고 말할 때 28%

(4) 시선 교환 , 시선은 최대한 골고루 바라본다.

  • 사각지대의 청중에 신경쓰자

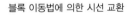
블록 이동법에 의한 시선 교환

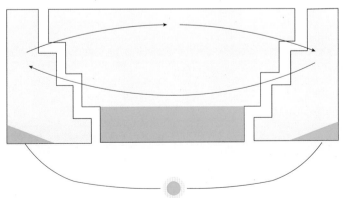

무작위 아이컨텍 (Eye Contact)

슬라이드 앞에서 설명을 하며 시선이 전체 청중에게 고루 향하도록 한다.

 ## 긍정적인 청중 중심 아이컨텍

긍정적으로 바라보고 있는 청중을 줌심으로 시선을 옮긴다.

프레젠테이션 또는 강의를 할 때 모든 청중이 발표자에게 몰입하는 것은 아니다. 이 때 '나에게 관심이 없나?'하고 의기소침하기보다 긍정적 청중에 시선을 둔다.

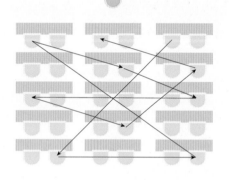

 ## 의사 결정자 중심 아이 컨텍

경쟁 PT 또는 프로젝트를 설명할 때 결정권자(Keyman)에게 시선을 둔다.

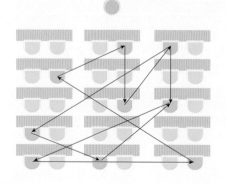

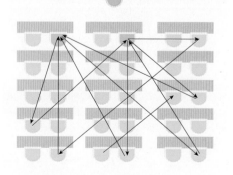

7) 표정의 미학

 · 진짜 웃음은 어느 쪽 일까요?

 · 뒤센 미소와 판앰 미소

뒤센 미소 Duchenne Smile	판앰 미소 Pan-Am Smile

"진심 어린 미소"	"보톡스, 서비스 미소"
• 광대를 올리며 눈 주름이 지게 웃는 것 • 눈 주위 근육이 자연스럽게 움직임	• 입 꼬리 근육만 사용하여 웃는 것 • 예의를 나타내기 위해 주로 사용 • 이는 감정노동에 시달리면서 억지로 웃는 웃음으로 일명 영혼없는 미소를 가리킨다.

(1) 뒤셴 미소

미국의 심리학자 폴 에크먼(Paul Ekman, 1935~)이 붙인 이름으로 미소를 학문적으로 연구한 프랑스 신경학자 기욤 뒤셴(Guillaume Duchenne, 1806~1875)의 업적을 기리기 위해 붙여졌다. 환하게 웃는 웃음, 마음에서 나오는 웃음을 가리키며 억지로 웃는 사람에 비하여 건강하고 긍정적인 에너지 전파가 강한 것으로 나타났다.

(2) 팬아메리칸 미소(Pan-American smile)

1991년 폐업한 팬 아메리카 항공의 스튜어디스가 지었던 억지 웃음을 가리키는 말이다. 사람들은 진짜마음에서 우러나는 웃음과 억지웃음을 감각적으로 알 수 있으며 누구나 억지웃음보다 환화고 밝은 진정성 있는 웃음을 좋아하고 공감한다.

2. 오디언스 플로우 (Audience Flow)

프레젠테이션은 청중이 반응하고 청중을 움직여야 한다. 마음을 움직여서 원하는 결과를 얻고자 한다면 청중을 존중하고 사랑해야 한다.

1) 사람은 누구나 존중 받고 싶어 한다.

그리스 신화를 그린 그림 가운데 나르키소스가 강물을 바라보며 강물에 비친 자신의 외모에 감탄하는 그림이 있다, 바로 옆에서 지켜보는 여성은 나르키소스를 사랑하는 여신 에코이다. 그녀는 나르키소스가 자신은 바라봐 주기를 원하지만 나르키소스는 오로지 강물에 비친 자신의 멋진 모습을 사랑해 자신을 안으려다 그만 강물에 빠져 목숨을 잃는다. 이를 바라보던 에코는 슬픔을 이기지 못하고 숲으로 숨어버렸다. 그녀는 이 후 그 숲속에서 나오지 않고 메아리가 되었다. 지금도 우리가 '야호'라고 부를 때 어디에선가 '야호'로 답하며 목소리만 들려주는 신이 바로 에코이다. 이후 나르키소스가 죽은 자리에는 꽃이 피었는데 그 꽃이 '자기애, 자기 사랑'의 꽃말을 지닌 수선화이다. 그리고 이와 관련한 심리학 용어가 나르시시즘(Narcissism) 자기 자신에게 애착을 느끼는 자기애(自己愛)를 뜻한다.

이 신화를 통해 보면 사람은 누구나 존중받고 싶어 한다. 나이와 직업, 성별에 상관없이 모두가 그렇다. 프레젠테이션 현장에서도 청중 하나하나가 지니고 있는 자아존중 심리를 이해하고 활용한다.

 ●● 그리스 신화

2) 청중의 특성

(1) 청중은 새로운 사실을 좋아한다.

누구에게나 시간은 귀하고 청중 역시 귀한 시간을 할애한 만큼 시간을 투자해도 좋은 만큼의 새로운 정보, 유익한 정보를 좋아한다.

(2) 청중은 쉽게 지루해 한다.

청중은 늘 새롭고 유익한 것을 좋아하는 반면 쉽게 지루해 하는 특성을 지닌다. 예를 들어 인터뷰를 할 때 답변자의 내용이 길고 지루하다면 듣고 싶은 마음이 사라진다. 방송 인터뷰에서도 일반적으로 답변이 지루해지지 않기 위해 답변시간을 1분 30초 정도로 조절하면 좋다.

프레젠테이션이라고 다르지 않다. 청중이 느끼기에 관련성이 없거나 이해가 어려운 내용을 접하면 아무리 인내심 있는 청중도 15분이 지나면 지루해진다.

(3) 청중은 휴대폰을 좋아한다.

누구나 휴대폰이 있고 습관적으로 휴대폰의 정보를 검색하는 세상이다. 청중의 눈은 수시로 휴대폰으로 갈 수 있음을 받아들인다.

(4) 청중은 행복해지고 싶어 한다.

청중은 심각하기보다 즐겁고 유쾌한 것을 좋아한다. 최근의 마케팅은 감성을 우선시한다. 필요한 물건 못지 않게 왠지 갖고 싶은 물건에 구매가 이루어진다. 소비자와 청중은 모두 행복해지고 싶어 한다.

(5) 청중은 전문가를 좋아한다.

프렌젠테이션을 할 때 입찰 등을 하는 경쟁 피티에서 심사위원 수는 7명에서 10명 안팎이다. 전문성을 요하는 경쟁 피티는 물론 수업과 관련한 발표 현장도 팀 프로젝트 등도 일정 기간 조사를 통해 전문성을 갖춘 발표자를 선호한다. 팀 공동 발표라면 그 중 가장 전문성 띄는 팀원이 발표하는 것이 좋다. 강연 현장 역시 일반 강사를 넘어 전문성을 지닌 전문가의 강연을 선호하는 추세로 바뀌고 있다. 논리적인 내용과 유쾌한 발표 스피치 능력을 구비한 담당자가 발표를 맡는다.

(6) 청중은 칭찬받는 것을 좋아한다.

칭찬은 고래도 춤추게 한다고 한다. 청중도 칭찬을 받으면 프레젠터의 말에 더욱 귀를 기울인다. 만약 경주에서 발표를 한다면 '아름다운 이곳 경주에 오게 된 것을 기쁘게 생각합니다. 경주에 계신 분들이 어찌나 친절하게 이모저모 챙겨주시는지 오늘 점심을 먹는데도 정말 기분이 좋았습니다.', '네, 선생님 말씀 고맙습니다.' 등등 칭찬스피치를 활용한다.

(7) 청중은 예의바른 프레젠터를 좋아한다.

프레젠테이션 현장은 삶의 축소판과 같다. 이 현장에는 청중이 많을 수도 있고 때로 2-3명 정도로 적을 수도 있다. 공통점은 사람 사는 현장에는 반드시 상대에 대한 예절이 필요하다는 점이다. 처음 사람을 보고 대화가 어렵다면 큰 소리로 '인사'를 하면 된다. 웃으면 인사하는 사람에게 호감을 갖는 것은 당연하다. 프레젠테이션도 인사부터 공손하게 하고 시작해야 한다. 중간중간 농담이라고 아무말이나 해서도 안된다.

3) 청중 분석

청중의 나이, 인원, 장소, 성별, 직업, 취향, 냉, 난방 상황 등을 꼼꼼히 살피고 가야 한다.

4) 발표 장소 분석

발표장의 구조, 청중과의 거리, 마이크 상태(음량, 성능), 프레젠테이션 시 컴퓨터와 포인트가 있는지 여부, 동영상 상영이 원활한가? 등을 살핀다.

발표장	상황 유무	챙길 사항
무대 구조 및 위치	무대가 청중보다 높다, 낮다	옷차림 고려, 스커트 길이 등
청중과의 거리	가깝다, 멀다	아이컨텍이 원활한가?
마이크 유무	마이크 소리가 청명한가	목소리를 사용해야 할 수도 있음 (마이크는 있으나 안좋은 성능일 때)
빔 프로젝트 유무	포인터는 있는가?	없으면 개인적으로 준비
동영상 상영	영상과 소리가 원활한가?	미리 상영 여부를 점검한다.

5) 청중 몰입을 위한 기법

(1) 라포(rapport) 형성

　라포(rapport)란 '마음을 터놓을 수 있는 상태', '마음이 서로 통하는 것', '말하는 것을 충분히 이해하는 상태'를 가리킨다. 처음 무대에 섰을 때는 누구나 어색하고 긴장도 많이 된다. 이 때 청중과 친해지는 방법을 활용하여 청중의 신뢰를 얻고 프레젠테이션을 편안하게 할 수 있도록 한다.

(2) 박수 유도

박수를 치면 활기가 생기고 생체리듬도 활성화 된다.

3.3.7 박수	분위기에 맞게 활용한다.
무작위 박수	건강을 위해 박수 한 번 쳐 보실까요
강사도는 청중을 위한 박수	우리 모두를 위해 박수를 부탁드립니다

(3) O X 퀴즈

어렵지 않게 쉽게 낸다. 즐겁게 풀 수 있는 문제가 좋다.

생각을 깊이 하거나 계산을 해야 풀 수 있는 문제는 현장 분위기를 더 얼게 만든다.
즐겁게 웃으면서 대답할 수 있는 문제를 고른다.

퀴즈	좋은 예	안 좋은 예
1	양치질은 하루 세 번 이상 한다.	미국의 GDP는 19조 달러가 넘는다
2	물고기도 귀가 있다.	우유에는 트립토판이 있어 잠을 유도한다
3	경기 할 때 응원하면 힘이 난다.	벌꿀이 많이 나는 지역은 청주다

(4) 따라하기

제목이나 중요한 내용을 함께 소리내어 읽거나 따라 읽게 한다.
강연을 할 때나 집중을 필요로 할 때 도움이 된다.

(5) 소품을 활용한다.

비소식이 예보 되어 있을 때 기상캐스터들은 우비를 입고 기상 예보를 하기도
하고 소품으로 우산은 들고 방송한다. 비가 온다는 것을 의상과 소품으로 알려
주는 것이다.

경쟁 입찰에서 실제 심사위원에게 해당 제품을 미리 전달하고 그 제품을 설명
하는 경우도 있다. 이 경우 시간과 동선을 잘 고려해야 하고 심사장 분위기도 잘
이끌어야 한다.

(6) 보다 긍정적인 분위기를 만든다.

문장을 사용할 때 되도록이면 긍정성을 활용하여 긍정의 분위기를 유도한다.
우리의 뇌에 부정성 보다는 긍정성을 입력하여 전체적인 분위기를 긍정적으
로 유도한다.

긍정성 활용	부정성 적용
오늘 오신 분이 몇 분이시죠?	오늘 안 오신분이 많나요?
되는 요일이 언제 인가요?	안 되는 요일이 언제인가요?

(7) 질의응답

질의응답은 두 가지 상황으로 나뉜다. 강의나 발표 중에 질문을 하는 경우와 강의나 발표 후 질문을 받는 형식이다.

	상황	방법
1	피티 중 질의 응답	청중의 질문에 긴 답변이 될 것 같으면 피티후 몰아 한다.
2	피티 후 질의 응답	경쟁 입찰의 경우 만일의 질문에 대비한다.

- 프레젠테이션 중에 프레젠터의 질문은 앞서 OX 문제와 같이 쉽고 대답하기 편한 문제를 낸다. 발표나 연설, 강연을 할 때 청중과의 교감을 위해 질문을 할 때 청중의 반응이 없다며 낙심하는 프레젠터가 많다. 이 경우 이유를 보면 지나치게 어려운 문제를 내는 경우가 대부분으로 입장 바꿔 생각하면 당연한 경우다.
- 피티 이후 질문은 강의나 발표 시 궁금한 내용일 때 프레젠테이션 중 시간이 길어져 맥이 끊길 수 있으므로 프레젠테이션 후 몰아서 질문을 받거나 쉬는 시간 중 개인적으로 질문을 받아 답하는 것도 방법이다.
- 경쟁 입찰 등에서는 발표 내용에 대한 질의응답 시간이 반드시 포함된다. 이 때의 질문은 보통 15분에서 20분 정도이며 이 질문에 대한 답변은 미리 예측하고 철저하게 준비한다.

6) 무대공포증 극복하기

(1) 무대 공포증이 생기는 이유

- 리허설을 충분히 하지 않으면 무대 공포증이 더욱더 심해진다.
- 전반적인 내용을 모두 이해하지 못 했다면 더욱 긴장된다.
- 스티브 잡스처럼 잘하려고 하면 더욱더 긴장된다.

(2) 발표 전 긴장 완화법

- 스스로를 칭찬한다. (또는 스스로를 속인다 – 뇌 활용 기법)
- 익숙한 것을 동원한다.
  - 예 편안한 의상. 식사, 전반적 준비 등
- 청중은 생각보다 프레젠터의 긴장에 대해 잘 모른다.
  - 예 방송을 하면서 무수한 실수를 하지만 놀랍게도 시청자는 잘 몰랐다고 한다. 누구나 자신에게 관심이 있기 때문에 상대인 프레젠터의 사소한 실수를 꼼꼼히 챙기는 청중은 그리 많지 않다. 지나치게 긴장하기보다 자연스럽게 리듬을 타도록 한다.

(3) 발표 5분 전 마음을 차분하게

- 손과 다리를 주무르거나 발가락에 힘을 주고 꼬물락거리면 훨씬 긴장이 풀린다.
- 복식호흡을 통해 마음을 안정시킨다.
- 마지막으로 전체 목차를 훑어본다.

오늘의 발표

1. 프레젠테이션 발표를 위한 PPT를 만들 때 활용한 디자인을 설명한다.

2. 나의 버킷 리스트 10 가지를 쓰고 발표한다.

발표 순서는 발표를 마친 사람이 다음 발표자를 추천하고 추천 이유를 말한다.

(사회보기 기법을 도입한 방법이며, 글로 쓰고 말로 하면 더 선명하게 비전을 그리게되고 이루게 된다.)

3. 조별 발표

조별로 15분 내외의 영상으로 선정한 동영상을 시청하고

– 프레젠터의 스토리, 스피치, 디자인, 이미지를 중심으로 토의한다.

읽기자료 12

스트레스 신경전달물질, 코르티솔

코르티솔은 지방산과 단백질을 당으로 분해하여 혈중 포도당을 증가시키고, 신체가 육체적·심리적 스트레스에 적응할 수 있도록 해준다. 여분의 포도당은 뇌로 공급되어 기분을 상쾌하게 만들어준다. 그러나, 걱정이나 질병으로 신체적·정신적 스트레스가 오래 지속되어 코르티솔이 과다 분비된 상태가 장기간 계속되면, 늘 긴장한 상태가 되어 집중력이 떨어지고 신경도 예민해진다. 특히 심각한 우울증 환자의 경우 코르티솔 농도가 매우 높은 것으로 나타났다. 또한 코르티솔에 장기적으로 노출되면 우울증이 유발될 수 있다고 한다.

특히, 코르티솔은 하루 중에서도 새벽 5시에서 아침 8시 사이에 많이 분비되는데 극심한 스트레스를 받으면 이른 아침에 깨서 다시 잠을 들 수 없는 것도 이 때문이다. 밤에 숙면을 취하지 못하고 깨게 되면 당연히 낮에 피곤해지기 마련. 낮의 피곤과 스트레스는 코르티솔 분비를 증가시키고 그날 밤에 또 잠을 못 이루는 악순환이 반복되어 심각한 수면 장애에 이르게 된다.

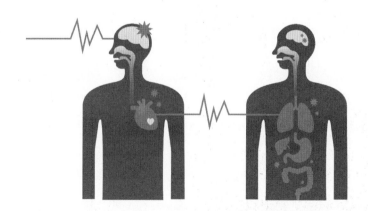

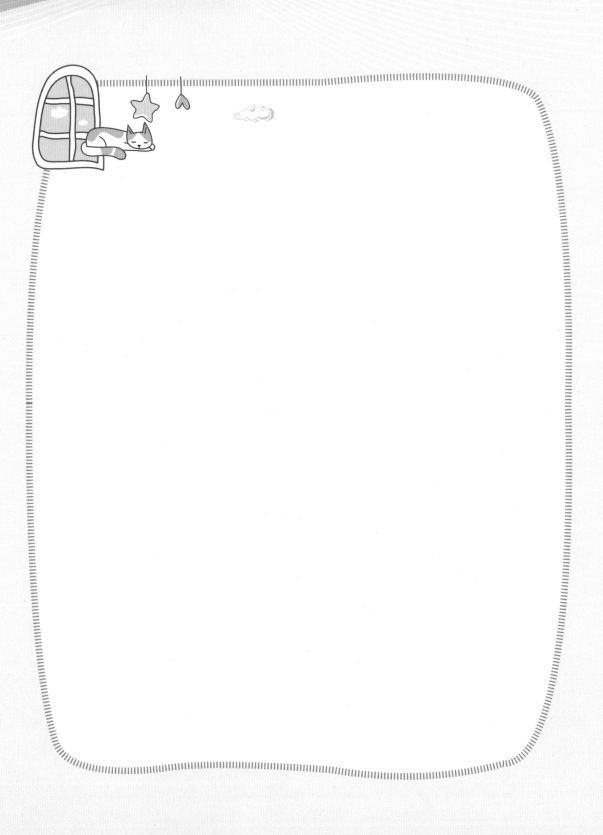

발표평가시트

조 이름		발표시간	조 이름		발표시간
발표자			발표자		

Story

Design

Speech

Image

Audience		총점			총점

조 이름		발표시간	조 이름		발표시간
발표자			발표자		

Story

Design

Speech

Image

Audience		총점			총점

총 평

Story

Design

Speech

Image

Audience

펜타플로우 가이드

Story
- 스토리텔링
- 매직넘버3 (숫자활용)
- 1슬라이드 1메시지
- 오프닝, 클로징

Design
- 이미지 활용
- 화면전환
- 타이포(KISS & KILL, 글꼴)
- 정체성

Speech
- 호흡, 발성, 발음
- 브릿지코멘트
- 설득화법
- Pause

Image
- 기본자세
- 발표자 착장과 연출
- 공간언어
- 시선교환

Audience
- 청중교감
- 질의응답 테크닉
- 소품이용
- 인사

Quiz

 프레젠테이션과 이미지에 대하여 토의해 보자.

 비언어적 요소인 몸짓언어 5가지는 무엇인가?

 호감가는 오프닝과 여운을 남기는 클로징에 대하여 생각해 보자.

 무대 공포증을 떨칠 수 있는 방법은 무엇인가?

 나에게 맞는 청중과의 라포(rapport) 형성 방법을 알아 보자.

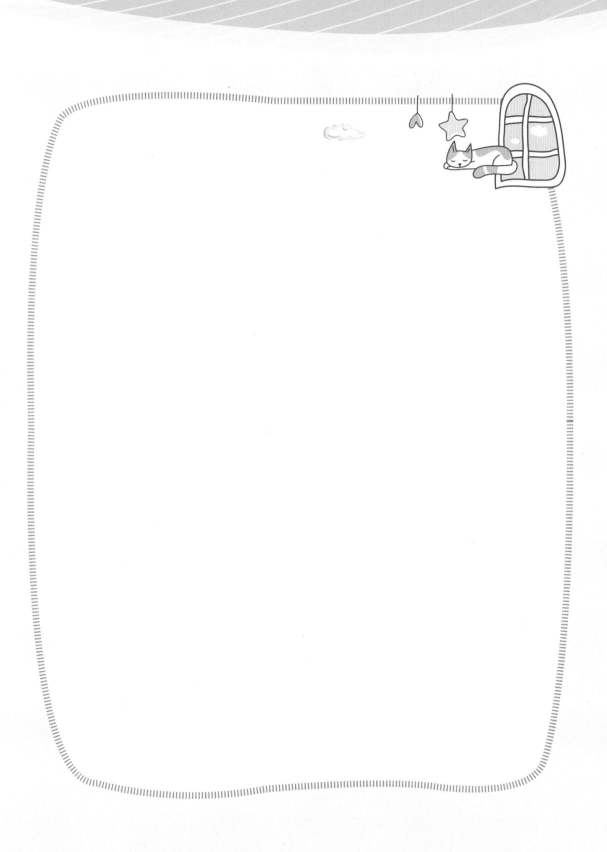

GLOBAL MANNER AND IMAGE MAKING_PRESENTATION

CHAPTER
13

제안서 작성 및 준비

이번 장에서는 실제 프레젠테이션 제안서 작성과 발표 날짜에 맞춘 일정 등을 통해 무엇을 준비하고 어떻게 준비 할 것인지, 어떻게 제안서를 작성하고 발표 할 것이지 살펴본다.

1. 프레젠테이션을 위한 제안서 작성 및 발표

제안서는 해당 사업의 기본 일정에 따라 준비해야 하고 무엇을 핵심가치로 삼아 준비 할 것인지 어떤 내용을 담을 것인지, 향후 시행은 어떻게 할 것인지 등을 충분한 회의와 검토를 거쳐 프레젠테이션을 준비해야 한다.

본 장에서는 2017년 치러진 제천국제한방바이오산업엑스포의 시행사 선정을 위한 제안서 작성을 중심으로 기획부터 슬라이드 작성 및 발표까지 전 과정을 살펴보도록 한다.

1) 2017 제천 국제한방 바이오 엑스포 발표를 위한 준비

2017년 9월 22일부터 10월 10일 까지 제천 한방 바이오엑스포 행사장 일원에서 개최 된 국제행사로 조선시대 3대 약령시 가운데 하나였던 제천시의 천연물 원료 제조 거점 시설 등 다양한 한방산업의 인프라 구축을 위한 행사로 기획되었다.

본 국제행사는 산업통상자원부의 후원으로 충청북도와 제천시가 주관하였으며 사업비는 총136.15억원(국비, 도비, 시비)의 행사로 행사를 시행할 시행사를 경쟁입찰을 통해 선정 하였다.

본 계획의 제안서 프레젠테이션은 25분, 질의 응답은 15분이다.

① 프레젠테이션 기획회의

• 목적 : 2017 제천 국제한방바이오산업엑스포의 시행을 맡아 제천시를 한방바이오 산업의 거점 도시로 육성함을 목적으로 프레젠테이션 입찰에 참가한다.

- 기획회의 : 총괄 담당자와 발표자, 제안서 제작팀, 그 외 관련자가 함께 한다.
- 성공적인 프레젠테이션과 사업 수주를 위해
  - 자료를 조사 / 분석하고
  - 제안서 발표 날짜까지 가장 합리적이고 체계적인 실행 계획 수립
  - 심사위원 예상 / 준비 요원을 중심으로 협력 및 지원 사항을 챙긴다.

② 프레젠테이션 전략회의

- 테스크 포스(task force) 팀 구성한다.
- 한번이 아닌 수차례 전략회의를 통해 다양한 의견을 모은다.
- 브레인스토밍 (brainstorming)을 통한 창의적 아이디어 도출한다.

③ 프레젠테이션의 과정을 상세히 챙긴다.

- 일정 수립 : 프레젠테이션 일까지 슬라이드 작성과 회의 일정을 정한다.
- 제목 결정 : 프레젠테이션의 제목을 정한다. (청중이 쉽게 이해하도록 정한다)
- 목적과 목표 설정
  - 목적 : 시행사 선정 후 제천국제한방바이오 산업엑스포의 성공 개최
  - 목표 : 준비 일부터 발표 일까지 일정을 착오 없이 진행하여 시행사로 선
    정된다.

④ 주제 설정

한방과 바이오의 융.복합으로 기업, 바이어, 관람객이 함께 꿈을꾸고 새로운 가치를 향한 힘찬 발걸음을 내딛는다는 의미의 〈한방의 재창조, 바이오 산업으로 진화하다〉를 주제로 설정하였다.

⑤ 청중에 대한 분석

본 프레젠테이션의 청중은 시행사 선정을 위한 심사위원으로 각계 전문가 10명에서 15명 내외로 구성된다.

⑥ 프레젠테이션 장소에 대한 분석

발표장소의 마이크 상태와 빔프로젝트 설치여부, 동영상 상영 여부 등을 파악한다.

⑦ 슬라이드를 위한 데이터 및 자료 조사

제천 한방 바이오산업에 대한 각종 데이터와 역사적 배경, 에피소드, 각종 사진, 동영상 등을 누가 어떻게 무엇을 준비 할 것인지 챙긴다.

⑧ 프레젠테이션 슬라이드 구성

주제에 맞는 슬라이드 구성을 어떻게 할 것인지 정한다. 스토리텔링과 성공적인 사업시행을 위해 어떤 구성이 이루어지고 관객을 모을 핵심콘텐츠가 무엇인지 슬라이드를 통해 알 수 있도록 한다. 시행사 선정을 위한 심사가 이루어지는 만큼 타 경쟁업체와 차별화된 콘텐츠를 발굴 한다.

- 발표 슬라이드는 기존 슬라이드를 재활용하기보다 새로 작성한다.
- 창의적인 아이디어의 디자인과 행사에 맞는 컬러를 선정하여 통일되게 작성한다.

⑨ 슬라이드의 가감승제

슬라이드가 모두 작성되면 모든 슬라이드를 책상위에 펼쳐 놓고 슬라이드의 순서를 어떻게 할 것인지 정한다. 스토리텔링에 따라 슬라이드를 빼기도 넣기도 하면서 최종 슬라이드를 확정한다.

⑩ 발표자료 제출

일반적인 강의나 발표에서 발표슬라이드 전체를 반드시 제출해야 할 필요는 없다.

그러나 발표자료 제출을 의무적으로 정하였다면 전체 슬라이드를 부수에 맞춰 제출 해야 한다.

⑪ 발표 시간 및 예상 질문과 답변

　보통 시행사 선정을 위한 프레젠테이션에서의 발표는 20-25분이고 질의응답 시간으로 15분 정도를 정한다.

　발표시간을 정확히 준수해야 하며 어떤 질문이 나올지 예상하고 질문에 대한 답변도 충분히 연습해 둔다. 의외로 답변을 체계적으로 하지 못 해 신뢰를 얻지 못하거나 답변을 어수선 하게 하다 시간을 낭비하는 경우도 있으므로 예상 질문을 미리 예측하여 핵심메시지 중심으로 답변을 준비한다.

⑫ 메모카드 준비와 리허설

　메모카드는 발표할 내용을 적어둔 것으로 일종의 프레젠테이션 대본과도 같다. 보통 A4 용지 반장 크기로 준비하여 발표를 하며 도움을 받기도 하지만 프레젠터는 메모카드 없이 전체 내용을 충분히 숙지하여 슬라이드만 보고도 발표 하는 데 어려움이 없도록 한다.

　리허설은 예상 질문과 답변을 포함하여 수차례 진행하고 심사위원이 있어도 떨지 않고 잘 진행 할 수 있도록 충분히 연습한다.

⑬ 발표자의 위치와 몸짓 언어 사용

　발표대가 있어서 발표대를 앞에 두고 발표 할 수 있겠으나 발표대를 뒤로 하고 프레젠터가 심사위원이나 청중에게 전신을 통한 몸짓 언어를 활용 할 수 있도록 위치하는 방법도 좋은 방법이다.

　슬라이드와 발표자가 너무 멀리 떨어져 있으면 전달력이 떨어진다. 발표자의 위치는 슬라이드의 끝이 어깨에 살짝 닿을 듯 말듯하게 위치한다. 내용에 따라 슬라이드의 중요 내용을 손이나 몸짓을 활용해 짚어주면 청중의 시선이 중심 내용에 이르게 되어 집중력이 높아진다.

⑭ 발표 당일 챙겨야 할 사항 짚어두기

　• 당일 현장의 마이크는 잘 되는지 살피고 혹시 안 된다면 육성으로 할 수 있

도록 준비한다.

- 발표 현장에 충분히 일찍 도착하여 제반 사항을 살핀다.
- 현장의 컴퓨터가 잘 작동하지 못 할 것에 대비하여 노트북을 준비한다.
- 점심 이후라면 점심을 잘 챙기고 혹시 부담이 된다면 간단한 요기로 해결한다.
- 마음을 편안히 하고 전체 목차를 미리 보면서 프레젠테이션 발표를 준비한다.

⑮ 충분한 리허설

모든 상황을 고려한 리허설을 충분히 하고 팀원들과 함께 연습하거나 때로 혼자 연습한다. 발표 당일 슬라이드의 순서를 모두 숙지하여 다음 슬라이드를 미리 언급하는 형식으로 모든 슬라이드가 하나의 스토리도 연결 되도록 연출하여 발표한다.

2) 슬라이드 작성의 구성 원칙

슬라이드는 서론, 본론, 결론을 구분하여 주요 내용을 정리한다.

 표 ·· 서론, 본론, 결론에 따른 내용 구성

구분	설명내용	비고
서론	목표, 개요, 동기유발	목표와 결론에 역점을 두어 청중의 관심과 동기유발에 집중
본론	핵심내용, 주요비전 및 메시지	핵심 내용에 따른 대표 콘텐츠 발굴
결론	요약정리, 최종메시지, 질의응답	목표를 반복, 핵심내용 요약 강조

(프레젠테이션학원론 173쪽 인용)

2. 슬라이드와 메시지

 기획에 따라 슬라이드가 완성되면 발표 할 내용을 각각의 슬라이드마다 정리한다. 본서에서는 2017 국제한방바이오산업엑스포의 기획서 일부를 서론, 본론, 결론으로 예로 들어 설명하고자 한다.

1) 서론

 2017국제한방바이오산업엑스포의 목표와 개요를 슬라이드에 담았다.

안녕하십니까. 발표를 맡은 OOO입니다.
2017제천국제한방바이오산업엑스포
실행계획 수립 및 행사대행
기본계획을 설명 드리겠습니다.

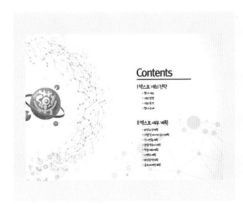

보고 순서는 1장, 엑스포 개최전략
2장 엑스포 각 부문별 세부계획입니다.

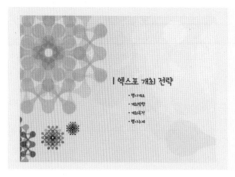

먼저 1장 엑스포 개최 전략입니다.

2017제천국제한방바이오산업엑스포는
9월 22일 부터 10월 10일까지 총 19일간
충북 제천 한방바이오엑스포 행사장
일원에서 개최됩니다.

생명과 태양의 땅 충청북도는 '바이오
밸리'조성사업을 미래 신성장동력
사업으로 선정하고, 오송 바이오밸리를
중심으로 제천 한방, 옥천 의료기기,
괴산 유기농 등 도내 전역을
'바이오벨트'로 육성해 가고 있습니다.

조선시대 전국 3대 약령시 중 하나였던
제천시는 글로벌 천연물 원료제조
거점시설, 약용작물 종자보급센터 등,
다양한 한방산업 인프라구축으로
한방산업의 메카로서 위상을 높여
나가고 있습니다.

2) 본론

사업의 핵심내용과 주요 비전 및 메시지를 담았으며 각 부스별 특징을 설명한다.

다음은 전시 연출 계획입니다.
한방의 재창조, 한방바이오산업으로
진화하다라는 주제를 전달하기 위해
농업인, 소비자, 산업체 관점에서
종자부터 천연물의 제품생산, 판매까지
한방바이오산업의 전 과정을 보여주는 전
시로 구성하였습니다.

전체 전시관 구성입니다
테마, 특별, 비즈니스, 야외 전시로
B2B와 B2C 모든 관람객을 대상으로
구성하였습니다.

이번 전시 연출의 핵심 포인트입니다.

첫 번째,
한방바이오 기술의 실체를 확인하고
최신 IT 기술을 체험합니다
국내 유일의 한방바이오 특허 보유 기업과
협업하여
개인 맞춤형 캡슐 한약을 제조하고

어린이 관람객이 보다 쉽게 이해할 수 있도록
콘텐츠를 선보일 예정입니다 ∨

두번째,
우리의 생활 속 한방바이오의 모습을 보여주는
생활 밀착형 전시입니다.
유명 요리연구가 제안하는
생활을 건강하게 만드는 영양만점 약선요리,
라이프스타일리스트 함께하는 자연염색천 인테리어 체험전,
또한 미래의 최신 로봇 기술을 접목한 콘텐츠 등을 협의하고 있습니다. ∨

세번째,
현대인의 악성 질환인 알레르기에 대하여
아토피협회와 함께
한방으로 치유하는 방법을 체험형 전시로 마련합니다.

이제부터는 각 전시관별 세부 연출내용에
대하여 말씀드리겠습니다
첫번째 테마전시 미래천연 자원관입니다.
한방바이오 첨단 분야의 중요한 소재인
고품질 천연물 산업의 가치를 확인하며
한방과 바이오가 융복합된 산업의
실체와 천연물산업의 미래 비전을
제시하는 주제관입니다.

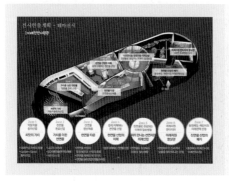

약용작물 종자산업인 씨앗의 가치 /
존1을 지나 천연물 원료산업의 현황,
천연물로 완성되는 미래의 일상생활을
만나게 됩니다.

존6에서는 3곡면 주제영상을 관람하게 됩니다.
존7에서는 천연물산업이 충청북도 제천시
의 미래전략 산업임을 알게 됩니다.

3) 결론

2017 국제한방바이오산업엑스포제안의 요약정리와 홍보 방법을 안내하고, 질
의응답을 하는 순서로 이어진다.

회장 내 입장한 관람객들의
쾌적하고, 안전한 관람을 위해

퇴장 시 까지, 대상 별, 상황 별, 맞춤형
서비스 제공하겠습니다.

회장 내에서 벌어질 수 있는 각종 안전
사고에 대비하여 철저하게 분석하여
세부계획을 수립하겠습니다.

특히, 비상상황 등급 별 계획을 수립하여
안전사고 0%를 위해 점검,
또 점검하겠습니다.

마지막 홍보마케팅계획입니다.
많은 관람객이 엑스포 회장으로 향하도록
온오프라인 홍보, 방송프로그램 등
다양한 매체로
홍보마케팅을 전개하겠습니다.

엑스포 주제와 메시지를
지속적으로 전달하기 위하여
인쇄물 배부, 홍보영상,
교통광고와 로고송 제작으로
관심을 유도하겠습니다.

외국인 참여와
엑스포의 국제적 위상 제고를 위하여
자매결연지역, 해외 공관, 국내외
방송매체 등으로
해외 홍보를 추진하겠습니다.

또한 SNS 채널 등 온라인 광고로
한방바이오산업 종사자와
전국민에게 엑스포 정보를 지속적으로 노
출하도록 하겠습니다.

B2B중심의 엑스포, 2017제천국제한방
바이오산업엑스포 개최로 충북 제천이
세계적인 한방바이오·천연물 / 융복합 / 산업
중심지로 발돋움하는 계기를 만들겠습니다.

이상 보고를 마치겠습니다.
감사합니다.

4) 질의 응답의 자세 및 끝인사

① 질의 응답 시간에 프레젠터가 설명하는 경우

발표를 맡은 발표자가 모든 내용을 알고 있으면 직접 답변한다.

이 경우, 보다 많은 내용을 알 수 있어 심사위원의 신뢰를 얻는다.

② 발표자와 답변자가 다른 경우

최근 새로운 직업군으로 등장한 전문 프레젠터의 발표 후에는 사업 내용 전반을 자세히 알지 못하는 단점이 있다. 이 경우 답변은 해당 사업 기획자가 따로 답변을 전담하기도 한다.

③ 질의응답 후 끝인사

모든 순서를 마치고 인사를 할 때는 심사위원 또는 경청하여 준 청중에게 감사의 인사를 하도록 한다. 프레젠테이션 발표와 질의응답이 이루어지는 20-30분 시간을 발표자의 발표와 설명에 몰입하는 것은 쉬운 일이 아니다. 다른 발표자의 시간까지 감안한다면 발표자의 성의 있는 인사와 감사의 표현이 반드시 수반되어야 하며 프레젠테이션의 전체적인 발표를 예의의 시각에서 볼 때도 끝인사의 중요성은 아무리 강조해도 지나치지 않는다.

끝인사는 "지금까지 발표를 들어주신 위원님들께 진심으로 감사드립니다. 저희가 이 사업을 시행하게 된다면 최선을 다하여 최고의 행사를 만들겠습니다." 하고 각오를 드러내는 인사로 마무리 한다.

5) 블라인드 PT(Blind PT)

제안사 끼리 치열한 경쟁이 예상되고 보다 공정한 심사를 위해 심사위원이 발표자의 모습을 보지 않도록 장치한 PT이다. 이때는 발표자의 소속이나 이름을 밝히지 않고 오직 제안 내용으로만 PT 점수를 부여한다.

블라인드 상태의 PT에서는 발표자의 목소리만 전달되는 특징이 있으므로 제안서의 목적 및 각각의 콘셉트에 대한 정확한 전달과 이해를 이끌어 낼 수 있도록 속도, 음색, 강조점 등 스피치의 전달 부분에 더 신경을 써야 한다.

오늘의 발표

1. 프레젠테이션 발표를 잘 하기위한 자기만의 노하우를 10가지로 정리하여 발표해 본다.

2. 조별 발표

조별로 선정한 15분 내외의 영상을 시청하고 준비하면서 느낀 점을 발표한다.

기억과 해마

해마는 대뇌변연계(limbic system)를 구성하는 한 요소로서 측두엽 안에 자리 잡고 있다. 해마는 새로운 사실을 학습하고 기억하는 기능을 하는 중요한 기관이다. 해마가 손상되면 새로운 정보를 기억할 수 없게 된다. 알츠하이머 같은 뇌질환이 진행될 때 가장 먼저 손상되는 곳이 해마이다. 그래서 해마가 상대적으로 큰 사람은 치매가 진행돼도 기억력이 감퇴하는 증상이 크게 나타나지 않을 수 있다. 또 평소에 뭔가를 잘 잊어버리는 사람은 해마가 상대적으로 작은 경우가 많다고 한다. 특히, 기억이 만들어지려면 우선 감각기관으로 정보가 들어와야 한다. 뇌로 들어온 감각 정보를 해마가 단기간 저장하고 있다가 이를 대뇌피질로 보내 장기 기억으로 저장하거나 삭제한다. 기억을 형성하는 정보의 이동은 주로 밤에 이뤄지는 것으로 추정된다. 따라서 학습이나 업무 능률을 올리려면 밤에 정보처리가 잘 일어나도록 잠을 푹 자는 것이 좋다.

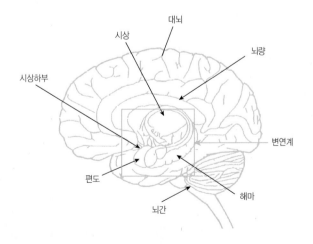

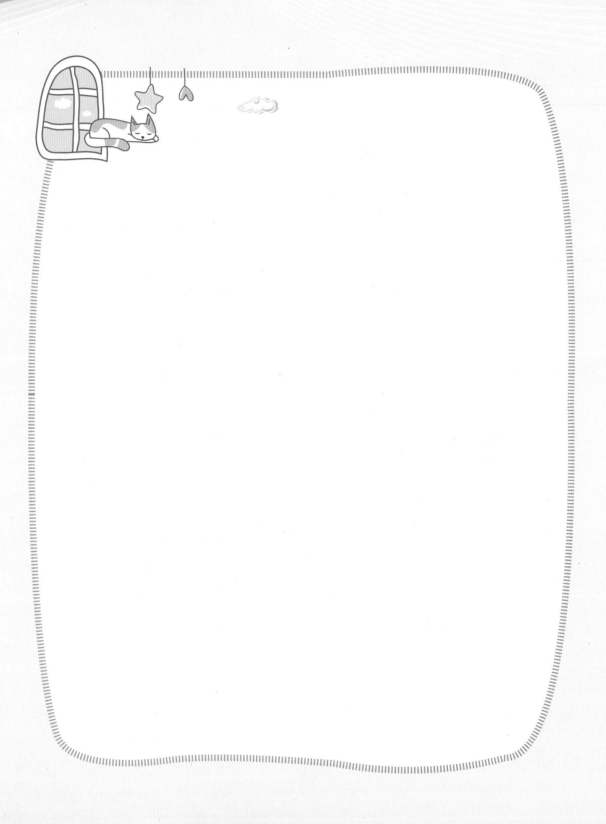

발표평가시트

조 이름		발표시간	조 이름		발표시간	총 평	펜타플로우 가이드
발표자			발표자			**Story**	**Story** • 스토리텔링 • 매직넘버3 (숫자활용) • 1슬라이드 1메시지 • 오프닝, 클로징
Story							
Design						Design	**Design** • 이미지 활용 • 화면전환 • 타이포(KISS & KILL, 글꼴) • 정체성
Speech							
Image						Speech	**Speech** • 호흡, 발성, 발음 • 브릿지코멘트 • 설득화법 • Pause
Audience		총점			총점		
조 이름		발표시간	조 이름		발표시간	Image	**Image** • 기본자세 • 발표자 착장과 연출 • 공간언어 • 시선교환
발표자			발표자				
Story							
Design						Audience	**Audience** • 청중교감 • 질의응답 테크닉 • 소품이용 • 인사
Speech							
Image							
Audience		총점			총점		

Quiz

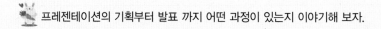

프레젠테이션의 기획부터 발표 까지 어떤 과정이 있는지 이야기해 보자.

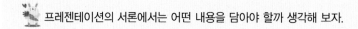

프레젠테이션의 서론에서는 어떤 내용을 담아야 할까 생각해 보자.

프레젠테이션의 본론에서는 어떤 내용을 담아야 할까 생각해 보자.

프레젠테이션의 결론에서는 어떤 내용을 담아야 할까 생각해 보자.

참고문헌

- 김영호(2007), 국제예절과 고품격 매너, 갈채
- 김경호(2015), 이미지메이킹의 이론과 실제, 높은 오름
- 김혜영, 최인려(2008), 비즈니스와 생활예절, 성신여자대학교 출판부
- 김기인(2003), 직장생활과 예절, 형설출판사
- 박영기·하채헌(2014), 호텔 식음료 경영론, 한올
- 신성대(2016), 럭셔리 매너즈, 동문선
- 엄경아 외(2016), 서비스인을 위한 이미지메이킹, 지식인
- 오정주·권인아(2016), 비즈니스 매너와 글로벌 에티켓, 한올
- 이재희·최인희(2016), 소통 리더십 개발을 위한 비즈니스 커뮤니케이션
- 임항희·홍용기(2012), 비즈니스 커뮤니케이션, 도서출판 청람
- 지희진(2016), 글로벌 매너와 이미지 스타일링, 한올
- 최광선(2017), 말이 전부가 아니다, 넌버벌 커뮤니케이션, 스마트비즈니스
- 한국여성교양학회 예절연구회 편(2003), 에티켓 생활예절, 신정
- Gliffy's SWOT analysis
- 알버트 베라비안(1981), 조용한 메시지

▶ 웹사이트

- 매일경제 뉴스 http ://news.mk.co.kr/newsRead.php?no=400385&year=2016
- AIA생명 공식 블로그, http ://www.aiablog.co.kr/882
- 국가브랜드위원회 공식 블로그, https ://blog.naver.com/korea_brand/10127367444
- 국가인권위원회 블로그 https ://blog.naver.com/nhrck/221107194170
- 시사상식사전,http ://terms.naver.com/print.nhn?docId=3568791, (2018년 1월 25일)
- 시사상식사전,http ://terms.naver.com/entry.nhn?docId=1111233, (2018년 1월 29일)
- 시사상식사전,http ://terms.naver.com/entry.nhn?docId=1188946, (2018년 2월 2일)
- 시사상식사전,http ://terms.naver.com/entry.nhn?docId=1221485, (2018년 2월 2일)
- [네이버 지식백과] (차생활문화대전, 2012. 7. 10., 홍익재)

- [네이버 지식백과] (외식용어해설, 2010. 11. 10, 21세기외식정보연구소)
- 한국 차문화 협회 http ://www.koreatea.or.kr/layout.php?main=A_chastory/knowhow.php

이미지 출처

- Chosun.com 2015.09.13.
- Gliffy's SWOT analysis
- http ://blog.fatfreevegan.com/images/pineapple-sorbet.jpg
- http ://cdn-image.foodandwine.com/sites/default/files/HD-200910-r-pan-roasted-veal-chops.jpg
- http ://cdn.diply.com/img/877d66f1-5abd-4a8b-8f8e-431794489dd5.jpg
- http ://cfile1.uf.tistory.com/image/150E0938508746B2249FC5
- http ://cfile234.uf.daum.net/image/166D865050F1897030CEE3
- http ://cfile28.uf.tistory.com/image/2124424D57658A4C2561EA
- http ://cfile9.uf.tistory.com/image/99672A33599409F901D742
- http ://ch.yes24.com/Article/View/19328
- http ://dadobang.com/templates/skin/images/new_img/02_tea_dagu_img_01.jpg
- http ://happy-box.tistory.com/3281
- http ://image.koreatimes.com/article/2017/11/07/201711071548035a2.jpg
- http ://images.wisegeek.com/hors-doeuvres.jpg
- http ://mblogthumb2.phinf.naver.net/20150624_105/sjy9876s_1435126273946tWHtI_PNG/B0A2C0CEC0D0.png?type=w2
- http ://micheleroohani.com/blog/wp-content/uploads/2009/07/korean-tea-ceremony-yoon-hee-kim-micheleroohani.jpg
- http ://noranlie.tistory.com/47
- http ://pedjajovanovic.com/wp-content/uploads/2015/09/Blog1.jpg
- http ://terms.naver.com/entry.nhn?docId=1636074
- http ://www.k-heritage.tv/upload/DataFolder/now2/story/121214_st_hbr_01.jpg
- http ://www.vop.co.kr/A00001197173.html
- https ://blog-paleohacks.s3.amazonaws.com/wp-content/uploads/2014/09/FB-paleo-fruit-salad.jpg

- https ://i1.wp.com/eng.mynewshub.cc/wp-content/uploads/2015/02/all-teas.png?fit=500%2C288
- https ://ko.wikipedia.org/wiki/%EB%8B%A4%EB%8F%84(%EC%9D%BC%EB%B3%B8)
- https ://news.kotra.or.kr
- https ://thumbnails-visually.netdna-ssl.com/dining-etiquette-101_50 29141b424ee_w1500.jpg
- https ://upload.wikimedia.org/wikipedia/commons/b/b2/Traveler_meal_1900s_korea.jpg
- I.R.I 색채 연구소
- LG공식 블로그 2015-11-03
- SBS 드라마 '별에서 온 그대'
- wikimedia commons
- 게리 마샬 감독, 영화 발렌타인 데이 (Valentine's Day, 2010)
- 신세계 백화점 공식 블로그
- 온스타일〈겟잇뷰티〉
- 표준 언어 예절, 국립 국어원, 2011
- 한국문화재재단
- 한철우 외(2014), "독서와 문법"

▶ 출처 모음

http ://vitzromaster.tistory.com/11 [빛마스터]

7일 만에 말을 잘하게 되는 책, 미츠모토유키오, 나라원

마틴 셀리그만 긍정심리학

프레젠테이션학 원론 조맹섭, 조윤지 시그마프레스

워크넷 직업사전

http ://nicksstory.tistory.com/210

HS 애드, 2017 제천국제한방바이오산업엑스포 PPT

㈜ 파워피티, 프레젠테이션 penta - flow

사회심리학, 제8판, 시그마 프레스

저자소개

최지현

- 중앙대학교 신문방송대학원 방송전공 석사
- 충북대학교 경영학과 박사과정 수료
- 국제 뇌 교육 종합대학원 대학교 인성교육전공 박사과정 중
- 현) CJB 아나운서
- 심리와 스피치 강의
- 2017 전국체전 진행 등 사회 다수
- 옥천 포도, 복숭아 축제 제안서 설명 등 프레젠테이션 다수
- 저서 : 스마트 스피치 (2011, 다른 우리)

최세영

- 전) (주)대한항공 객실 승무원 근무
- 항공 객실 서비스 NCS 교과목 강의
- 유아 교육학과 대상 '매너와 이미지 메이킹' 교과목 강의
- 호텔 바리스타학과 대상 '면접 실무' 교과목 강의

신재한

- 한국교육개발원 연구위원
- 한국교육과정평가원 교수학습센터 운영위원
- 교육부 연구사
- 국제뇌교육종합대학원대학교 뇌교육학과 인성교육전공
  주임교수
- 인성교육연구원 원장

김새롬

- 호텔관광경영학 박사
- 현) 여주대학교 호텔관광과 교수
- 경력) 한국관광대학교 겸임교수, 배재대학교 외래교수
- (주)SK네트웍스 Sheraton Grande Walkerhill Hotel
- 하나투어
- 청년취업아카데미-현장형 관광서비스 전문가과정
  강의 (고용노동부, 한국산업인력공단 후원)
- 희망 MICE 인턴십 오리엔테이션 강의
  (문화체육관광부 후원, (사)한국PCO협회 주최)
- 논문: '호텔기업의 인적자원관리 일관성이 동기부여와
  정서적 몰입에 미치는 영향' 외 다수
- 저서: 호텔경영론 외 다수

김주희

- 세종대학교 관광대학원 호텔경영과 석사
- 세종대학교 일반대학원 호텔관광대학 박사수료
- 대한항공 객실 승무원 근무(1993~2000)
- 일본항공 여객운송부 근무(2001~2012)
- 호텔등급평가위원 (2017~2018)
- 백석예대, 백석문화대, 한국교통대, 한서대,
  동남보건대, 배재대, 재능대학교, 한국관광대학,
  청운대학교, 동서울 대학교 외래교수
- 여주대 호텔관광과 조교수
- 여주대 항공서비스과 학과장

진철웅

- 호남대학교 대학원 관광학과 석사,
  동 대학원박사 과정(2019, 학위취득 예정)
- 조선대학교 무역학과 학사
- (주)아시아나항공 사무장
- 광주대 항공서비스학과 겸임교수
- 현) 우석대 항공서비스학과 조교수
- 우석대 항공서비스학과 학과장
- 한국항공승무원협회 이사
- 관광연구학회 이사
- 완주군 군정 자문위원

글로벌 매너와 이미지 메이킹 프레젠테이션

초판 1쇄 발행 2018년 8월 25일
초판 2쇄 발행 2020년 2월 10일

저   자 최지현·최세영·신재한·김새롬·김주희·진철웅
펴 낸 이 임 순 재
펴 낸 곳 (주)한올출판사
등   록 제11-403호
주   소 서울시 마포구 모래내로 83(성산동, 한올빌딩 3층)
전   화 (02)376-4298(대표)
팩   스 (02)302-8073
홈 페 이 지 www.hanol.co.kr
e - 메 일 hanol@hanol.co.kr
ISBN 979-11-5685-717-4